Kenneth Meadows arbeitete als Collegelehrer und Journalist. Er war Schüler von indianischen, englischen, skandinavischen und europäischen Schamanen und ist Autor zahlreicher schamanischer Bücher. Kenneth Meadows, der den schamanischen Namen »Fliegendes Pferd« trägt, gilt als einer der profiliertesten Kenner schamanischer Techniken und Weisheiten. Er lebt und arbeitet in Großbritannien.

Kenneth Meadows

Das Buch des Schamanismus

Der sanfte Weg zu Weisheit, Kraft und innerer Harmonie

Aus dem Englischen von Christiana Haack

WILHELM HEYNE VERLAG
MÜNCHEN

HEYNE ESOTERISCHES WISSEN
Herausgegeben von Michael Görden
13/9800

Umwelthinweis:
Dieses Buch wurde auf chlor- und säurefreiem Papier gedruckt.

2. Auflage

Copyright © 1995 by Kenneth Meadows: First published in Great Britain
in 1995 by Element Books Limited, Shaftesbury, Dorset
Copyright © der deutschsprachigen Ausgabe by
mvg-verlag im verlag moderne industrie, Landsberg am Lech
Veröffentlicht mit freundlicher Genehmigung
des mvg verlages im verlag moderne industrie, Landsberg am Lech,
erschienen unter dem Titel *Das große Buch des Schamanismus*
Ungekürzte Taschenbuchausgabe 1999 im
Wilhelm Heyne Verlag GmbH & Co. KG, München
http://www.heyne.de
Printed in Germany 2000
Umschlaggestaltung: Atelier Bachmann & Seidel, Reischach
Umschlagillustration: Agentur Holl, Aachen/Jos van Wunnik
Satz: Layer, Ostfildern
Druck und Verarbeitung: Ebner Ulm
ISBN 3-453-15509-2

Inhalt

Jede Erfahrung in Ihrem Leben bietet Ihnen Gelegenheit, etwas Neues zu lernen und eine Veränderung zu Ihrem letztendlichen Nutzen herbeizuführen.

Vorwort

Im Schamanismus erfährt man das Außergewöhnliche im normalen Alltagsleben. Ich nenne diese moderne Form des Schamanismus auch »Shamanics« – ein Destillat aus den schamanischen Weltkulturen. Unter »Shamanics« oder meiner modernen Form des Schamanismus verstehe ich die Ausdehnung der Wahrnehmung auf neue aufregende Wahrnehmungsebenen. Mit Hilfe schamanischer Methoden können Sie Ihre Vitalität steigern, Ihr Gefühlsleben ausgewogener gestalten, Ihre verborgenen Potentiale freisetzen und Ihre Kreativität anregen. Der Schamanismus entwickelt Ihre inneren Kräfte, indem er Sie mit den positiven Energien der Natur und den kosmischen Kräften des Universums in Harmonie bringt.

Der moderne Schamanismus drückt alte Weisheiten auf für uns verständliche Weise aus und enthält die Essenz des Wissens der Schamanen – der Visionäre und »Weisen« aller Völker und Kulturen –, die ihr Wissen um die »Geheimnisse« des Lebens in mündlichen Überlieferungen hüteten, bis die Zeit für die Enthüllung gekommen war – hier und heute. Dieses Buch lüftet den Schleier von den »verborgenen« Wahrheiten der Schamanen, erklärt sie zum besseren Verständnis in zeitgemäßer Sprache und paßt sie der heutigen Zeit an, damit diejenigen, die an schamanischen Erfahrungen teilhaben, mit der Natur ins Gleichgewicht kommen können und mit sich selbst in Harmonie leben können.

Schamanismus ist weder eine Religion noch eine Philosophie. Es gibt weder Doktrinen noch spiriuelle Führer oder Hierarchien. Schamanismus überschreitet die Grenzen des Glaubens, weil er ein Prozeß der Wissensaneignung durch die Erfahrung des Tuns ist. Die wahre Herausforderung besteht heutzutage darin, unser eigenes innerstes Selbst zu entdecken, wer und was wir wirklich sind – ein spiritueller *Geist*[1]. Der moderne Schamanismus verhilft uns zu einem neuen Verständnis dessen, was »Spiritualität« wirklich bedeutet. Sie äußert sich in gewöhnlichen Alltagstätigkeiten und hat nichts mit Glauben zu tun. Selbst so profane Tätigkeiten wie Kochen, Einkaufen oder Abwaschen können spirituell wertvoller sein als ein Gebet, eine Meditation, das Absingen eines Mantras oder die Ausführung eines mystischen Rituals. Indem wir spirituell sind, kommen wir in Harmonie mit unserem *natürlichen* Selbst, das sich aus *Geist* zusammensetzt.

Die Wiederentdeckung des Schamanismus in den vergangenen Jahren zeigt das erwachende Bedürfnis der Menschen an, Übereinstimmung mit der Natur und den inneren Kräften zu finden und den Sinn der menschlichen Existenz zu verstehen. Allerdings können wir dazu nicht einfach die Bräuche, Rituale und Traditionen von Naturvölkern übernehmen, damit würden wir eine Konditionierung durch eine andere ersetzen. Doch wir können aus der Vergangenheit lernen und durch unsere Entscheidungen in der Gegenwart für eine bessere Zukunft sorgen.

---

[1] *Geist* in der Bedeutung »spirituell, spirituelles Sein« (engl.: »spirit«) wird in der Übersetzung kursiv geschrieben oder mit dem Zusatz »spiritueller Geist« versehen, wohingegen Geist im Sinne von »Mentalkräfte, Vernunft, Verstandeskräfte« (engl.: »mind«) gerade geschrieben ist oder als mentaler Geist bezeichnet wird. Wir haben auf diese Hilfskonstruktion zurückgegriffen, weil es im Deutschen keine adäquate Übersetzung für diese beiden Begriffe gibt und uns die Worte »Vernunft« oder »Verstand« für »mind« als zu eng er-

Meine Form des Schamanismus ist ein Destillat einer uralten Weisheit, die auf Harmonie und Schönheit hinarbeitet, und entstammt den esoterischen Quellen der westlichen Welt, den taoistischen Lehren des Ostens, den mystischen Traditionen der nordischen Völker, der Spiritualität der Indianer, dem Wissen der hawaiianischen Kahunas, dem Naturglauben der Aborigines und dem Channelling auf inneren Seinsebenen. Er soll dabei helfen, eine fehlende Dimension menschlichen Wissens wiederherzustellen – das Wissen um unsere wahre Identität, das, einst »verlorengegangen«, jetzt wiedergewonnen wird, um einen Sprung auf eine höhere Ebene menschlichen Bewußtseins zu ermöglichen.

Spirituelle Wahrheit ist schwer faßbar, so daß man sie nicht – wie eine wissenschaftliche Theorie – *vor* der Anwendung beweisen kann. Das liegt daran, daß die Wahrheit, an deren »Beweis« Sie sich wagen würden, nicht von Ihnen getrennt ist und Sie sie deshalb auch nicht objektiv von *außen* untersuchen können. Die Wahrheit ist ein Teil von Ihnen, und Sie sind ein Teil von ihr. Sie ist *innen*. Sie können die Gültigkeit einer spirituellen Wahrheit nur durch *Tun* beweisen! Deshalb bietet Ihnen »Das Buch des Schamanismus« keine langweiligen Übungen, sondern aufregende Gelegenheiten, Ihre eigene Wahrheit durch bereits vielfach erprobte *Erfahrungen* zu entdecken. »Shamanics« oder meine moderne Form des Schamanismus bringt Sie somit aus dem Trott des Suchens heraus und führt Sie auf einen Weg, der Sie befähigt, die Freude des *Findens* zu erfahren. Dadurch wird jeder Tag Ihres Lebens von jetzt an zu einem aufregenden, Wunder-vollen Abenteuer.

Nicht die Veränderung selbst, sondern der
Widerstand dagegen verursacht uns Schmerzen.

1. Das wundervolle Ich

Wir wollen zu einem faszinierenden Abenteuer aufbrechen, bei dem wir den Sinn unseres Daseins entdecken und herausfinden wollen, wer wir sind, was wir sind und warum wir so sind, wie wir sind.

Sie sind lebendig und zur Wahrnehmung fähig, Sie können die Wirklichkeit um Sie herum sehen, hören, fühlen, schmecken und riechen. Sie sehen den Himmel und die Wolken, Bäume, Gras und Blumen. Sie spüren den Wind in Ihrem Haar und die Regentropfen auf Ihrem Gesicht, Sie hören Vogelgezwitscher und Verkehrslärm. Sie können eine Blume berühren und spüren, wie sich ihre Blätter anfühlen, können ihren süßen Blütenduft riechen. Sie können ein Buch lesen, dessen Verfasser Sie nie begegnet sind, und beim Lesen seine innersten Gedanken teilen. Sie können sich frei bewegen. Ihr Körper ist eine lebende Wundermaschine, die Sie lediglich mit Treibstoff und Wasser versorgen sowie bedienen müssen. Sie repariert sich selbst – indem sie sich beständig selbst erneuert.

Der physische Körper

Ihr Körper besteht aus ungefähr 10 000 000 000 000 (zehn Billionen) Einzelzellen. Jede Zelle ist in sich selbst vollständig. Sie besitzt ihren eigenen flüssigen »Körper« innerhalb einer Membran. Sie verfügt sogar über eine eigene Identität und ist sich ihrer individuellen Aufgabe gewahr. Dennoch bildet sie zusammen mit einer Unzahl anderer Zellen einen größeren Körper, der *Sie* beherbergt. Der Zellkern in ihrer Mitte steuert und kontrolliert alle Funktionen. Er speichert eine ungeheure Informationsmenge durch seine DNS (Desoxyribonukleinsäure, eine Doppelhelix aus mit Nukleinsäuren vernetzten Zuckerphosphatmolekülen), die ein Wellenmuster mit dem Bauplan für Ihre menschliche Gestalt in sich trägt. Der Kern jeder einzelnen Zelle enthält die Informationen, die nötig sind, um den gesamten Körper nachzubauen.

Das Knochengerüst hält Muskeln, Sehnen und Bindegewebe an ihrem Platz und schützt die inneren Organe. Alle Körperbewegungen werden von den mehr als 600 Muskeln ausgeführt. Es gibt zwei grundlegende Muskelarten. Die Bewegungen der willkürlichen Muskeln werden von bewußten und unterbewußten Aspekten des Geistes gesteuert. Die Funktionen der unwillkürlichen, ununterbrochen arbeitenden Muskeln werden automatisch und unbewußt gesteuert. Die Drüsen steuern zusammen mit den Nerven das harmonische Funktionieren des ganzen Körpers.

Jede Zelle erhält durch den Blutkreislauf Nährstoffe und den lebensnotwendigen Sauerstoff. Das Blut wird vom Herzschlag durch den ganzen Körper gepumpt, dabei werden gleichzeitig die Abfallprodukte zurückgeschafft: Kohlendioxid gelangt zu den Lungen, wo es abgeatmet werden kann, andere Giftstoffe werden zu anderen Organen, die die körpereigene Müllabfuhr bilden, transportiert. Die Leber reinigt den Körper, die Nieren scheiden Abfallprodukte aus. Das Verdauungssystem arbeitet wie ein umgekehrtes Fließband: Die durch den Mund aufgenommene Nahrung wird in ihre chemischen Bestandteile zerlegt, dabei werden die für den Körper nötigen Nährstoffe aufgenommen.

Die Sinnesorgane nehmen Informationen über die Außenwelt auf und leiten sie an das Gehirn zur Verarbeitung und Analyse weiter. Die Netzhaut der Augen nimmt Licht auf und sendet elektrische Impulse an das Gehirn weiter.

11

Die Haut verfügt über eigene Rezeptoren zur Unterscheidung von Hitze, Kälte, Schmerz und Berührung. Sie stellt eine weitere Informationsquelle über die physische Umgebung dar und kann mögliche Gefahren melden.

Das menschliche Ohr hört Geräusche in einem Frequenzbereich von 16 Hertz bis 20 000 Hertz pro Sekunde.

Dank des Geruchssinns kann der Körper verschiedene Aromen wahrnehmen. Durch die an verschiedenen Stellen der Zunge sitzenden Geschmacksnerven können wir zwischen Süß, Bitter, Sauer und Salzig unterscheiden. Die Zunge übermittelt zudem Informationen über Temperatur und sonstige Beschaffenheit der in den Mund gelangten Substanzen.

Die Sprache stellt unser grundlegendes Kommunikationsmittel dar. Die vom Atem aktivierten Stimmbänder und die Mundbewegungen erzeugen dabei die nötigen Laute.

Der physische Körper ist auch für bedrohliche Situationen gerüstet. Bei drohender Gefahr wird Adrenalin ins Blut ausgeschüttet. Gleichzeitig schlägt das Herz schneller, es kommt Wut oder Angst auf. Auf diese Weise können wir besser kämpfen oder schneller fliehen.

Der Körper baut sich nicht nur selber auf, steuert seine Aktivitäten selbst und repariert sich selbst, er verfügt auch über die Möglichkeit zur Fortpflanzung und somit zur Arterhaltung.

Passen Sie also auf Ihren Körper auf! Widmen Sie ihm wenigstens die gleiche Aufmerksamkeit wie Ihrem Auto. Freuen Sie sich an ihm. Aber lassen Sie die Sorge für Ihren Körper nicht zu einer fixen Idee werden. Lauschen Sie dem, was er Ihnen über sich erzählt, aber verwechseln Sie seine Botschaften nicht mit den Sehnsüchten Ihres Geistes, denn dann übernimmt Ihr Ego die Kontrolle und verwandelt Fürsorglichkeit in Eitelkeit. Achten Sie Ihren Körper. Er bildet die Brücke zwischen Ihrer Seele und Ihrem Geist. Er erdet und verwurzelt Sie. Er ist Ihr Freund und Begleiter auf Ihrem Erdenleben.

Der mentale Geist
(die Verstandesenergie)

Obwohl viel verfeinerter und wundervoller, ähnelt Ihr Körper dem Personalcomputer, auf dem ich dieses Buch schreibe. Der Computer heißt personal, weil er mir gehört – seinem Operator. In der Computerfachsprache ist der Körper die Hardware meines Personalcomputersystems. Damit diese Hardware funktionieren kann, braucht sie Software, die ihr Befehle erteilt. Die Software Ihres Körpers ist Ihr Geist, der den Computer programmiert und ihm seine Funktion als Körper ermöglicht. Die Software enthält Ihre Gedanken, Wörter und Vorstellungen, die Ihr Körper für seine vielfältigen Aufgaben braucht.

Das »Ich«, das den Körper programmiert, das sieht, hört, fühlt und reagiert, ist also trotz all seiner hervorragenden Eigenschaften und vielen Aufgaben nicht Ihr physischer Körper. Ist Ihr Ich vielleicht Ihr Geist, der Ihnen die Steuerung Ihrer Körperbewegungen, Ihr analytisches Denken, die sinnvolle Erfassung der Geschehnisse um Sie herum und die Wahrnehmung Ihrer Wirklichkeit ermöglicht? Ihr Geist befähigt Sie durch das Gehirn, Ihren Bio-Computer, zum Speichern Ihrer Erfahrungen und zu deren sofortigem Abruf bei Bedarf. Somit ist der Geist ein funktionales Zentrum des physischen Körpers, obwohl er davon »getrennt« ist.

Das Gehirn reguliert und steuert alle willkürlichen und unwillkürlichen Körperfunktionen. Durch elektrochemische Impulse, die es durch das Nervensystem sowohl empfängt wie auch übermittelt, kann es Informationen speichern, zurückrufen und verarbeiten. Doch anders als der von Menschen geschaffene Computer kann es sich selbst programmieren, falls Sie sich in Ihrem Leben anders orientieren und frühere Konditionierungen ablegen. Ebender Geist befähigt Sie, Neues zu planen und dann auch Wirklichkeit werden zu lassen. Ihre Gedanken, Ideen und Überzeugungen gehören Ihnen, aber Sie machen in nicht größerem Maße als Ihr physischer Körper Ihre Identität aus. Also sind Sie auch nicht Ihr Geist. Der Geist ist etwas, das Sie gebrauchen.

Die Seele

Was sind Sie denn nun, wenn nicht Ihr Körper und auch nicht Ihr Geist? Eine Seele? Man hat Ihnen vielleicht beigebracht, daß Sie eine Seele haben, aber man hat Ihnen nicht gesagt, was die Seele ist.

Vielleicht weil diejenigen, die Ihnen von der Seele erzählten, selbst nicht verstehen, was die Seele ist. Schließlich betrachtet man die Seele gewöhnlich als etwas, woran man glaubt, nicht als etwas, worüber man Bescheid weiß, denn die Naturwissenschaften können sie aufgrund ihrer immateriellen Natur nicht definieren, auch die Psychiatrie kann sie nicht erklären. Sie wird als etwas »Spirituelles« angesehen und somit der Theologie zugeschrieben. Doch auch die theologische Beschreibung bleibt verschwommen, da sie die Seele als ein nebulöses, spirituelles Etwas erklärt, das irgendwie unsere moralischen und ethischen Eigenschaften sowie unser Verhalten umfaßt und sogar Gefahr laufen kann, verlorenzugehen. Da die meisten Menschen – selbst sehr religiöse – sich ihrer Seele nicht bewußt sind, müßten die allermeisten Menschen verlorene Seelen sein.

Ich hingegen verstehe die Seele als Lichtkörper. Sie ist ein inneres Licht in Ihnen, in jedem von uns. Licht ist eine Energieform, Ihre Seele ist also Ihr Körper aus Lichtenergie und ein Zentrum von Lebensenergie. Obwohl die Seele unverbrüchlich zu Ihnen gehört und in ungefähr demselben Raum wie Ihr Körper existiert und ihn durchdringt, befindet sie sich nicht am selben Ort; sie existiert auf einer anderen Seinsebene oder -schicht, die wir die Seelendimension nennen können.

Ihre Seele ist also, wie Ihr Geist, ein nichtphysischer Aspekt Ihres ganzen Selbst, hat aber eine völlig andere Funktion und ein ganz anderes Ziel. Ihre Seele ist nicht etwa eine Erweiterung Ihres körperlichen Seins, vielmehr ist Ihr Körper eine Emanation Ihrer Seele. Ein Grund, weshalb Ihre Seele nicht zu Ihrem bewußten Alltagsleben gehört, liegt darin, daß Sie sie auf die Ungewißheit des Glaubens beschränken, statt sie als Teil Ihrer normalen Realität zu erfahren. Dabei ist die Seele ebenso real wie Ihr physischer Körper, sogar realer, da sie von größerer Dauerhaftigkeit ist.

Sie haben eine Seele, aber sie allein macht nicht Ihr »Ich« aus. Wenn Ihr »Ich« also weder Ihr Körper noch Ihr Geist, noch Ihre Seele ist, was sind *Sie* dann?

Der spirituelle *Geist* (die spirituelle Energie)

Sie sind ein *Geist!* Nicht ein Körper mit einer spirituellen Komponente, sondern das genaue Gegenteil dessen, was Sie vielleicht annehmen – ein spiritueller *Geist* mit einem physischen Körper. Ein »spirit« im englischen Sinne – also eine spirituelle Energie – mit der dazugehörigen verstandesmäßigen Komponente (»mind«). Sie sind ein *Geist* mit einer Seele. Ein zusammengesetztes Wesen, das Körper, Geist im Sinne von Verstand, Seele und *Geist* im Sinne spiritueller Energie umfaßt, die aber getrennt voneinander sind, wenn Körper und mentaler *Geist* nicht bewußten Kontakt mit der Seele und dem spirituellen *Geist* aufnehmen und wenn eines oder mehr sich nicht mehr im Einklang mit den anderen befindet.

Worin besteht der Unterschied zwischen der Seele und dem spirituellen *Geist?* Die Seele kann man als das »Licht« des Individuums beschreiben, wohingegen der spirituelle *Geist* das »Leben« ist – das wesentliche Sein, das ursprüngliche Sein vor der Manifestation der Gestalt. Die Seele ist sein funktionales Zentrum. Jeder individuelle *Geist* verfügt über die Gabe der Freiheit. Über Wahlfreiheit, seine Lebensenergien auf Harmonie in wechselseitiger Abhängigkeit mit anderen Wesen zu richten, indem er ihre Individualität achtet und vervollkommnet, oder seine Energien darauf zu richten, sich auf Kosten anderer und durch ihre Kontrolle auszudehnen. Der *Geist* besitzt die Entscheidungsfreiheit zwischen Harmonie oder Selbstsucht. Harmonie bildet das Fundament, das die Evolution des Ganzen im Gleichgewicht mit der Entwicklung des Individuums hält; parallel mit der Entwicklung des Individuums können auch andere wachsen. Selbstsucht hingegen strebt nach Selbstvergrößerung auf Kosten anderer und erzeugt dadurch destruktive Energien wie Habgier, Neid, Eifersucht, Haß, Rachelust, Bosheit, sexuelle Begierde, Verzweiflung und Verwirrung.

Das wirkliche Ich ist also spirituell, mit körperlichen und geistigen Aspekten. Das Spirituelle kann man nicht sehen, aber man kann seine Gegenwart spüren, und es ist sich seiner Existenz gewahr. Somit sind Sie ein spiritueller *Geist* – Ihrer eigenen Existenz, Ihrer individuellen Identität, Ihrer einzigartigen Wesenheit hier auf Erden gewahr. Ein spiritueller *Geist* mit einem physischen Körper, durch den er individuell wie auch in der Gemeinschaft die Folgen der eigenen und auch fremder Entscheidungen erfahren kann. Das Leben auf Erden ist eine Reise, die der spirituelle *Geist* durch die »langsameren« Schwingungen der physischen Welt unternimmt, um sich durch Erfahrungen dieser Realität auszudrücken und so seine eigene Zukunft zu gestalten – sein eigenes Schicksal!

Ihr *Geist*, Ihre spirituelle Energie ist die Essenz Ihrer selbst und alterslos. Deshalb fühlen Sie mit zunehmenden Jahren hier auf Erden auch in Ihrem Innern keinen Unterschied. Obwohl Ihr Körper beständigem Wandel unterworfen ist – von der Geburt bis zum Greisenalter –, bleiben Sie doch Sie selbst. Sie sind sich desselben »Ich« in der ganzen Zeitspanne Ihres Lebens bewußt. Trotz aller körperlichen Veränderungen, trotz der Veränderungen in Ihren Gedanken und Ansichten bleibt Ihre Identität dieselbe. Das Alter schwächt Ihr »Ich« nicht. Mit 60 sind Sie dasselbe »Ich« wie mit 16. Sie sind immer »Ich« und bleiben es auch, denn der Sinn des Lebens besteht im Gedeihen und Überdauern – also im natürlichen (organischen) Wachsen – in einem beständigen Prozeß der Förderung, Verfeinerung und Vervollkommnung des *Geistes*, der spirituellen Komponente.

Ihr Leben hat somit ein Ziel, Ihrem Sein liegt ein Ziel zugrunde. Sie leben nicht zufällig, sondern um dieses Ziel zu erfüllen – den Grund Ihres »Ich«-Seins. Ihres wundervollen, Wunder-vollen Ich.

Wir alle können uns wie ein Frosch auf einem Lilienteich
frei in jede Richtung bewegen.
Indem wir wählen,
auf welchem Lilienblatt wir als nächstes landen,
bestimmen wir unser eigenes Schicksal.

2. Der Energiekörper

Ihr physischer Körper ist von einem Energiekraftfeld umgeben und durchdrungen, das den Umrissen des Körpers folgt und ihm wie ein Zwilling gleicht. Diesen wenngleich unsichtbaren Zwillingskörper können empfindsame Menschen, deren Blick über das normale Sehvermögen hinausgeht, als eine bläuliche nebelähnliche Lumineszenz wahrnehmen, die manche »Ätherleib« nennen. Ich nenne ihn lieber »Energiekörper«, da er den physischen Körper energetisiert und formt.

Er ist der dichteste unserer feinstofflichen Körper, denn er ist derjenige, der unserem physischen Körper am nächsten ist, da er sich nur knapp über der Hautoberfläche erstreckt und die erste Schicht eines uns umgebenden Aurakokons bildet. Er ist nicht nur die Ausdehnung des physischen Körpers, sondern auch dessen »Gußform«, denn er ermöglicht es ihm, seine Gestalt und Form zu bewahren. Er energetisiert den physischen Körper, indem er ihm lebenspendende Kraft zuteilt, die ihn mit einer dynamischen Kraft lädt, ohne die er dahinwelken und sterben würde. Auf diese dynamische Kraft wird in Kap. 7 näher eingegangen.

Den Energiekörper kann man als einen Verbindungskörper zwischen den physischen und nichtphysischen Wirklichkeiten betrachten. Er dient als Transformator feinerer und subtilerer nichtstofflicher Energien. Obwohl er für das Auge normaler-

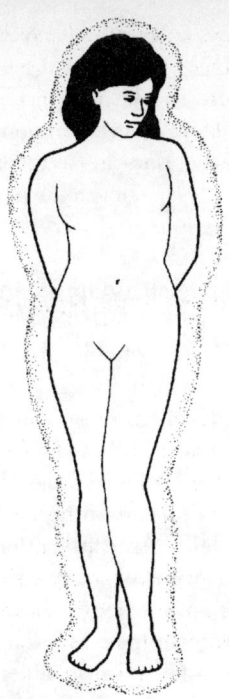

Abb. 1: Der Energiekörper geht in seiner räumlichen Ausdehnung geringfügig über den physischen Körper hinaus und durchdringt ihn. Er formt und gestaltet den physischen Körper und bewahrt seine ungefähre Form.

weise unsichtbar ist, kann man ihn durch Empfindungen erfahren, wie wir auch unseren physischen Körper durch Empfindungen spüren.

Wie in Kap. 1 erläutert, laufen die Körperfunktionen weitgehend instinktiv ab. Jeder Körperteil arbeitet mit den anderen zusammen und unterstützt alle anderen in einem aufs genaueste ausgeglichenen holistischen Gefüge. Das Verdauungssystem z. B. zerlegt die aufgenommene Nahrung und scheidet das Überflüssige aus. Der Blutkreislauf transportiert die aufgenommenen Nährstoffe in alle Körperregionen, wo sie die nötige Energie liefern. Die Nerven bilden das körpereigene Kommunikationsnetz, das Botschaften weitergibt und Informationen koordiniert. Der Energiekörper ermöglicht dem physischen Körper Zugang zu Energien im höheren Frequenzbereich. Er nimmt in seiner Eigenschaft als Transformator diese höheren Energien auf und wandelt sie in niedrige Frequenzen um, wodurch sie mit den physischen Energien kompatibel werden. Zudem scheidet der Energiekörper, wie das Verdauungssystem, das Unbrauchbare aus.

Das Wissen um den Energiekörper ist deshalb so wichtig, weil er das Mittel darstellt, durch das die Erleuchtung durch das Strömen des inneren Lichts ermöglicht wird. »Erleuchtung« ist das, was uns mit unseren inneren Augen klarer sehen läßt, ein auch den Intellekt beeinflussender Prozeß.

Die Verfassung des Energiekörpers wirkt deshalb sehr stark auf den physischen Körper, und jede Einmischung, Disharmonie, Stauung oder Störung in einem Bereich seines Energiefelds manifestiert sich früher oder später in einem damit in Verbindung stehenden Teil des physischen Körpers. Umgekehrt verursacht auch jede physische Krankheit oder Verletzung ein Versickern von Energie aus dem Energiekörper. Vorbeugende Medizin behandelt meist den Energiekörper.

Die Chakren

Feinstoffliche hochfrequente Energien werden durch ein System radähnlicher, wirbelnder, in einer vertikalen Säule angeordneter Strudel in den Energiekörper gezogen. Diese kreisenden, sich spiralförmig bewegenden Scheiben werden meist Chakren genannt. In Sanskrit bedeutete »Chakrum« »sich spiralförmig drehendes Rad«. Chakren sind jedoch mehr als Energiezentren; sie sind die Pforten zu den Bewußtseinsebenen.

Sowohl im hinduistischen Hatha-Yoga wie auch in der buddhistischen Lehre gibt es sieben Hauptchakren, aus denen sich das westliche Verständnis der Chakren herleitet. Ursprünglich wurden die Chakren astrologisch auf die Energien der sieben Planeten bezogen, mit denen sie im Einklang sind: Saturn, Jupiter, Mars, Venus, Merkur, die Sonne (eigentlich ein Stern) und der Mond (eigentlich ein Satellit). Heute sind diese traditionellen Vorstellungen trotz ihrer Wahrheit unvollständig, weil mit der Entdeckung von Uranus, Neptun und Pluto drei weitere Chakren aktiviert wurden und die Menschen seither einem größeren Bereich kosmischer Energien ausgesetzt sind. Z. B. wird ein »zusätzliches« Chakra, das Fuß-Chakra, mit Bewegung assoziiert, und schnelle Bewegung ist eindeutig ein Merkmal des modernen Lebens. Eine Hauptfunktion des Gehirnbasis-Chakras ist mit Kraft verbunden, und heute verfügt der Durchschnittsmensch dank der Computertechnologie, dank moderner Kommunikationsmethoden und Elektronik über ungeheure Kraft in den Fingerspitzen – und zwar mit Hilfe von Kraft aus Energiequellen, von denen unsere Vorfahren nur träumen konnten. Das Wurzel-Chakra unter den Fußsohlen ist hauptsächlich mit Versorgung befaßt. Die Reaktionen auf Hungersnöte und andere Tragödien in weniger entwickelten Ländern zeigen, daß die Menschen der modernen Industrienationen mehr Mitgefühl aufbringen als die alten Kulturvölker unter dem chaldäischen Einfluß.

Diese drei »neuen« Chakren hatten früher schon während der sagenumwobenen Kulturen von Atlantis und Mu im Menschen gewirkt, lagen nach der Verschiebung der Erdumlaufbahn und der Veränderung der Polarachsen aber lange Zeit brach. Durch diese Verschiebungen geriet das ökologische Gleichgewicht aus der Balance, und völlig neue Landformationen entstanden, als sich neue Gebirge erhoben und ganze Kontinente in den Fluten verschwanden. Keine Technologie dieser prähistorischen Kulturen überdauerte, doch konnten die wenigen Überlebenden einiges von dem Wissen in Form von Sagen, Mythen, Ritualen und Zeremonien retten, die den nachfolgenden Generationen durch die mündlichen Lehren der Schamanen weitergegeben wurden und die auch in religiöse Vorstellungen und mystische Traditionen Eingang fanden. Erst während der letzten 100 Jahre haben diese drei ruhenden Chakren wieder in den Menschen zu wirken begonnen.

Die zehn Chakren befinden sich nicht im physischen Körper. Sie haben ihren Sitz im Energiekörper und können als Organe dieses Körpers betrachtet werden. Ihre Plazierung in bestimmten Bereichen des physischen Körpers dient nur als Hinweis auf ihren Sitz im Energiekörper im Bezug zum physischen Körper. Sie befinden sich in dieser Position, aber nicht an diesem physischen Ort.

Zwei der zehn Chakren – eines knapp über dem Kopf und das andere unter den Fußsohlen – dienen auch als Polaritäten, denn sie sind die Endpunkte, die das Kosmische mit dem Physischen, den »Himmel« mit der »Erde«, verbinden. Das Chakra über dem Kopf ist allgemein als Scheitel-Chakra bekannt, das unter den Fußsohlen als das Wurzel-Chakra, weil es uns in der Erde verwurzelt. Die anderen acht Chakren sind in Achterformen angeordnet – gemäß einem universellen Gesetz der Harmonie, das den indianischen Lehren des Medizinrads und dem achtspeichigen Mandala der östlichen und westlichen Mystik zugrunde liegt. Energieströme aus dem Kosmos werden in Wellenmustern durch vertikale Fasern im Energiekörper in die Chakren gezogen.

Diese feinen Säulen werden manchmal mit dem schon im alten Indien bekannten Namen *Nadi* bezeichnet. Das Haupt-Nadi verbindet das Steißbein-Chakra mit dem Stirn-Chakra und mit dem Wurzel-Chakra. Die beiden anderen Nadi-Kanäle – einer mit positiver, der andere mit negativer Strömung – winden sich um das Haupt-Nadi herum und kreuzen

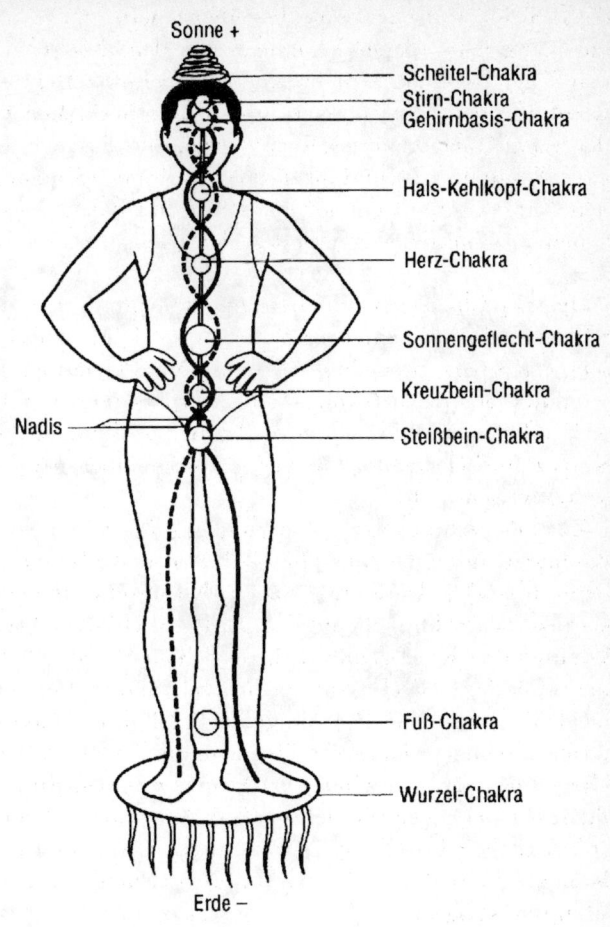

Sonne +

Scheitel-Chakra
Stirn-Chakra
Gehirnbasis-Chakra

Hals-Kehlkopf-Chakra

Herz-Chakra

Sonnengeflecht-Chakra

Kreuzbein-Chakra

Nadis

Steißbein-Chakra

Fuß-Chakra

Wurzel-Chakra

Erde –

Abb. 2: Ein Hinweis auf die Wellenmuster des Energiestroms durch die Nadi-Kanäle und das Alternieren der Energieströme. Die positiv geladene Energie oder Yang-Polarität kommt von oben (Sonne), die negativ geladene oder Yin-Polarität von unten (Erde).

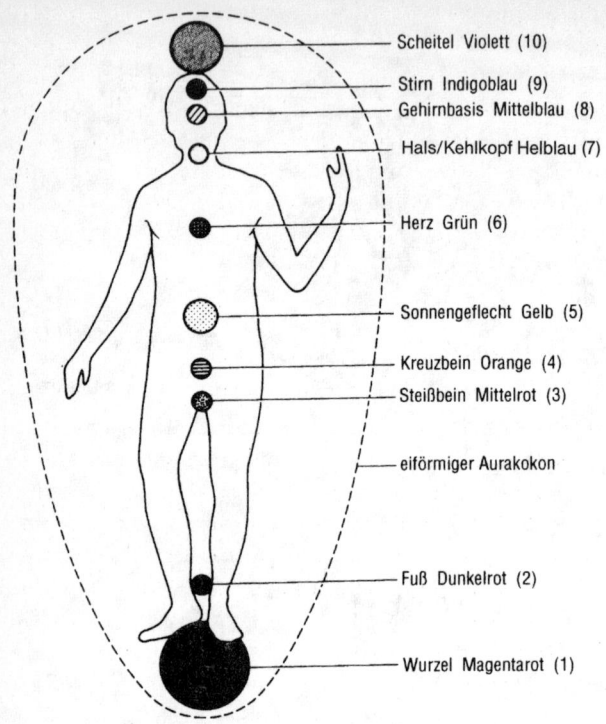

Scheitel Violett (10)
Stirn Indigoblau (9)
Gehirnbasis Mittelblau (8)
Hals/Kehlkopf Helblau (7)
Herz Grün (6)
Sonnengeflecht Gelb (5)
Kreuzbein Orange (4)
Steißbein Mittelrot (3)
eiförmiger Aurakokon
Fuß Dunkelrot (2)
Wurzel Magentarot (1)

Abb. 3: Die zehn Chakren in ihrer Position in bezug auf den physischen Körper.

sich und das Haupt-Nadi in Achterlinien um die kreisenden Chakren.

Auf diese Weise alternieren die Energieströme, und jedes der Kraftzentren vom Steißbein- zum Stirn-Chakra kreist in entgegengesetzter Richtung zum jeweils oberen bzw. unteren. Die Chakren versorgen den physischen Körper und seine Organe mit feinstofflichen Energien. Man kann das endokrine Drü-

24

sensystem als physische Ausdehnung der Chakren betrachten und das parasympathische Nervensystem als Ausdehnung der Nadis. Die Chakren befinden sich an den Stellen des Energiekörpers, wo sich verschiedene Ebenen Ihres vollständigen Selbst begegnen oder miteinander verschmelzen, und weisen somit auch auf die verschiedenen Schichten Ihres Seins hin. Das Wissen um Eigenschaften und Sinn der Chakren hilft Ihnen auch, ihre Funktion im Hinblick auf die verschiedenen Schichten Ihres Seins besser zu verstehen.

Das Wurzel-Chakra

Das Wurzel-Chakra unter den Fußsohlen verbindet Sie mit der Erde. Es erinnert Sie daran, daß Sie ein Kind der Erde sind und von ihr versorgt und genährt werden. Es erdet Sie in der handfesten Realität, denn eben hier drückt sich Ihre Spiritualität aus – durch Ihre Körperlichkeit, Ihre Sterblichkeit. Es befaßt sich mit den Qualitäten von Stabilität und Unterstützung, mit Wachstum und organischer, also natürlicher Entwicklung. Ohne ein gut funktionierendes Wurzel-Chakra sind wir kopflastig, unbeständig, ohne festen Boden unter den Füßen. Wir geraten aus dem Gleichgewicht, wenn wir unser Leben zu sehr vom Geistigen bestimmen lassen.

Das Fuß-Chakra

Das Fuß-Chakra im Bereich der Fußknöchel steht mit ausgewogener Bewegung in Verbindung, so daß es Sie befähigt, Ihre physische Seins-»Schicht« in Freiheit zu erkunden, während Sie mit der Erde verbunden sind. Durch das Fuß-Chakra können Sie aus Ihrem Gang auf Erden einen Tanz machen – einen beglückenden Tanz der Energiebewegung.

Das Steißbein-Chakra

Das Steißbein-Chakra am unteren Ende der Wirbelsäule zwischen Anus und Genitalien steht in Verbindung mit Schwerkraft und Festigkeit. Es stützt Sie und befindet sich in bezug auf den physischen Körper auch an der Stelle, die das Knochengerüst im Sitzen trägt und hält. Es steht mit den Knochen, dem festen Muskelfleisch und dem Dickdarm in Verbindung. Es manifestiert sich im physischen Körper als die Adrenalindrüsen, die oben auf den Nieren sitzen und in Gefahrensituationen Adrenalin ausschütten. Somit befaßt sich dieses Chakra sehr mit der faßbaren Existenz, unseren physischen Bedürfnissen und dem Überlebensinstinkt. Es energetisiert den Ischiasnerv, den größten Nerv des Körpers, der an jedem Bein bis zum Fuß hinunterläuft und auf diese Weise das gesamte Nervensystem mit der Erde verbindet. Die funktionale Bedeutung des Steißbein-Chakras liegt im Fundamentgeben und Ableiten. Fettsucht, Verstopfung, Wirbelsäulenprobleme, Magersucht und Ischialgie weisen auf eine Störung dieses Chakras hin.

Das Kreuzbein-Chakra

Es befindet sich knapp unter dem Nabel und externalisiert sich als die Geschlechtsdrüsen, Eierstöcke bzw. Hoden, ist also ein Zentrum der Fortpflanzung und Motivation. Das Kreuzbein-Chakra beeinflußt die Körperflüssigkeiten – Blutkreislauf, Urinieren, Fortpflanzung – und wird mit Gefühlen, insbesondere den Sehnsüchten, Leidenschaften, angenehmen und guten Gefühlen verbunden. Unsere Sehnsüchte weisen uns auf unsere Bedürfnisse hin und erzeugen Motivation für Veränderungen und Ausdehnung. Leidenschaft bedeutet Intensität des Ausdrucks, Genuß die freudvolle Erfahrung der eigenen Lebendigkeit.

Doch wurden viele Menschen einer religiösen Konditionierung unterworfen, die Genuß mit dem Bösen verbindet,

Frauen über Jahrhunderte hinweg als Verführerinnen abstempelte, Begehren als zu unterdrückenden Trieb betrachtet und das Leben hier auf Erden als eine Existenz sieht, die man zu erleiden und zu erdulden, nicht aber zu genießen hat. Derartige Konditionierungen haben vielen Menschen die Erfahrung ihrer feinsten und edelsten Energien verneint, sie vom Zugang zu ihrer Ganzheit abgeschnitten und sie der Natur und der Erde entfremdet. Die wesentliche Bedeutung des Kreuzbein-Chakras liegt in der Motivation und Fortpflanzung. Impotenz, Frigidität, Kreislaufprobleme, Nieren- und Blasenkrankheiten weisen auf eine Störung des Kreuzbein-Chakras hin.

Das Sonnengeflecht-Chakra

Das Sonnengeflecht-Chakra zwischen dem Nabel und dem unteren Rippenbogen externalisiert sich in der Bauchspeicheldrüse. Es reguliert den Stoffwechsel des physischen Körpers und steht in Verbindung mit Steuerung, Wachstum und Entwicklung. Manche bezeichnen es als »feuriges« Chakra. Es gilt als Sonnenzentrum des Körpers. Man verbindet es mit feuriger Kraft, die Handlung entzündet, persönliches Wachstum und das Gefühl ermöglicht, »aufspringen und losrennen zu wollen«. Deshalb strahlt es Umwandlung aus. Es befaßt sich mit der Steuerung und dem Gebrauch von Energie. Handlung erfordert Verantwortung für die Folgen dessen, was in Gang gebracht wurde. Verdauungsstörungen, Magengeschwüre, Zuckerkrankheit sind körperliche Folgen einer Störung des Sonnengeflecht-Chakras.

Das Herz-Chakra

Das Herz-Chakra in der Brustmitte externalisiert sich als Thymusdrüse und ist mit Liebe und Mitgefühl verbunden, weil es sich da befindet, wo die Bindekraft am stärksten ist. Die Bindekraft ist eine der vier großen Mächte des Universums – neben Leben, Licht und Gesetz. Sie verschmilzt, harmonisiert, bindet und sucht auch die Eigenschaften des spirituellen *Geistes* von Oben mit denen der Materie von Unten zu vereinen. Die Bindekraft kennt weder Beschränkungen noch Eingrenzungen, ebendas macht Liebe aus – das Verschmelzen von Energien, das In-Harmonie-Sein mit dem oder der Geliebten.

Wahre Liebe stellt keine Bedingungen, keine Forderungen, will nicht besitzen, nicht kontrollieren, sondern mit anderen in Harmonie kommen. Das Herz-Chakra ist mit Beziehungen und Gleichgewicht befaßt, mit Liebe und Mitgefühl, es bringt Geben und Nehmen in die Balance, aktiviert, erfrischt und nährt liebevoll. Lungenprobleme, Asthma, Bluthochdruck und Herzbeschwerden zeigen eine Störung dieses Chakras an.

Das Hals-/Kehlkopf-Chakra

Das Hals-/Kehlkopf-Chakra in der Mitte des Halses externalisiert sich als die Schilddrüse. Es ist mit Kommunikation – der Übermittlung und dem Empfang von Informationen – befaßt. Information kommt als Bündel von Energiemustern zu Ihnen, die Sie entschlüsseln und mit einer Bedeutung belegen müssen. Dieses Chakra ist ein Lautzentrum – es sendet und empfängt Schallwellen und erweitert so Ihr Verbundensein mit Ihrer Umgebung. Es steht in Verbindung mit Hals, Schultern, Armen, Händen und Ohren – allen an Kommunikation und Ausdruck beteiligten Körperteilen. Halsschmerzen, Erkältungen, steifer Nacken und Schwerhörigkeit deuten auf seine Störung hin.

Das Gehirnbasis-Chakra

Das Gehirnbasis-Chakra befindet sich in der Mitte des Kopfes etwa auf der Höhe der Nasenwurzel und externalisiert sich als Zirbeldrüse – die Körperuhr –, die sich an der Gehirnbasis auf etwa gleicher Höhe mit der Nasenwurzel befindet. Dieses Chakra kann man auch als Licht-Chakra bezeichnen, da es die Funktion steuert, die den mentalen Geist oder den Verstand zum »Sehen« befähigt. Die Augen können nur schwingende Impulse unterscheiden, die von Lichtstrahlen ausgehen, die von Gegenständen zurückgeworfen werden, und die Räume zwischen ihnen und um sie herum. Diese prägen sich auf die Netzhaut der Augen ein, die sie über den Sehnerv an das Gehirn weiterleitet, das diese Impulse entschlüsselt. Das Gehirnbasis-Chakra steuert den Zugang zu den inneren Informationswiedergewinnungssystemen. Es speichert früher erfahrene Formen und Muster und ermöglicht so unsere willentliche Vorstellungskraft, mit der wir frühere Muster auf unseren geistigen Bildschirm projizieren. Somit können wir es als das Chakra der Vorstellungskraft und als Sitz der Befähigung, das Nichtmögliche möglich zu machen, betrachten. Augenprobleme deuten auf eine Störung des Gehirnbasis-Chakras.

Das Stirn-Chakra

Das Stirn-Chakra befindet sich hinter der Stirn auf gleicher Höhe mit den Augenbrauen und externalisiert sich als die Hirnanhangdrüse – das Kommandozentrum des Drüsensystems. Die Hirnanhangdrüse befindet sich im Gehirn knapp über dem Gaumendach beim weichen Gaumen. Das Stirn-Chakra läßt sich als »Organ« der Intuition und Wahrnehmung beschreiben; doch während das Gehirnbasis-Chakra mit der Einsicht verbunden ist, steht das Stirn-Chakra mit Absicht und Wahrnehmung in Verbindung; ebendie Absicht überträgt feinstoffliche Energien und steuert Aktivität; die Wahrnehmung ist die Fähigkeit, im Beobachteten Bedeutung zu erkennen. Unsicherheit, Verwirrung und Unentschlossenheit weisen auf Störungen des Stirn-Chakras hin.

Das Scheitel-Chakra

Das Scheitel-Chakra (oder Kronen-Chakra) über dem Kopf krönt das gesamte Chakra-System und beeinflußt die Hirnanhangdrüse, weil es sich mit den »höheren« Zielen und der Richtung des Lebens – dem Ziel der Seele – befaßt. Dieses Chakra wird manchmal »tausendblütiger Lotus« genannt, weil es sich aus dem Schlamm der Materie zu erheben und in die »oberen« Dimensionen aufzublühen scheint und so unendliche Möglichkeiten eröffnet. Depressionen, Langeweile und Apathie weisen auf eine Störung des Scheitel-Chakras hin.

Das »Dritte Auge«

Wenn das Scheitel-, das Stirn- und das Gehirnbasis-Chakra anfangen, im Einklang miteinander zu funktionieren, entwickelt sich der dabei entstehende Energiestrudel als weiteres Wahrnehmungsorgan – das sogenannte »Dritte Auge« –, das einst als ein Auge innerhalb eines Dreiecks symbolisiert wurde.

Obwohl es sowohl mit diesen drei Chakras als auch mit der Zirbel- und der Hirnanhangdrüse verbunden wird, ist das Dritte Auge dennoch nicht mit ihnen identisch. Vielmehr ist es ein Organ des Energiekörpers, das dann aktiviert wird, wenn der physische Körper in Einklang mit den feinstofflicheren Körpern kommt. Manche nennen dies »spirituelle Entwicklung«, aber es handelt sich dabei eher um eine holistische Entwicklung, weil es die körperlichen, mentalen, emotionalen und geistig-spirituellen Aspekte des ganzen Seins umfaßt. Einmal aktiviert, befähigt uns das Dritte Auge mit dem Sinn der »Hellsichtigkeit«, wodurch wir in andere Bewußtseinsdimensionen als die »normale« stoffliche Wirklichkeit und die mentale Ökologie unseres Geistes Einblick erhalten.

Vorsicht ist geboten, wenn jemand Ihr »Drittes Auge« für Sie »einstellen« will. Das Dritte Auge entwickelt sich ganz natürlich zusammen mit der auf den vieldimensionalen Ebenen

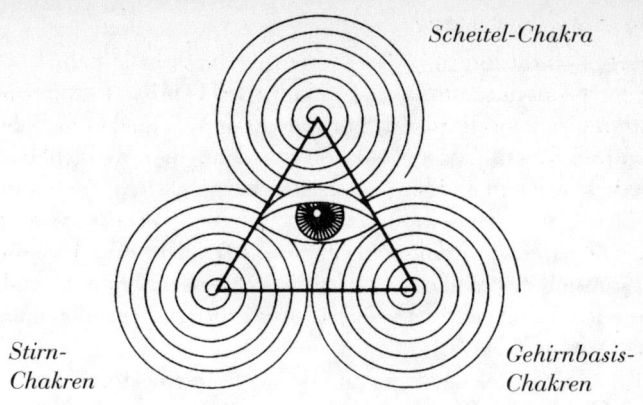

Scheitel-Chakra

Stirn-
Chakren

Gehirnbasis-
Chakren

*Abb. 4: Das Dritte Auge befindet sich in dem Strudel, der aus dem
Zusammenspiel von Scheitel-, Stirn- und Gehirnbasis-Chakra
entsteht, wenn der physische Körper in Einklang mit den feinstofflicheren Körpern des Menschen kommt und eine Ebene der
Integration erreicht wird, auf der die Entwicklung dieses Wahrneh-
mungsorgans möglich ist.*

stattfindenden Integration. Man kann seine Entwicklung zwar
auf mannigfaltige Weise fördern, darf sie aber keinesfalls er-
zwingen. Anpassungen von außen, so gut sie auch gemeint sein
mögen, können die Entwicklung der inneren Sicht verdunkeln
und so Weiterentwicklung stören oder gar verhindern. Manchmal will jemand das »Dritte Auge« einstellen, um so Herrschaft
über andere ausüben zu können.

Chakra-Störungen

Die Chakren sind bewegliche Energiepunkte, die sich wie Ven-
tilklappen beim Öffnen und Schließen bewegen, wenn sie
Energie einziehen und Unerwünschtes ausstoßen. Ist ein
Chakra verstopft – etwa aufgrund eines Schocks, Traumas,

31

einer ungünstigen Lebenserfahrung oder emotionaler Belastung –, funktioniert es nicht richtig. In diesem Fall fließt weniger Energie durch, und die entsprechenden Körperteile verlieren an Vitalität. Zu Störungen kann es auch kommen, wenn die Ventilklappenfunktion in irgendeiner Weise behindert wird. Wenn sich das Chakra nicht mehr richtig schließt, wird der Mensch anfällig für alle möglichen äußeren Einflüsse. Heute verhindern in erster Linie Drogen- und Alkoholmißbrauch das Schließen eines Chakras, nachdem es auf unnatürliche Art geöffnet wurde; der Betroffene erleidet dann einen Kontrollverlust.

Ein verstopftes Chakra kann durch einfache Atemübungen in Verbindung mit dynamischen Bewegungen, die den feinstofflichen Energiefluß normalisieren, frei gemacht werden. Näheres dazu später. Durch Auflösen der Krise oder des Traumas von Grund auf oder durch das Einstellen des Drogenmißbrauchs kann das Chakra wieder seine normale Funktion erlangen. Für die Wiederherstellung der Harmonie der Chakren gibt es auch eine Reihe sanfter und natürlicher Therapien.

Mit den Chakren in Verbindung stehende Farben

Das Chakra-System im Hinduismus und Buddhismus unterscheidet sich vom Meridian-System der chinesischen Taoisten. Die Meridiane sind im wesentlichen die Verteiler der Lebensenergie, die Chakren die der Lichtenergie. Deshalb ordnet man den Chakren auch Farben zu. Durch das Scheitel-Chakra und die Zirbeldrüse wird ein Strom reinen Lichts in das menschliche Energiesystem gezogen. Auf seinem Weg zum Stirn-Chakra fungiert die Hirnanhangdrüse, mit der dieses Chakra verbunden ist, als Prisma und zerteilt das Licht in die Spektralfarben oder Qualitäten, die dann auf dem Weg nach unten auf die anderen Chakren verteilt werden. Auf diesem

32

Weg nach unten gewinnen die Farben zunehmend an Dichte. Was ganz oben weiß war, wird beim Wurzel-Chakra unter den Fußsohlen schwarz.

Diesen Lichtstrom kann man mit der Hauptstromquelle eines Elektrizitätswerkes vergleichen, wobei die Chakren die Hauptverteiler bilden. Der nun aufnahmefähige Energiestrom dreht wieder nach oben, und der dabei erfolgende Energieabfluß gelangt dann in das äußere Energiefeld, allgemein bekannt als Aura.

Die Chakren zeigen auch Gewahrseinsebenen an, die ebenfalls mit Licht assoziiert werden. Die helleren Farben drücken Bewegung auf einen höheren Gewahrseinsstand hin sowie größere Erleuchtung aus. Die einem Chakra zugeschriebene Farbe muß keine reine Farbe sein, doch herrscht jeweils eine Farbe auf jener bestimmten Ebene vor und zeigt so die abgegebene Energiefrequenz und die Qualität des Bewußtsein suchenden Ausdrucks an. Deshalb ist Bewußtsein selbst eine Qualität von Energie, und die verschiedenen Gewahrseinszustände werden verschiedenen Energieebenen zugeschrieben. Gemäß dieser Auffassung werden folgende Grundfarbtöne mit folgenden Chakren assoziiert:

Scheitel – weiß, Stirn – violett, Gehirnbasis – indigoblau, Hals/Kehlkopf – blau, Herz – grün, Sonnengeflecht – gelb, Sakral – orange, Steißbein – rot, Fuß – magentarot, Wurzel – schwarz.

Die Meridiane

Die oben erwähnten Meridiane sind fadenähnliche Linien, durch die die Lebenskraft fließt, die alle Lebensfunktionen des physischen Körpers aufrechterhält und steuert. Im Taoismus gibt es zwölf Hauptmeridiane, von denen jeder durch ein lebenswichtiges Organ hindurchgeht und es mit Lebenskraft versorgt. Streß, Angst, zerstörerische Emotionen wie Haß, Eifersucht und Neid, andauernde Enttäuschungen, unterdrückte Gefühle, negative Haltungen oder Konditionierungen können zum Versickern dieser Substanz auf dem Weg durch die Meridiane beziehungsweise des Lichts durch die Chakren führen.

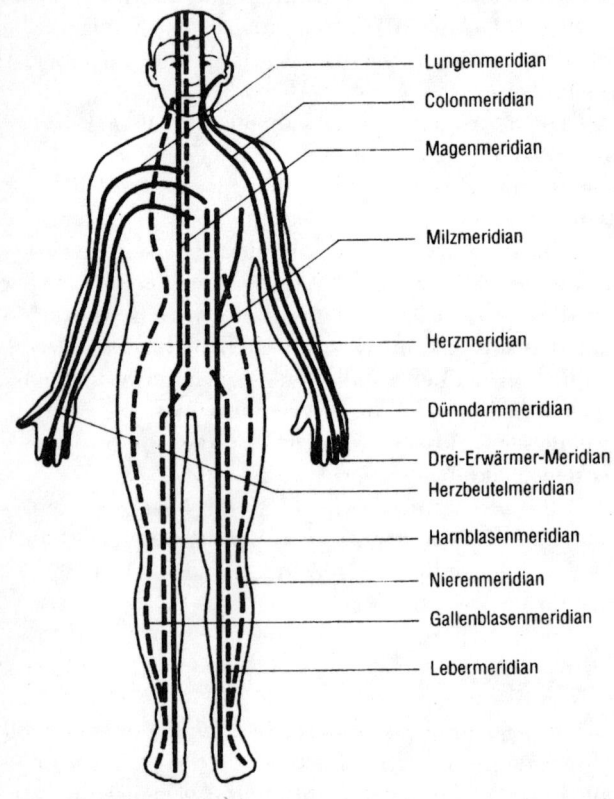

Abb. 5: Die zwölf Hauptmeridiane, von denen jeder durch ein lebenswichtiges Körperorgan geht und es mit Lebenskraft versorgt.

Arbeit mit dem Energiekörper

Meine Definition der Chakren unterscheidet sich zu einem bestimmten Grad von den »traditionellen« Quellen, auf denen die meisten alten Lehren beruhen. Doch steht meine Definition keineswegs im Widerspruch dazu – sie zeigt lediglich eine andere Facette der fundamentalen Wahrheit. Früher wurde Wissen oft nur unvollständig vermittelt. Das Wesentliche wurde geheimgehalten und nur an wenige besonders Auserwählte weitergegeben.

Die traditionellen Lehren kannten ganz allgemein drei Methoden der Arbeit mit Chakren zum Zwecke der spirituellen Entwicklung: Atemübungen, Visualisierung und Meditation.

Durch Atemübungen kann man willentlich einen rhythmischen Strom feinstofflicher Energien durch die Chakren leiten. Ein »verborgenes« Ziel war es, die Absicht zu reinigen und zu disziplinieren – was im schamanischen Sinne dem Lenken und Steuern der feinstofflichen Energien dient.

Visualisierung wurde als Mittel des »Denkens« in Bildern und des zielgerichteten Lenkens des Gedankenstroms gelehrt. Das zugrundeliegende Ziel bestand darin, sich die Wahrnehmung auf unterbewußten Ebenen anzueignen, während man ganz wach und bei voller Willenskraft blieb, denn auf dieser Ebene besteht die »Sprache« nicht aus Wörtern, sondern aus Bildern und Eindrücken. Meditationstechniken wurden zur Beherrschung des Gedankenflusses gelehrt, um einen Zustand der ruhigen Aufmerksamkeit zu erreichen, in dem man sich jedes Gedankens und Gefühls in einer Haltung inneren Abstands, also selbstlos, gewahr sein kann. Dadurch kann man sich seines Selbst ohne den selbstsüchtigen Aspekt des Ego bewußt werden. Das verborgene Ziel lag darin, sich mit Hilfe eines mental orientierten Mittels selbst zu erfahren, sich als *Geist*, als transzendentale Kraft in seiner ganzen Identität zu erfahren.

35

Der Geist beeinflußt also den Energiekörper. Positive Gedanken wirken sich vorteilhaft aus, da sie die Harmonien im Energiekörper erhalten. Negative Gedanken hingegen erzeugen Disharmonien im Energiewellenmuster. Daher tragen innere Faktoren ebenso zu Krankheiten bei wie äußere Einflüsse, etwa Gifte, Bakterien und Viren. Der Energiekörper schirmt den physischen Kölper vor schädlichen Einflüssen ab, so wie die Erdatmosphäre den Planeten davor bewahrt, daß Abfall aus dem All in die Erdumlaufbahn gelangt. Einige Störfaktoren kommen allerdings durch den Energiekörper hindurch und werden dann von den körpereigenen Abwehrkräften bekämpft.

Die feinstoffliche Energie des Energiekörpers kann in der folgenden einfachen Übung mit den Händen erfahren werden. Dazu brauchen Sie einen Partner, der Ihnen erlaubt, seinen Energiekörper abzutasten. Er sollte entspannt knapp außerhalb Ihrer Reichweite stehen.

಄಄಄಄಄಄಄಄಄಄

1. Erfahrung:
Abtasten des Energiekörpers

Zuerst müssen Sie Ihre Hände für die feinstofflichen Energien empfänglich machen. Dazu müssen Sie allen Schmutz von den Händen abwaschen und sich grundlich abtrocknen. Stellen Sie sich dann entspannt hin, Arme seitlich, Füße leicht auseinander. Heben Sie die Arme in Brusthöhe etwa 25 Zentimeter vor den Körper. Die Handflächen schauen zueinander, sind etwa zehn bis zwölf Zentimeter voneinander entfernt.

Richten Sie Ihre Aufmerksamkeit auf die Handflächen, atmen Sie dabei langsam und rhythmisch ein und aus, ohne Anstrengung oder Unbehagen, ganz entspannt. Fahren Sie ein paar Minuten damit fort, bis Sie Wärme oder ein Prickeln in

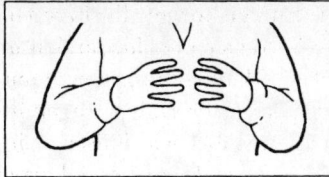 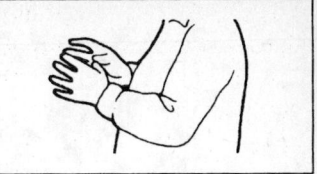

Abb. 6: Man kann den Energiekörper als einen leichten Druck zwischen den Handflächen spüren.

den Handflächen oder Fingerspitzen spüren. Dann führen Sie ganz langsam die Handflächen näher zusammen und spüren ein leichtes Druckgefühl, als ob Sie einen kleinen Luftballon zwischen den Händen hielten. Führen Sie die Handflächen noch näher zusammen und dann auseinander, in sanften pressenden und entspannenden Bewegungen, machen Sie dies ein paarmal hintereinander. Lassen Sie sich nicht entmutigen, wenn Sie beim erstenmal noch keinen leichten Druck spüren sollten. Vielleicht müssen Sie mehr üben, ehe Sie etwas bemerken.

Nähern Sie sich jetzt Ihrem Helfer. Strecken Sie die Arme mit nach außen gerichteten Handflächen nach vorne aus, und gehen Sie langsam auf ihn zu, wobei Sie sich auf Ihre Handflächen konzentrieren. Bleiben Sie stehen, sowie Sie den leichtesten Druck oder Wärme, Kälte oder ein Prickeln in den Händen spüren. Dies kann etwa einen Meter von Ihrem Helfer entfernt geschehen, aber auch nur 20 Zentimeter. Was Sie spüren, ist die äußere Membran seiner Aura.

Bewegen Sie sich ganz langsam auf den Helfer zu, bis die Empfindung sich ein klein wenig verstärkt. Konzentrieren Sie sich weiter auf Ihre Hände. Denken Sie nicht nach. Lassen Sie einfach Ihre Empfindungen zu, die Bilder, die Ihnen in den Sinn kommen, ein angenehmes Gefühl in der Bauchgegend. Wenn Sie mit den Handflächen nur noch wenige Zentimeter von Ihrem Helfer entfernt sind, tasten Sie die linke Seite seines

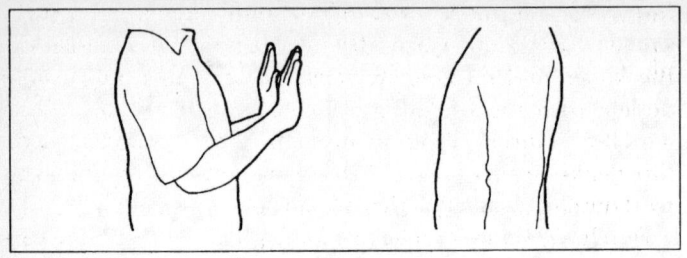

Abb. 7: Man kann die äußere Membran des Aurakokons einer Person spüren, indem man langsam mit nach vorne weisenden Handflächen auf sie zugeht, bis man einen leichten Druck, Wärme oder Kälte empfindet.

Körpers mit der rechten Hand ab, führen Sie sie langsam über den Kopf und dann sanft nach unten – bücken Sie sich, wenn Sie zur Taille und zu den Oberschenkeln kommen – und dann hinunter zu den Füßen. Dabei bemerken Sie möglicherweise Vibrationen Ihrer Hand als Reaktion auf den Druck.

Dann gehen Sie mit der linken Hand zur rechten Körperseite. Achten Sie auf Vibrationen. Dann treten Sie hinter Ihren Helfer und wiederholen das Ganze am Rücken, erst mit der rechten Hand, dann mit der linken, bis Sie den ganzen Körper abgetastet haben.

Wenn Sie fertig sind, schütteln Sie sich die Hände, als ob Sie nach dem Waschen kein Handtuch hätten und das Wasser abschütteln müßten. Dann reiben Sie sich kräftig die Hände und massieren die Handflächen und den Handrücken.

ാ෨ാ෨ാ෨ാ෨ാ෨

Diese feinen, nichtstofflichen Energien im Universum sind stärker als physische Energie und ein Teil unseres Selbst. Man kann den physischen Körper mit feinstofflicher Energie überfluten, die sofortige Umwandlungskräfte besitzt und den gesamten Körper mit einer Absonderung versorgen kann, die Blockaden in den Energiekanälen auflöst, Streß abbaut und die lebenswichtigen Organe erfrischt. Praktizieren Sie es, dann wird Ihre Wahrnehmung der äußeren Welt sich wandeln, denn Ihre Reaktion auf die Geschehnisse der normalen Wirklichkeit wird durch Ihr inneres Erleben geprägt.

Durch die Veränderung der inneren Realität Ihres Energiesystems verändern Sie auch die Außenwelt. Das klingt kompliziert. Und doch ist es einfach. Für die Freisetzung dieser mächtigen Umwandlungskraft müssen Sie nur innerlich lächeln.

Die Technik des inneren Lächelns leitet sich von den schamanischen Ursprüngen des taoistischen Yoga aus China und Tibet ab. Es verbreitet harmonisierende Energie über den ganzen Energiekörper und den ganzen physischen Körper und erzeugt eine glückliche Verfassung. Ein Lächeln drückt Angenehmes aus, also werden durch die Erzeugung des inneren Lächelns und seine Weiterführung in den Körper alle Organe, Drüsen, Muskeln, Nerven und Zellen in einen angenehmen Zustand versetzt.

𝕰𝕺𝕰𝕺𝕰𝕺𝕰𝕺𝕰𝕺𝕰𝕺𝕰𝕺𝕰𝕺𝕰𝕺

2. Erfahrung:
Das innere Lächeln

Setzen Sie sich aufrecht hin, entweder auf einen Stuhl mit gerader Lehne oder auf den Fußboden. Sie müssen entspannt und wachsam bleiben können, ohne daß es Ihnen unbequem wird.

Schließen Sie die Augen, um visuelle Ablenkungen zu vermeiden, und atmen Sie normal. Entspannen Sie den Mund und lassen Sie ihn lächeln. Sie können zur Hilfe an etwas Ange-

39

nehmes denken. Dann ist Ihr Lächeln mehr als ein Gesichtsausdruck, denn es wird durch eine heilende Energie befeuert, die Sie selbst erzeugt haben.

Jetzt holen Sie langsam und tief Luft, spüren Sie, wie Sie den sanften, warmen Energiestrom in Ihrem Lächeln einatmen. Ohne sich anzustrengen, halten Sie den Atem kurz an, um die Wärme dieses Lächelns zu spüren. Atmen Sie dann sanft aus und schwelgen Sie in dem Gefühl, wie der Energiestrom durch Ihren Körper zieht. Wiederholen Sie dies ein paarmal.

Jetzt steuern Sie dieses warme, sonnige Lächeln nacheinander in jeden Körperteil. Lächeln Sie Ihr Gehirn an und das Dritte Auge hinter Ihrer Stirn, Ihre Ohren und Nase, Ihre Augen, die Schilddrüse, Ihr Herz, die Lungen, den Magen, Leber und Nieren, Milz und Blase. Ihre Sexualorgane, Ihre Oberschenkel, Knie, Unterschenkel und Füße. Auf diese Weise erkennen Sie jeden Teil Ihres Körpers an und schicken ihm liebevolle Gedanken.

Dabei drücken Sie Liebe aus für den so lange vernachlässigten Körper. Lieben Sie Ihren Körper. Er gehört Ihnen – dieser wundervolle, schöne Körper. Durch ihn können Sie die physische Welt zu Ihrem letztendlichen Vorteil erfahren. Achten Sie ihn. Lieben Sie ihn. Denn wenn Sie Liebe zeigen, erfahren Sie eine Qualität des Lebens. Seien Sie Ihrem Körper in Liebe zugetan, dadurch erfahren Sie die Bewegung der grundlegenden Lebensenergie. Sie brauchen Liebe, und diese Liebe kann vom Kern Ihres Seins durch ein einfaches Lächeln erzeugt und aktiviert werden!

Machen Sie diese Übung nicht zu schnell. Wenn Sie fertig sind, atmen Sie ein paarmal ein und aus, strecken Sie Arme und Beine. Gehen Sie ein paar Minuten herum, ehe Sie wieder zu Ihren gewohnten Alltagsaktivitäten zurückkehren.

Widmen Sie sich dieser Erfahrung regelmäßig, dann werden Sie nicht nur in Einklang mit Ihrem physischen Körper und Ihrem Energiekörper gelangen, sondern auch jedes Organ, jedes Chakra, jede Zelle mit der Leuchtkraft der von Ihnen selbst erzeugten Liebesenergie beleben. Je mehr Liebesenergie Sie erzeugen, um so mehr Liebe wird sich in Ihrem Leben manifestieren. Sie werden zudem leichter Ihren Selbstwert und Wert als ein sich seiner selbst bewußtes Wesen erkennen. Durch das Hervorbringen von Selbstwert ehren Sie Ihre individuellen einzigartigen Eigenschaften und Ihr Potential, das Gute in der Welt zu fördern.

ഈഈഈഈഈഈഈഈഈഈ

Ein liebendes Lächeln ist ein von der Seele angeregter
halber Kreis, damit die Reaktion darauf ihn schließt
und so Freude und Harmonie erzeugt.

3. Verschiedene Wirklichkeiten

Das Wunder Ihres Selbst besteht darin, daß Sie in verschiedenen Wirklichkeiten gleichzeitig existieren. Ermöglicht wird dies dadurch, daß Sie über mehr Körper als den physischen und den Energiekörper verfügen. Dank Ihres physischen und Ihres Energiekörpers erfahren Sie Leben durch *Empfindungen.* Darüber hinaus haben Sie einen Mentalkörper, der es Ihnen ermöglicht, in der Geisteswelt zu funktionieren, wo Sie Ihre Gedanken bilden, auf Ideen kommen, etwas in Betracht ziehen und vergleichen, bewerten und beurteilen, die Vorstellungskraft schulen und Ihre Träume und Visionen genießen. Dieser Mentalkörper erfährt das Leben durch *Eindrücke.*

Sie haben zudem einen Seelenkörper, der in der Wirklichkeit der Seele existiert und das Leben durch *Ausdruck* erfährt. Und Sie haben einen Geist, der das Leben durch Sein erfährt – durch Gewahrsein, durch Selbst-Gewahrsein.

Gewahrsein

Verschiedene Körper, verschiedene Ausdrucksmittel, verschiedene Wirklichkeiten. Aber ehe wir diese verschiedenen Wirklichkeiten untersuchen, wollen wir uns erst mit dem Gewahrsein beschäftigen, weil es den Schlüssel zum schamanischen Verständnis darstellt. Gewahrsein ist im wesentlichen eine Aktivität des Geistes, weil es ein Akt müheloser Aufmerksamkeit ist – eine Erfahrung des Seins, weniger des Handelns. Eine Form des Nicht-Tuns, nicht zu verwechseln mit Untätigkeit, vielmehr eine Form der aufnehmenden und dynamischen Wachsamkeit.

Gewahrsein bedeutet Aufnehmen von Empfindungen, Eindrücken und Gefühlen in objektiver Neutralität. Dabei nähert man sich dem zu Erfahrenden mit bereitwilliger Offenheit, wachsam und aufmerksam. Es ist ein Gehenlassen und Seinlassen.

Das einfache Erfahren erschwert einigen die Beschäftigung mit dem Schamanismus, weil wir auf die Annahme konditioniert sind, daß eine Fähigkeit nur durch lange, fortwährende Mühe erworben werden kann. Gewahrsein jedoch erfordert keine Mühe, weil es weder eine körperliche noch eine mentale Handlung ist. Es bedeutet nur, *wach* und *empfänglich* für alles Geschehende zu sein. Gewahrsein bedeutet nicht die Fähigkeit, klare Gedankenbilder zu erzeugen, auch nicht den Versuch, die Gedanken zu verlangsamen. Man braucht dazu keine Kenntnisse der Analyse oder Klassifizierung, keinerlei Gedankenprozesse oder Schulung des Intellekts. Weil der Schamanismus in erster Linie spiritueller oder metaphysischer Natur ist, sind daran weder Geist noch Verstand beteiligt. In meiner modernen schamanischen Arbeit wird das Gewahrsein angeregt, nicht der Verstand, der als Diener des spirituellen *Geistes* betrachtet wird.

Erfahren Sie das selber. Wählen Sie eine Zeit, zu der Sie nicht gestört werden, und einen Raum, in dem Sie allein sind und bequem und entspannt sitzen können. Ferner sollten Sie Schreibmaterial griffbereit haben.

ෂෂෂෂෂෂෂෂෂෂ

3. Erfahrung:
Gewahrsein erfahren

Strecken Sie die rechte Hand mit der Handfläche nach oben aus, wobei der Ellbogen auf der Stuhllehne oder Ihrer Hüfte ruht, damit Sie den Arm nicht anspannen.

Schließen Sie die Augen, und richten Sie die Aufmerksamkeit auf Ihre Hand. Welche Art von Empfindung spüren Sie da? Gehen Sie dieser Empfindung nach. Wie würden Sie sie beschreiben?

Öffnen Sie die Augen und notieren Sie Ihre Empfindung, solange sie Ihnen noch gegenwärtig ist.

Dann strecken Sie nochmals die Hand aus und schließen die Augen. Setzen Sie die Empfindung in Ihrer Hand mit der Art, wie Sie innerlich darüber fühlen, in Bezug. Nicht irgendeine Emotion, sondern eine Empfindung. Ist sie angenehm? Belebend? Unbehaglich? Untersuchen Sie jegliche Empfindung, während Sie die Hand ausgestreckt halten. Dann öffnen Sie die Augen und notieren eine kurze Beschreibung. Wenn Sie gar nichts gespürt haben, ist das völlig in Ordnung. Vermerken Sie das auch.

Strecken Sie wiederum die Hand aus, und schließen Sie die Augen. Aber achten Sie diesmal, während Sie sich auf Ihre Hand konzentrieren, darauf, was Ihnen in den Sinn kommt – Bilder, Farben, Formen, Symbole. Beobachten Sie diese bildlichen Vorstellungen mit Ihrem inneren Auge sorgsam. Betrachten Sie sie in allen Einzelheiten, aber versuchen Sie nicht, sie zu analysieren oder ihre Bedeutung zu entschlüsseln. Beobachten Sie nur. Dann schlagen Sie die Augen auf und notieren Ihre geistigen Eindrücke.

ෂෂෂෂෂෂෂෂෂෂ

Sie haben soeben einen vom Geist unbehinderten Ausdruck Ihres Gewahrseins erlebt. Ihr Geist war auf Empfang geschaltet, ohne in eine bestimmte Richtung gelenkt zu sein. Sie haben einfach die verschiedenen Aktivitäten auf verschiedenen Ebenen wahrgenommen und die Art der Aktivität vermerkt. Ganz sanft und mühelos. Und Sie haben erfahren, wie Sie Ihr Gewahrsein verlagern können – in diesem Fall vom Kopf zur Hand.

Durch diese einfache Erfahrung haben Sie einen Seinszustand erreicht, den eine ganze Reihe von mentalen Übungen zu erreichen anstrebt. Und Sie haben gelernt, wie Sie das erreichen, was manche einen »veränderten Bewußtseinszustand« nennen: durch einfaches Loslassen des Geistes bei gleichzeitiger Wachsamkeit und in voller Kontrolle. Der Geist ist noch immer da, aber er ruht. Als ob der Gang bei laufendem Motor nicht eingelegt ist. Der spirituelle *Geist* ist aktiv, der verstandesmäßige oder mentale Geist empfänglich. Das ist Gewahrsein.

Gewahrsein ist etwas anderes als Bewußtsein. Letzteres wird im allgemeinen mit Gedanken und Intellekt, mit Wachsein verbunden. Im Schlaf sind wir uns nicht der Außenwelt bewußt, aber wir sind unserer Träume gewahr, obwohl wir uns beim Erwachen vielleicht nicht an sie erinnern. Gewahrsein ist von Mentalaktivität unabhängig. Es ist eine Funktion des spirituellen *Geistes*, die es uns ermöglicht, unsere Gedanken und Gefühle zu überprüfen und uns unserer Empfindung unseres Selbst gewahr zu werden – unserer Individualität. Der spirituelle *Geist* hat die Fähigkeit, auf ihn einwirkende Aktivität aufzunehmen und in jede Richtung abzugeben, da er wie eine Kristallkugel spiegeln kann. Er kann sich auch selbst spiegeln – also seine eigenen Erfahrungen als eine andere Erfahrung wahrnehmen, ist also vergleichbar mit einer kugelförmigen Linse, die aus allen Richtungen aufnehmen kann – von vorn, hinten, seitlich, oben, unten – alles gleichzeitig.

Ihr spiritueller *Geist* ist Ihr Ich – Ihr Gefühl der Identität, des Selbstgewahrseins –, und Ihr Gewahrsein ist ein Gefühl des Selbstseins in jeder Dimension. Der *Geist* ist nicht faßbar, aber obwohl er unsichtbar ist, kann man seine Existenz wahrnehmen, wenn er aktiv ist, denn der *Geist* befindet sich da, wo die *Aufmerksamkeit* ist.

Gewahrsein erzeugt eine dem Licht vergleichbare Schwingung. Es handelt sich nicht um physikalisches Licht, weist aber ähnliche Eigenschaften auf. Wie physikalisches Licht Informationen über die materielle Welt beinhaltet, auf die Netzhaut einwirkt und schließlich im Gehirn gedeutet wird, so trägt dieses innere Licht Informationen über Erfahrungen auf einer anderen Seinsebene in sich und übermittelt sie von einer Dimension in die andere. Dieses innere Licht ist ein Schwingungszustand, der Informationsteilchen mit sich trägt. Je schneller die Schwingungen, um so mehr Teilchen gibt es und um so weiter dehnt sich das Gewahrsein aus.

Ein sogenannter »veränderter Bewußtseinszustand« ist somit ein Wechsel der Schwingungsgeschwindigkeit – oder Frequenz –, damit die Informationsteilchen auf dieser Ebene übermittelt werden können. Das ganze Universum ist ein Informationen sammelndes und weiterverarbeitendes Energiesystem.

Um Informationen von einer Ebene zur anderen weiterzugeben, wird das innere Licht durch winzige Strudel und in fadenähnliche Kanäle in der »räumlichen« Substanz der vieldimensionalen Wirklichkeit geleitet. Es gibt keinen »leeren« Raum. Was leer erscheint, ist selbst eine räumliche Substanz. Energie kann nicht durch Nichts strömen. Sie muß sich durch etwas hindurchbewegen – und zwar durch Substanz. Die Substanz der physischen Welt ist Materie. In anderen Wirklichkeiten ist die Substanz nichtstofflich.

Wie physikalisches Licht kann auch das innere Licht verzerrt werden, so daß die übertragene Botschaft unklar und möglicherweise mißverständlich wird. Das innere Licht kann durch Hindernisse in den Kanälen blockiert werden. Und es kann auch gelöscht werden, so daß keine Information mehr zum Bewußtsein gelangt. Aus diesem Grund erinnern sich die meisten Leute nach dem Aufwachen nicht mehr an ihre Träume. Die Traumerfahrung ist dem Bewußtsein nicht übermittelt worden, die Botschaft kam nicht an.

Deshalb können sich auch die meisten Menschen nichts unter ihrer Seele vorstellen – weil es keinen Informationsaustausch zwischen ihrer Seele, ihrem Körper und ihrem Geist gibt. Gewahrsein in jeder Dimension erzeugt eine für diese Dimension wichtige Qualität, so daß es verschiedene Arten von Gewahrsein gibt. Gewahrsein des Körpers erzeugt beispielsweise körperliches Gewahrsein, das als Empfindung erfahren wird. Gewahrsein auf der Mentalebene erlaubt uns, Eindrücke zu erfahren und Gedanken anzuregen. Daher ist es das Gewahrsein – oder vielmehr die Qualität von Gewahrsein –, das mit fortschreitender Bewegung durch die Ebenen oder Dimensionen einem Wandel unterworfen ist. Gewahrsein auf Seelenebene erzeugt Seelenbewußtsein, durch das wir direkten Zugang zu unserer Kreativität und der Erfahrung reiner *Gefühle* in unserem physischen Körper wie Freude, Ekstase, Erfüllung und natürlich Liebe gewinnen.

Intellektuelle Mutmaßungen über die Wirklichkeit der Seele sind von geringem Nutzen, da es keine unmittelbare Verbindung zwischen der Seele und dem Intellekt gibt. Der Intellekt befaßt sich mit Informationsteilstücken aus der Außenwelt, die er analysieren, verstehen und erklären muß. Es ist die Intuition, die sich mit dem aus der Innenwelt Kommenden befaßt. Somit ist das Seelengewahrsein eher *intuitiv* als rational.

Nur wenn Seele und Geist mit dem Körper vereint sind und jeder Aspekt des ganzen Seins in harmonischer Einheit wirkt, gibt es eine Verbindung zwischen der Seele und dem Geist. Das Seelenbewußtsein muß also in das physische Reich übertragen werden, damit der Verstand oder der mentale Geist es entschlüsseln und analysieren kann. Gleichermaßen muß das mentale Gewahrsein die physische Dimension durchschreiten, damit es die Seele erreichen kann. Der physische Körper wirkt also als Transformator zwischen diesen Dimensionen, nicht etwa der Geist.

Erkennen Sie jetzt die Bedeutung und Notwendigkeit der physischen Schöpfung? Denken führt nicht zur Seele, weil die Seele sich jenseits des Intellekts befindet – in einer Dimension, die tibetanische Schamanen als »Nicht-Geist« – außerhalb der Reichweite des Intellekts – bezeichnen. Die Seele – wie der spirituelle *Geist* – kann nur *erfahren* werden!

Die Empfindung des Selbst befindet sich innerhalb einer »Dimension«, so daß ein Austausch zwischen den verschiedenen »Ebenen« nur bei erweitertem Gewahrsein möglich ist. Wenn ein Mensch seine Ganzheit als ein zusammengesetztes Sein und als vieldimensionale Wirklichkeit erkennt, kann sich seine Lebensenergie wandeln, wodurch sich seine Kraft verändert. Dies kann die Wahrnehmung so beschleunigen, daß sie aus der Raum-/Zeitdimension des physischen Universums in andere Dimensionen gelangt. Dies charakterisiert auch sogenannte schamanische »Reisen«, bei denen es sich in Wirklichkeit um eine Gewahrseinserweiterung auf andere Wirklichkeitsebenen handelt. Dank des Gewahrseins können diese nichtalltäglichen Wirklichkeiten wahrgenommen werden, und ein inneres Licht vermittelt die Informationen über die dortigen Geschehnisse dem Bewußtsein.

Beim schamanischen Gewahrseinswechsel bewegt sich nicht das Selbst, denn dieses bleibt im Zentrum seiner eigenen personalen Wirklichkeit. Vielmehr verändert ein Gewahrseinswechsel die Wahrnehmung der Wirklichkeit. Also verändert sich nicht das Selbst, sondern das, was das Selbst erlebt. Dies unterscheidet den Gewahrseinswechsel auch von der sogenannten Astralreise.

Astralreisen und ähnliche Techniken, die das Selbst außerhalb des Körpers zu projizieren suchen, können bewirken, daß der Körper seine Mitte und seinen Schutz verliert, und können ein Gefühl der Orientierungslosigkeit hervorrufen. Es geht nicht darum, sich aus dem Körper in eine andere Dimension zu projizieren, denn ein Teil bzw. Aspekt von Ihnen befindet sich bereits in dieser Dimension und hat deshalb zu diesem Wissen Zugang. Daher befürworte ich hier nicht Astralreisen oder andere »übersinnliche Fertigkeiten«, sondern eine Verbesserung der Qualität des Gewahrseins. Darin liegt die wahre spirituelle Entwicklung, die zu einem Zuwachs an Mitgefühl, Intuition, Kreativität und anderen »Früchten« des spirituellen *Geistes* führt. Das ist etwas völlig anderes als die Aneignung von Methoden, die zur Ego-Erweiterung führen und Eitelkeit und Überheblichkeit hervorrufen.

Erfahren wir nun unser Gewahrsein in verschiedenen Körperregionen. Erleben wir dieses Wahrnehmen von Aktivität dabei als eine Vorstufe unserer Fähigkeit, unser Gewahrsein auf andere Bereiche unseres zusammengesetzten Seins zu bewegen.

Unterziehen Sie sich dieser und allen weiteren Erfahrungen nur dann, wenn Sie in der folgenden halben Stunde bestimmt nicht gestört werden. Schalten Sie den Anrufbeantworter ein, oder nehmen Sie den Telefonhörer ab. Es hilft Ihnen vielleicht, die Übungsanweisungen auf Kassette zu sprechen. Sie können sie dann noch einmal anhören, wenn Sie sich nicht an alle Einzelheiten und die genaue Reihenfolge erinnern. Aus diesem Grund sind alle Erfahrungsübungen exakt gegliedert. Legen Sie eine Pause von wenigstens 30 Sekunden zwischen jedem Abschnitt ein, damit Sie genug Zeit haben, das Beschriebene auszuführen und seine Auswirkungen zu bemerken. Alles sollte behutsam und in aller Ruhe ausgeführt werden.

49

ഇൻഇൻഇൻഇൻഇൻഇൻഇൻ

4. Erfahrung:
Körperliches Gewahrsein

Ziehen Sie sich vor der Übung die Schuhe aus, achten Sie darauf, daß Ihre Kleidung Sie nicht einengt. Es kann hilfreich sein, die Augen mit einer locker sitzenden Augenbinde gegen visuelle Ablenkung abzuschirmen, aber Sie sollten sie leicht abnehmen können, um sich Notizen zu machen. Sie können entweder auf dem Rücken liegen oder auf einem Stuhl mit gerader Lehne sitzen, der Ihnen Halt gibt. Die Liegeposition hat den Vorteil, daß dabei die Energien gut geerdet sind. Wenn Sie lieber sitzen, vergewissern Sie sich, daß Ihre Fußsohlen fest auf dem Boden ruhen. Nehmen Sie eine bequeme und völlig entspannte Lage ein. Dies ist eine Grundvoraussetzung für alle schamanischen Erfahrungsübungen.

Entspannung bezieht sich nicht nur auf den Körper, sondern beinhaltet auch das Loslassen von allen weltlichen Belangen und emotionalen Spannungen. Entspannung ist ein Zustand gelassener Aufnahmefähigkeit, in dem Sie sich von Ihren Alltagsdingen und Sorgen entfernen, damit Sie völlig ungehindert mit Ihren Energien umgehen können.

Bewegen Sie jetzt Ihr Gewahrsein durch Ihren Körper, und beobachten Sie dabei Ihre Empfindungen, Eindrücke, mentalen Bilder und Gefühle, während Sie sich nacheinander auf jeden Teil Ihres Körpers konzentrieren. Bemühen Sie sich nicht dabei. Strengen Sie Ihren Willen nicht an, versuchen Sie nicht, die Bedeutung dessen, was Sie vielleicht erleben, zu entschlüsseln oder zu deuten. Genießen Sie die Erfahrung, versuchen Sie nicht, dabei etwas zu »tun«. Lassen Sie es einfach zu.

Schließen Sie die Augen, erlauben Sie Ihrer Aufmerksamkeit, sich in Ihrem rechten Fuß zu sammeln. Wackeln Sie mit den Zehen, spannen Sie die Muskeln an, als müßten Sie mit den Zehen einen Stift umklammern. Dann entspannen Sie die

Muskeln, werden Sie sich Ihres Fußes gewahr. Notieren Sie sich die Reaktionen.

Lassen Sie Ihre Aufmerksamkeit in die rechte Kniescheibe fließen. Spannen Sie die Muskeln an, so daß sich die Kniescheibe ein wenig nach oben schiebt, entspannen Sie gleich wieder. Beobachten Sie Ihre Empfindungen und schreiben Sie sie auf.

Ihr Gewahrsein wandert jetzt zu den Pobacken. Spannen Sie die Muskeln an, damit sich Ihre Aufmerksamkeit darauf richtet. Entspannen Sie, nehmen Sie Ihre Empfindungen, mentalen Eindrücke oder Gefühle wahr. Notieren Sie sie.

Lassen Sie Ihre Aufmerksamkeit jetzt zu den Sexualorganen ziehen. Spannen Sie die Muskeln dieser Körperregion an, seien Sie sich Ihrer Sexualorgane gewahr. Entspannen Sie sich, beobachten Sie die Reaktionen. Notieren Sie sie.

Lassen Sie Ihre Aufmerksamkeit in den Bauch wandern. Ziehen Sie leicht den Bauch ein, konzentrieren Sie sich auf den Bauch. Entspannen Sie sich, werden Sie sich der Empfindungen bei der Konzentration auf den Bauch gewahr, aller Bilder, Formen, Farben, die Ihnen in den Sinn kommen. Fühlen Sie irgend etwas dabei? Schreiben Sie es auf.

Jetzt zum Brustbereich. Atmen Sie sachte und tief ein, während sich Ihre Aufmerksamkeit auf die Brust richtet. Halten Sie den Atem einige Sekunden an, ohne sich dabei anzustrengen. Beim Ausatmen achten Sie auf Reaktionen. Schreiben Sie sie auf.

Weiter zum Unterarm. Spannen Sie die Unterarmmuskulatur an, damit Sie sich leichter darauf konzentrieren können, entspannen Sie dann. Werden Sie sich Ihrer linken Unterarmregion gewahr. Achten Sie auf Ihre Empfindungen, schreiben Sie sie auf. Ballen Sie dann die linke Hand zur Faust, werden Sie sich Ihrer linken Hand gewahr. Entspannen Sie sie. Erlauben Sie Ihrer Aufmerksamkeit, ein wenig dort zu verweilen. Wiederholen Sie dies mit dem rechten Unterarm und der rechten Hand.

Jetzt richten Sie Ihre Aufmerksamkeit auf die Wirbelsäule, zuerst auf das Steißbein. Sie können die Aftermuskeln anspannen, um sich auf diese Region zu konzentrieren. Dann lassen Sie Ihre Aufmerksamkeit langsam die Wirbelsäule hinaufwandern, ganz langsam vom unteren Ende der Wirbelsäule wie ein Aufzug sachte hoch zum Hals und zum unteren Schädelende, endlich in die Gehirnbasis und mitten in den Schädel hinein. Was empfinden Sie, während Ihre Aufmerksamkeit langsam zu Ihrem Kopf hoch wandert? Machen Sie wieder Notizen.

Spüren Sie Ihr Gewahrsein in der Mitte Ihres Kopfes. Empfinden Sie etwas in irgendeinem Körperteil? Wärme? Kühle? Prickeln oder Pulsieren? Sind Ihnen Bilder, Formen oder Farben in den Sinn gekommen? Plötzliche Geistesblitze? Wie fühlen Sie sich, wenn Sie sich der Mitte Ihres Kopfes gewahr sind? Empfinden Sie ein Gefühl der Freude, Zufriedenheit, des Wohlergehens? Schreiben Sie alles auf.

Atmen Sie ein paarmal tief durch. Strecken Sie Arme und Beine, nehmen Sie die Augenbinde ab. Stehen Sie auf, strecken Sie die Arme noch einmal, um sich wieder an die Umgebung zu gewöhnen. Dann vervollständigen Sie Ihre Notizen, solange Sie alles noch frisch im Kopf haben, ehe Sie Einzelheiten vergessen. Trinken Sie noch eine Tasse Tee oder Kaffee, ehe Sie sich wieder Ihren Alltagsgeschäften widmen.

ᘓᘓᘓᘓᘓᘓᘓᘓᘓᘓ

Bei dieser Erfahrung haben wir entdeckt, daß wir unsere Aufmerksamkeit willentlich auf jeden Teil unseres Körpers richten können. Wir haben auch erfahren, daß Gewahrsein eine Reaktion hervorruft, manchmal in anderen Körperteilen, manchmal anders als durch körperliche Empfindungen, denn Gewahrsein regt auch den Geist an und erzeugt Gefühle. Dieses Verschieben des Gewahrseins erweitert überdies unsere

Wahrnehmung der Realität. Jetzt wollen wir untersuchen, wie die Wirklichkeit sich verändert, wenn unser Gewahrsein die Vorherrschaft hat.

Wahrnehmungen der Wirklichkeit

Wörterbücher definieren Realität als das, was den Erscheinungen zugrunde liegt. Das bedeutet, daß Realität das ist, was man erfährt, nicht das, was sichtbar ist. Heutzutage werden wir jedoch auf den Glauben konditioniert, daß Realität lediglich die physische Welt um uns herum und die Erscheinungen darin sei. Schließlich ist die physische Wirklichkeit da. Wir sehen sie, hören sie, riechen und schmecken sie teilweise. Der Stuhl, auf dem Sie während der Lektüre dieses Buches sitzen, ist fest und trägt Sie. Im Stehen spüren Sie den festen Boden unter den Füßen, Sie können die harte Wand berühren, die Tür öffnen, in die Küche gehen, sich einen Kaffee kochen und ihn genüßlich trinken. Sollten Sie dann die Augen schließen und wieder zurück ins Zimmer gehen wollen, stoßen Sie wahrscheinlich an ein Möbelstück und spüren deutlich den Schmerz – ein ausreichender Beweis für die Realität Ihrer Umgebung. Doch die moderne Quantenphysik kommt gerade dahinter, daß die physischen Gegenstände um uns herum doch nicht so fest sind, sondern hauptsächlich aus Zwischenraum bestehen. Jeder physische Gegenstand, Ihr Körper eingeschlossen, setzt sich aus wirbelnden Energiebündeln zusammen – aus unendlich vielen Teilchen, die in einem so schnellen Bewegungsmuster tanzen, daß sie »fest« erscheinen. Wenn es möglich wäre, allen Zwischenraum aus den Atomen, die meinen Körper ausmachen, zu entfernen, bräuchte man ein Mikroskop, um das, was von mir übrigbliebe, zu untersuchen.

Alles, was wir sehen, ist lediglich ein kompliziertes Energiemuster. Was wir als real und dauerhaft betrachten, ist nur eine Erscheinung von etwas tatsächlich Vorübergehendem. Was

Schamanen und Mystiker verschiedener Kulturen uns seit alters her sagen, stimmt mehr mit den Erkenntnissen der modernen Quantenphysik überein als die traditionellen materialistischen Gedankengebäude, die den meisten von uns beigebracht wurden.

Wenn ich in meinem englischen Wohnort Post aufgebe, werfe ich die Briefe in einen roten Briefkasten. Der Briefkasten ist für mich real, und ich könnte schwören, daß er rot ist, schließlich sehe ich jedesmal genau diese Farbe. Er ist rot, das ist eine Tatsache. Aber nicht die Wahrheit. In Wahrheit sieht mein Gehirn die Farbe Rot gar nicht. Das Lichtbild erreicht meine Augen auf den Kopf gestellt. Das Gehirn dreht das Bild richtig herum und übersetzt es in einen Farbencode. In diesem Fall enthält die Oszillation der Lichtwellen alle Farben außer Rot. Die Abwesenheit des roten Endes des Lichtspektrums läßt den Briefkasten rot erscheinen. Was ich zu sehe glaube, ist somit gar nicht da. Ich sehe also das innere Bild dessen, was wirklich *erscheint*.

Realität ist kein begrenztes »Etwas« außerhalb unserer selbst, wie wir annehmen, sondern eine *innere* Erfahrung. Obwohl wir wahrscheinlich zwischen der Außenwelt und unserem Inneren unterscheiden, ist das, was wir beobachten, keineswegs losgelöst von unserem Inneren, weil Realität das ist, was wir aus den Erscheinungen machen. Wirklichkeit ist das, was wir erfahren! Somit ist Realität kein unveränderlicher Zustand, sondern bewegt und verändert sich ständig wie alles andere. Und Sie helfen durch Ihre Gedanken, Überzeugungen und Einstellungen mit, Ihre eigene Wahrnehmung der Wirklichkeit zu verändern – Sie schaffen Ihre eigene Realität.

Die physische Realität ist nur ein Teil dessen, was wir innerhalb der *Totalität* unseres Seins erfahren können. Da Realität das ist, was man erfährt, nicht, was man beobachtet, folgt, daß es auch Wirklichkeiten außer der, die wir in unserem Alltag erfahren, geben muß.

Wenn wir diese Alltagsrealität als normal betrachten, weil wir mit ihr vertraut sind, könnten wir andere Realitäten als nichtalltäglich bezeichnen. Nichtalltägliche Wirklichkeiten unterscheiden sich deshalb von den normalen und unterliegen nicht den Naturgesetzen wie die normale Wirklichkeit, weil diese anderen Wirklichkeiten sich auf anderen Seinsschichten – in anderen Dimensionen – abspielen und nur auf anderen Gewahrseinsstufen erfahren werden können.

Laut Lexikon versteht man unter dem Wort »Dimension« eine »Maßausdehnung in einer bestimmten Richtung«. Die alltägliche Wirklichkeit dehnt sich nach allgemeiner Vorstellung in drei Richtungen aus – Länge, Breite, Höhe bzw. Tiefe. Unsere Körpersinne – besonders Seh-, Hör- und Tastvermögen – ermöglichen es uns, die physische Existenz dreidimensional zu erfahren. Tatsächlich umfaßt die physische Realität noch eine vierte Dimension – die Zeit.

Obwohl man Zeit gemeinhin mit *Dauer* definiert, kann sie auch als »Maß« verstanden werden, in dem eine Reihe von Ereignissen stattfindet. Diese anderen »Dimensionen« – anderen Wirklichkeiten, anderen Erfahrungsreiche – liegen »nicht völlig ab vom Schuß«, sondern sogar ziemlich nahe. Sie nehmen sogar in etwa die gleiche räumliche Position wie unsere alltägliche physische Wirklichkeit ein und sind auch nicht von ihr getrennt. Sie befinden sich bloß auf einer anderen *Stufe*, weil sie auf anderen Schwingungszuständen – also Frequenzen – existieren, auf die die Körpersinne und wissenschaftlichen Meßmethoden nicht ansprechen. Diese Realitätsbereiche – oder »Welten« – durchdringen völlig das physische Universum, in dem wir leben.

Nehmen Sie als Vergleich die vielen Fernsehkanäle, die Sie auf Ihrem Bildschirm empfangen können und die alle durch dieselbe Luft übertragen werden. Bei der Übertragung passieren sie genau denselben Raum, den Sie einnehmen, obwohl Sie ihre Gegenwart gar nicht bemerken. Dennoch besetzt jeder Kanal einen bestimmten Wellenbereich, der mittels der Elektronik in Ihrem Fernseher geortet werden muß. Die in diesen Signalen enthaltene Information wird dann entwirrt und in der

»Sprache« der physischen Wirklichkeit dargeboten, damit Ihr Körper und Ihr Verstand oder Ihr mentaler Geist die Botschaften empfangen und verstehen können.

Die verschiedenen Realitäten kann man nur wahrnehmen, indem man sich auf ihre Energiemuster einstellt, was allein durch die Übertragung des Gewahrseins auf ein feineres Mittel als den physischen Körper möglich ist – auf einen Körper, der auf diesen Frequenzen arbeitet. Diese Übertragung hat einen veränderten Gewahrseinszustand zur Folge, damit die neue Wirklichkeit erfahren werden kann. Dieser veränderte Gewahrseinszustand ist ein Weg, das Bewußtsein mit anderen Aspekten seines eigenen zusammengesetzten Seins zu verbinden. Die Erkenntnisse aus diesen Erfahrungen müssen gespeichert und ins gewöhnliche Bewußtsein zur Einschätzung und Analyse mitgenommen werden.

Der Informationsaustausch zwischen den verschiedenen Wirklichkeiten gehört zu den grundlegenden Fähigkeiten des Schamanen. In der Tat unterscheidet ebendiese Fähigkeit, in andere Dimensionen zu reisen und von diesen Reisen Informationen mitzubringen, den Schamanen vom einfachen Medizinmann sowie von Medien und Hellsehern.

Das Wort »Schamane« stammt aus der Sprache der sibirischen Tungus und kann mit »Weiser«, »der, der weiß« oder »der, der Ekstase kennt« übersetzt werden. Das bezieht sich auf die besondere Fähigkeit der Schamanen, neben der gewöhnlichen Welt existierende Wirklichkeiten zu erfahren und Wissen von dort mitzubringen, das im Alltag von Bedeutung ist – eine oft ekstatische Erfahrung.

Schamanen handeln seit jeher nach der Überzeugung, daß es nicht-alltägliche Wirklichkeiten gibt, die trotz ihrer Andersartigkeit in manchem sich mit der physischen Welt nicht nur überschneiden, sondern diese auch beeinflussen. Diese anderen Realitäten betrachteten die Stammesschamanen als »spirituell«, weil sie nichtphysisch und somit außerhalb des normalen Sehvermögens sind. Und sie waren der

Überzeugung, daß die physische und die spirituelle Welt komplementäre Polaritäten bilden.

Erfahrbar sind diese anderen Wirklichkeiten durch einen Gewahrseinswechsel auf einen »Körper«, den wir genau in einer bestimmten Wirklichkeit besitzen und der auf genau dieser Wellenlänge funktioniert. Jeder unserer Körper dient als Mittel, in dem das Selbst – der intelligente spirituelle *Geist* – in der jeweiligen Wirklichkeit wirkt. Weil beispielsweise die physische Wirklichkeit im wesentlichen ein dichtes Universum von Form ist, braucht man ein Mittel, das selbst Form und Dichte aufweist, um Form und Dichte zu erfahren und zu erforschen – den physischen Körper.

In der mentalen Wirklichkeit gibt es auch Formen und Muster, aber diese verfügen nicht über Dichte und wechseln schnell Form und Aussehen, tauchen auf und verschwinden plötzlich. Sie werden durch den *Mental*körper beobachtet. Es gibt auch eine Wirklichkeit der Seele, sie wird durch einen *See-len*körper verstanden. Trotz ihrer Eigenständigkeit sind diese »Körper« nicht getrennt von uns, sondern verschiedene Aspekte, andere Schichten unseres vielschichtigen zusammengesetzten Seins.

Das vollständige vieldimensionale Sein mit seinen verschiedenen Schichten, die in verschiedenen Dimensionen des Multiversums existieren, ist die Manifestation des nichtmanifesten spirituellen *Geistes*. Jede Schicht, jeder Körper ist in seiner Dimension Ausdruck des Geistes. Existenz umfaßt daher alle – Körper, mentalen Geist, Seele, spirituellen *Geist*. Jeder Körper und jede Schicht ist ein Gefäß der spirituellen *geistigen* Intelligenz, die sie lenkt, und daher nur eine andere Facette desselben Seins.

Das Physische und das Spirituell-*Geistige* sind komplementäre Polaritäten der Totalität des Alls, das heißt, des Alls, das ich bin, und des Alls, das Sie sind. Wie in einem Hologramm ist das All in jeder Facette gegenwärtig.

57

Ganzheit ist nicht eine mentale Eigenschaft,
sondern ein Aspekt des Geistes.
Man muß nur entdecken, daß Ganzheit auf
einzigartige Weise in einem selbst ist.

4. Die mentale Wirklichkeit

Zusätzlich zum physischen und dem Energiekörper haben Sie einen Mentalkörper aus Mentalsubstanz. Auch der Mentalkörper durchdringt den physischen Körper und hat eine ähnliche Form – Kopf, Arme, Beine, Rumpf, Brust, Hände und Füße. Er ist das Mittel der Persönlichkeit und steht mit dem Geist und dem Denkprozeß in Verbindung. Zudem ist er durch das Sonnengeflecht und das Hals-/Kehlkopf-Chakra mit dem Energiekörper, dem physischen Körper und dem Gehirn verbunden.

Persönlichkeit wird definiert als die charakteristischen Eigenschaften eines Menschen. Ihre Persönlichkeit besteht aus der Summe aller Merkmale, Eigenschaften und Gefühle, die zu Ihnen gehören und durch die Sie Ihre Individualität ausdrücken.

Im Schamanismus wird Persönlichkeit als Kombination der Energiemuster beschrieben, die Sie von Geburt an besitzen, veredeln und durch die Sie Ihre Einzigartigkeit ausdrücken. Was Sie durch die Erfahrung des Lebens aus diesen Energiemustern machen, »formt« Ihren Charakter. Die zur Persönlichkeit beitragenden Energiemuster setzen sich aus dem Erbgut zusammen und aus dem, was Ihre Seele vor Ihrer Inkarnation als dienlich für die Entwicklung Ihres spirituellen *Geistes* erachtete.

Die physische Umwelt hat insbesondere während der Kindheit Einfluß auf die Persönlichkeitsbildung, vor allem auf das Temperament. Jahreszeit und Ort der Geburt sind ebenfalls von Bedeutung, weil einige dieser Energiemuster durch kosmische Konfigurationen – Sonne, Mond, Sterne und Planeten – und auch durch die irdischen Naturgewalten, die zu der bestimmten Jahreszeit vorherrschten, zugeführt werden. Näheres dazu in Kap. 5.

Der mentale Geist

Ehe wir auf den Mentalkörper eingehen, müssen wir ein wenig mehr über das Mentale, den verstandesmäßigen Geist, wissen. Pädagogen, Naturwissenschaftler, Philosophen, Ärzte und Theologen stimmen nicht in ihrer Definition von Geist überein. Sie wissen, daß Geist nicht das Gehirn ist. Das Gehirn ist ein Körperorgan, das der Geist ähnlich wie einen Computer benutzt. Im Gegensatz zum Gehirn kann man den Geist nicht lokalisieren und messen, weil er nichtphysisch und daher nicht faßbar ist.

Laut Lexikon ist der Geist »der Sitz des Bewußtseins und der Gefühle«, also die Quelle unserer *Gedanken* und *Emotionen*. Das erklärt aber noch immer nicht, was der Geist ist, nur daß es ihn gibt, damit wir denken und fühlen können. Obwohl also die Wissenschaften den Geist nicht exakt definieren, lokalisieren und auch seine Funktionsweise nicht beschreiben können, erkennen sie seine Existenz an. Er existiert. Aber wie und warum?

Zum Teil liegen diese Schwierigkeiten darin, daß wir den mentalen Geist als Ding betrachten, das gesondert existiert wie das Gehirn und der Körper, weil die Naturwissenschaft den Geist als komplizierte Maschine betrachtet. Der Geist ist jedoch kein Objekt, keine *Maschine*, sondern ein *Prozeß*, ein Informations*prozessor*.

Der Geist dient der Verarbeitung von Information und steht mit dem Denken in enger Verbindung. Gedanken sind die Bewegung von Energiemustern innerhalb des Mentalreiches. Von einem genährten Muster kann das Physische Form annehmen. Gedanken versorgen also den Geist mit den Mustern, die es uns ermöglichen, die physische Welt zu formen.

Wenn man das Mentale als Prozeß, als Aktivität erkennt, verliert es viel von seinem Geheimnis, denn wir beginnen seine wahre Identität als einen Prozeß zu verstehen, der dem spirituellen *Geist* als Vermittler zwischen Materie und Geist – also dem Verstand – dienen soll.

Der schamanischen Überzeugung zufolge arbeitet der verstandesmäßige Geist in einer Dimension zwischen den Schwingungen der Materie und denen der Seele. Ihr Geist wurde aus einer spiralförmigen Doppelhelix, ähnlich der DNS, geschaffen, die den Bauplan für Ihren gesamten physischen Körper enthält und jeder Zelle innewohnt. Die DNS ist ein Mittel für die Materialisation der von unseren Vorfahren ererbten Muster und befähigt in Resonanz mit der Seele zum Fortbestehen der Potentiale, damit sie sich ausdrücken können.

Ihr mentaler Geist entstand zusammen mit Ihrem Körper, um Informationen zu verarbeiten, die der Körper empfängt, damit Sie Ihre eigenen Gedankenmuster im Dienst für Ihren spirituellen *Geist* manifestieren können. Ihr Mentalmuster sammelte grundlegende Mentalsubstanz aus der Mentaldimension und schuf einen Mentalkörper, genau wie ein physischer Körper aus Materie für Sie erschaffen wurde. Ihr Mentalkörper entwickelte und veränderte sich mit der Zeit, wie Ihr physischer Körper zunächst vom Kleinkind zum Jugendlichen und schließlich zum Erwachsenen reifte. Aufgrund der Geschmeidigkeit und Formbarkeit der Mentalsubstanz kann er dank der vom Mentalbewußtsein übertragenen Informationen komplexe Muster und Formen annehmen.

Mentalsubstanz läßt sich leichter verändern als Materie, weil sie sich ständig bewegt. Deshalb vergleicht man sie auch gern mit Luft oder besser der *Bewegung* der Luft. Im Schamanismus versteht man unter Substanz nicht etwa Materie, sondern

60

etwas, wodurch Energie fließen kann. Energie kann nicht durch Nichts fließen, dann würde sie aufhören zu sein. Die Beschaffenheit von Substanz verändert sich je nach der Dimension und steht in Verbindung mit den Energiearten, die durch sie fließen.

Ihr Mentalkörper verdaut die ihm als Energiemuster zugeführten Informationen (Gedanken und Ideen genannt) und verleibt sie sich ein, wie der physische Körper Nahrung verdaut.

Und wie letzterer wird auch der Mentalkörper durch Nahrung am Leben gehalten. Was wir geistig aufnehmen, ist ebenso eine Energieform wie die Körpernahrung. Die Mentalnahrung ist aber keine materielle, sondern eine mentale Substanz – Bilder, Gedanken, Ideen, Pläne, Überzeugungen. Sind diese Bilder und Ideen so stark aufgeladen, daß sie Gefühle erregen und Körperempfindungen verursachen, haben sie eine gewaltige Wirkung. Eine beständige Nahrung aus hoch aufgeladenen Bildern aus Gewalt, sexueller Erregung und Gleichgültigkeit (und seien sie noch so unschuldig als »Unterhaltung« verpackt) stellt ein genauso großes Gesundheitsrisiko dar wie minderwertige Ernährung, Rausch- und Suchtmittel. Obwohl sowohl unser Körper wie auch der Verstand über natürliche Abwehrmechanismen verfügen, vergiftet eine Überdosis schließlich das ganze System. Nur Zyniker behaupten heute noch, daß Kinder wie auch Erwachsene zwischen echten und bloß dargestellten Fernseh-Gewaltszenen wirklich unterscheiden könnten!

Der verstandesmäßige Geist ist nicht nur ein Prozeß, sondern auch ein *Gefäß*. Er enthält, was wir hineinlegen und anderen erlauben, hineinzugeben. Ihr Geist ist Ihr mentales Universum. Jeder von uns hat sein ganz eigenes Universum, weil jeder von uns über einen *eigenen* Geist verfügt. Und es gibt nicht nur eine Ökologie der physischen Welt, sondern auch eine des Geistes. Das Wort »Ökologie« stammt vom griechischen »*oikos*«, was »Haus« bedeutet. Die physische Ökologie ist also unser »äußeres« Haus – die natürliche Welt unserer physi-

61

schen Existenz. Unsere mentale Ökologie ist das innere Haus unseres Geistes und die Welt unserer mentalen Existenz. Wir würden es nicht zulassen, daß man Abfall in unserer Garage ablädt. Doch zeigen wir auch solchen Widerwillen dagegen, daß mentale Verführer ihren Schund in unserem Geist und unserem mentalen Universum abladen? Schließlich sind wir es, die ihn wegräumen oder dort verfaulen lassen müssen!

Die Qualität dessen, was unser Geist hervorbringt, korrespondiert mit der Güte dessen, was dorthin gelangt. Die Welt draußen ist nur eine Spiegelung der Welt, die sich »innen« befindet – in unserem Geist. Deshalb dürfen wir nie vergessen, daß Freiheit Verantwortung im Geben und Nehmen erfordert.

Gedanken und Vorstellungen sind Bewegungen der Energiemuster im Mentalreich und können wie Materie Gestalt annehmen. Ein Unterschied besteht darin, daß die Mentalsubstanz, aus der sich die Gedankenformen bilden, viel feiner und weniger stabil als Materie ist. Deshalb kommen und verschwinden Gedanken so schnell. Gedankenformen sind Gedankenmuster, die nährbar und daher fester und dauerhafter sind. Sie entstehen in der Mentalsubstanz durch das Bild – das Energiemuster –, das durch die emotionsgeladene Gedankenaktivität entsteht.

Emotion ist das Gewahrsein der Energieströmung im Mentalkörper. Sie entsteht im Mentalreich als Ergebnis eines äußeren Einflusses, der auf Mentalebene anregt. Somit kann man Emotionen als mit Gefühl verbundene Gedanken bezeichnen, sie können so intensiv sein, daß man sie als körperliche Empfindung, als Wohlbehagen oder Schmerz, erlebt. Emotionen sind äußerst flüchtig und instabil. Länger andauernde Emotionen nennt man Stimmung.

Gedankenformen können so gewaltig sein, daß besonders empfängliche Menschen sie als Geister mißverstehen können, weil Gedankenformen menschenähnliche Züge und Eigenschaften aufweisen. Ein Grund für solche Verwechslungen liegt darin, daß sich die Dimensionen überschneiden und so ein

»verschleierter« Bereich entsteht, in dem es manchen für Fein-stoffliches besonders empfindsamen Menschen möglich ist, Gedankenformen wahrzunehmen, die so mächtig geworden sind, daß sie ein eigenes »Leben« angenommen haben, wenn-gleich nur vorübergehend.

Wenn Sie in Ihrer Phantasie an irgendeiner so täuschend wirklichen Aktivität teilnehmen, daß Sie so fühlen und emp-finden, als erlebten Sie sie real, ist Ihr Mentalkörper beteiligt. Ihr Gewahrsein in Ihrem Mentalkörper teilt durch das Be-wußtsein die Reaktionen mit, die es erfaßt.

Ihr Mentalkörper ist selbst eine Gedankenform. Er erhält Gestalt und Form durch die von Ihnen eingegebenen Gedan-kenmuster und Überzeugungen und verfügt über mentales Selbstgewahrsein, das mit Ihrem Ego identisch ist. Das Ego-Selbst ist das, was Sie zu sein denken und glauben – und Ihr Mentalkörper entspricht dieser Identität. Deshalb halten sich manche schlanken Frauen für dick, weil ihr Mentalkörper fül-liger als ihr physischer Körper ist. Ein Mentalkörper kann schöner oder häßlicher als der physische sein – je nach dem Bild der Person über ihre äußere Erscheinung. Mit zunehmen-dem Alter zögern wir vielleicht, eine bestimmte Aufgabe zu übernehmen, weil der Mentalkörper uns darauf konditioniert hat, sie nicht ausführen zu *können*.

Für die folgende Erfahrung, die in zwei Schritten abläuft, brauchen Sie wieder Notizblock und Stift.

ഇഇഇഇഇഇഇഇഇഇ

5. Erfahrung:
Lernen Sie Ihr mentales Selbst kennen

Schreiben Sie zuerst eine Liste von Wörtern, von denen jedes einen Aspekt Ihres Selbst charakterisiert. Und zwar einzelne Wörter, die eine Eigenschaft beschreiben, eine Stärke, eine

63

Schwäche, eine Begabung, z. B.: nachdenklich, angriffslustig, rücksichtsvoll, künstlerisch, ehrgeizig, eifersüchtig.

Sie können unbegrenzt viele Wörter aufschreiben, lassen Sie sich Zeit, fertigen Sie eine möglichst vollständige Liste an. Sie müssen sie nicht in einer Sitzung zu Ende bringen. Vielmehr kommt es auf Vollständigkeit an.

Danach erstellen Sie daraus ein Persönlichkeitsprofil, in dem Sie jedes Wort benutzen, um sich so objektiv zu beschreiben, als beschrieben Sie eine andere Person. Was Sie dann als Selbstbild haben, ist das Ergebnis Ihrer Gedanken und Ihrer geistigen Konditionierung.

Als zweiten Schritt tragen Sie Material zusammen, wie Sie sich körperlich sehen. Sind Sie groß oder klein, korpulent oder schlank? Welche besonderen Merkmale weisen Sie auf? Sind Sie schön oder unscheinbar, sogar häßlich? Seien Sie ehrlich und neutral, so ausführlich wie möglich. Beschreiben Sie sich so, daß man Sie nach der Beschreibung erkennen könnte. Wenn nötig, schauen Sie in den Spiegel. Lassen Sie sich auch diesmal Zeit.

Wenn Sie das Persönlichkeitsprofil zur Ihrer Zufriedenheit abgeschlossen haben, liegt ein Wortbild Ihres Mentalkörpers vor Ihnen – das geistige Bild, das Sie von sich selber haben – das Bild Ihres Ego-Gewahrseins von sich selbst.

Jetzt wollen wir die Existenz unseres Mentalkörpers erfahren, indem wir einfach unser Gewahrsein in ihn hinein verlagern. Ziehen Sie sich an Ihren ruhigen Ort zurück, wo niemand Sie in der nächsten halben Stunde stört. Legen Sie Stift und Papier, evtl. eine Augenbinde bereit.

ഈഈഈഈഈഈഈഈഈഈ

ഇഇഇഇഇഇഇഇഇഇ

6. Erfahrung:
Gewahrsein Ihres Mentalkörpers

Legen Sie sich bequem hin, bedecken Sie die Augen mit einer Binde. Atmen Sie ein paarmal tief ein und aus, dann atmen Sie normal und entspannen sich. Wenn Sie sich ganz entspannt fühlen, erlauben Sie Ihrer Aufmerksamkeit, in Ihrem Mentalkörper zu sein, der die gleiche räumliche Lage wie Ihr physischer Körper einnimmt und diesen völlig durchdringt. Die bloße Absicht, Ihre Aufmerksamkeit in den Mentalkörper zu lenken, reicht. Sie müssen sich nichts vorstellen, nichts »tun«. Die Absicht folgt der Aktivität, Energie folgt der Absicht.

Jetzt bewegen Sie den rechten Arm Ihres Mentalkörpers und kratzen sich damit am Kopf Ihres Mentalkörpers, wobei Ihr physischer Körper sich nicht bewegt. Wie fühlte sich die Hand an, die den Kopf berührte? War der Kopf Ihres Mentalkörpers der Berührung gewahr?

Danach heben Sie den rechten Fuß Ihres Mentalkörpers, ohne Ihren physischen Körper zu bewegen. Legen Sie ihn wieder ab, das gleiche mit dem linken Bein Ihres Mentalkörpers. Bewegen Sie jetzt den rechten Arm des Mentalkörpers nach oben, dann den linken. Was spürten Sie bei jeder Bewegung Ihres Mentalkörpers?

Jetzt fassen Sie den Beschluß, daß sich Ihr Mentalkörper ganz langsam erhebt und ein paar Zentimeter über Ihrem physischen Körper schwebt. »Versuchen« Sie nichts. Sie sind in Ihrem Energiesystem bestens und völlig sicher aufgehoben, so daß Ihnen nichts passieren kann. Lassen Sie einfach zu, daß es geschieht.

Was empfinden Sie, wenn sich Ihr Gewahrsein knapp über Ihrem physischen Körper befindet? Welche mentalen Eindrücke haben Sie? Was sehen Sie vor Ihrem geistigen Auge?

Wie fühlt es sich an, auf dem Boden zu liegen und gleichzeitig anscheinend ein wenig über der Oberfläche zu schweben?

Lassen Sie Ihren Mentalkörper ein klein wenig höher schweben und wenden Sie den Kopf des Mentalkörpers, um auf Ihren physischen Körper herabzuschauen.

Was fühlen Sie, wenn Ihr Gewahrsein sich außerhalb Ihres physischen Körpers befindet? Spüren Sie etwas, empfinden Sie etwas? Wie schaut Ihr Körper aus, wenn er so daliegt? Gibt es an ihm irgend etwas besonders Bemerkenswertes?

Jetzt lassen Sie Ihren Mentalkörper sanft wieder zum physischen Körper herunter, und spüren Sie Ihr Gewahrsein sowohl in Ihrem Mental- wie in Ihrem physischen Körper. Atmen Sie ein paarmal tief durch, strecken Sie Arme und Beine. Nehmen Sie die Binde von den Augen, machen Sie sich wieder mit Ihrer Umgebung vertraut. Setzen Sie sich langsam auf, atmen Sie nochmals durch, ehe Sie aufstehen und Ihre Erfahrungen aufschreiben.

ೞೞೞೞೞೞೞೞೞೞ

Das Ego

Das Ego ist ein mentales Selbstbild, ein im Geist existierendes Konzept des Selbst. Es ist ein falsches Bild, weil das Selbst – das wahre Selbst – nicht im Mentalen, sondern im spirituellen *Geist* existiert.

Das Ego selbst ist recht komplex. Es besteht aus drei Aspekten, die wir als »Schichten« bezeichnen können. Die äußere oder »Oberflächen«-Schicht befaßt sich damit, die Bedürfnisse des Körpers zu befriedigen und die Sinne zu erfreuen, obwohl das Ego selbst nie zufrieden ist, weil es immer mehr will von dem, was es will, und immer weniger von dem, was es braucht. Die zweite Schicht befaßt sich mit dem geistigen Appetit und damit, das Gefühl der eigenen Bedeutung und Ge-

66

trenntheit zu nähren. Sie fällt Urteile, die die eigene Eitelkeit und Vergleiche mit anderen fördern. Die dritte Schicht befaßt sich mit der Selbstrechtfertigung. So mächtig ist das Ego, daß es uns glauben macht, es allein mache uns aus – es allein sei das wahre Selbst und nicht das trügerische, vergängliche und begrenzte »Selbst«, das es tatsächlich ist.

Das Ego befaßt sich hauptsächlich mit Dingen, die es für genußbringend hält, und mit der Vermeidung von Schmerz. Unser physischer Körper identifiziert sich in gewisser Weise mit dem, was aus diesem mentalen Prozeß entsteht. So handeln wir also, als seien wir unsere Gedanken, als gehörten die stofflichen Dinge um uns herum – selbst Menschen – tatsächlich uns: mein Haus, mein Auto, mein Partner, mein Kind usw. All dies sind Zugehörigkeiten. Sie gehören zu unserem Ego, weil sie zu unseren Gedanken gehören! Das Ego möchte an dem festhalten, zu dem es sich zugehörig fühlt und das es sich geschaffen hat. Es veranlaßt uns zu Vergleichen mit anderen und zu Urteilen über andere, weil deren Handlungen und Meinungen uns beeinflussen. Wir verhalten uns gemäß der Erwartungen, die uns übergestülpt werden. Und dadurch wird der Druck auf uns verstärkt, mit den anderen mitzuhalten. So sind wir in einem fortdauernden Kreislauf unerfüllter Sehnsüchte gefangen, eingeschlossen in Verhaltensmustern, aus denen es kein Entrinnen zu geben scheint, und in der Konditionierung unserer eigenen Gedanken und Überzeugungen. Es gibt nur eine Fluchtmöglichkeit – wenn wir das Muster unserer Konditionierung durchbrechen und den Geist wieder stärker in Einklang mit dem spirituellen *Geist* und der Seele bringen. »Konditionierung« ist im Grunde eine Energieform, die sich auf unsere Wahrnehmung der Wirklichkeit auswirkt. Sie setzt sich aus eingrenzenden Energien zusammen, die uns auf eine einzelne Existenzebene beschränken und uns von der Erfahrung einer größeren Wirklichkeit abhalten.

Jegliche Konditionierung entsteht durch von Angst angeregte Überzeugungen. Nicht durch reale Angst ums physische

Überleben, sondern durch eingebildete Angst, die dem mentalen Geist und dem Ego real genug erscheint und unsere Lebenskraft und Gesundheit schwächt. Solche Angst zeigt sich in Fragen wie: »Was passiert, wenn …?« oder »Was denkt nur xy von mir, wenn ich dies und das tue?«

Konditionierung ist so real, daß sie sich in unserem Körper ansammelt und uns so noch mehr behindert. Daher rühren viele körperliche Beschwerden und Störungen, die mit Beseitigung der Konditionierung verschwinden.

Schamanen der verschiedenen Kulturen haben den mentalen Geist seit jeher nicht als bewundernswürdigen Herrscher, sondern als hilfreichen Diener betrachtet. Wenn wir die Wirklichkeit allein durch den mentalen Geist wahrnehmen, nehmen wir die Trennung der Dinge wahr. Wir definieren, klassifizieren das Beobachtete, analysieren, vergleichen und ziehen Schlußfolgerungen. Bei der Erfahrung der Wirklichkeit durch den spirituellen *Geist* – mit dem »Herzen« – nehmen wir die Dinge in ihrer Ganzheit und die wechselseitige Beziehung wahr, die auf allen Ebenen besteht. Erst mit der inneren Erkenntnis, daß der Geist nur eine Erweiterung des spirituellen *Geistes* in das Mentalreich ist, können wir verstehen, daß bloß unsere Überzeugungen diese Trennung herbeigeführt und wir auf diese Weise einen Gegenspieler unseres eigenen spirituellen *Geistes* geschaffen haben!

Ein letztendliches Ziel der Menschheit liegt darin, daß mentaler Geist und spiritueller *Geist* in völliger Harmonie vereint werden, so daß Ihr Klang ein einziger ist, die völlige Einheit. Die Heirat und Vereinigung von Mann und Frau war als Beispiel für diese Harmonie gedacht. Die Trennung des spirituellen *Geistes* vom Mentalen führte dazu, daß ihre Vereinigung allerdings in erster Linie als sexuelle Beziehung betrachtet wird.

Ihr mentaler Geist gehört Ihnen – dem wahren Selbst, das spiritueller *Geist* ist. Sie können Ihren Geist gebrauchen, müssen ihn aber beherrschen, sonst herrscht er über Sie und führt Sie in den Glauben, daß Ihr Ego-Selbst Ihr einziges Selbst ausmacht, und bringt Sie dazu, Ihr Leben dahingehend auszurichten.

Der Kosmos der Schamanen

Schon in der Vorgeschichte erkannten die Schamanen, daß der mentale Geist auf drei, möglicherweise vier Ebenen arbeitet. Ein Baum diente oft als Symbol, um die verschiedenen Ebenen des Mentalen und anderer Seinsdimensionen zu verdeutlichen. Die Naturwissenschaft weiß, daß der Baum als Schutz der Umwelt dient und daß ohne ihn die Atmosphäre mit einem Übermaß an Kohlendioxid vergiftet würde. In früheren Zeiten wurden Bäume auch als symbolische Hüter der Verstandesebenen angesehen. Das kam daher, weil im Übergang von der alltäglichen zur nichtalltäglichen Wirklichkeit die Muster der Schutzkräfte zwischen den Dimensionen oft als Bäume versinnbildlicht wurden. Bäume waren lange Zeit ein Symbol für die Realität des vieldimensionalen Seins. Der Baumstamm verkörpert das Individuum in bezug zur körperlichen Existenz, das in der Erde verwurzelt ist und Zugang zu den tiefsten Ebenen des Unbewußten hat, wo die Potentiale

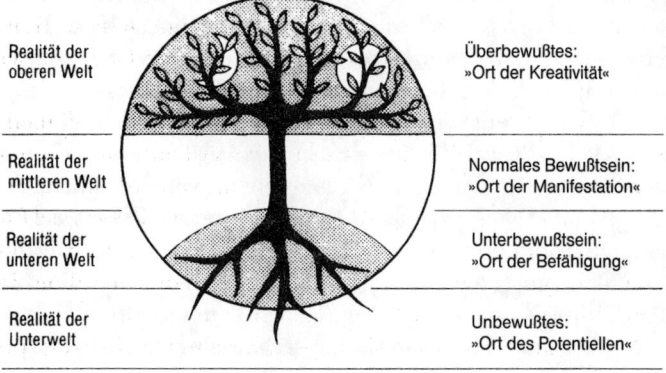

Abb. 8: Der Kosmos der Schamanen, verbildlicht durch einen »kosmischen« Baum, der seine vieldimensionale Natur anzeigt.

69

verborgen liegen. Die edelsten Aspekte, verkörpert in den obersten Ästen, strecken sich gen Himmel, zum kosmischen Bewußtsein und dem »Ort der Kreativität« hin. Den Stamm nannte man oft »mittlere Welt« – »Platz der Manifestation« – zwischen Himmel und Erde. Die Erdoberfläche, wo der Stamm auf die Wurzeln trifft, weist auf das Bedürfnis nach Erdverbundenheit hin, damit die persönliche Entwicklung und die Veredelung des spirituellen *Geistes* auf organische, natürliche Art stattfinden können. Dies ist das »Reich des Unterbewußten« und wurde oft »Untere Welt« oder »Ort der Befähigung« genannt. Die tieferen Wurzeln reichen bis weit in die Erde und weisen auf Berührung mit den Tiefen des Unbewußten hin, wo unsere Potentiale verborgen liegen, dieser Ort des Potentiellen wurde auch »Unterwelt« genannt. Die Äste deuten auf spirituelles Bestreben, indem sie in den Himmel reichen, wo die Blätter schon in Erwartung der Göttlichen Berührung erbeben. Dies ist das Reich der Seele, auch »Oberwelt« genannt.

Naturvölker verehrten die Bäume sehr. Die Indianer nannten sie stehende Wesen, weil sie da blieben, wo ihre Wurzeln waren, und den Menschen, deren Verstand und Herzen dafür offen waren, große Weisheiten vermitteln konnten. Sie behandelten Bäume mit Achtung, waren im Einklang mit ihnen und konnten sogar mit ihnen kommunizieren. Zyniker mögen bei dieser Vorstellung ruhig verächtlich lachen, aber dieser Zynismus entspringt der Unwissenheit um spirituelle Ökologie. Selbstverständlich ist die Kommunikation nicht *körperlich* möglich, weil Bäume weder über Mund noch Kehlkopf verfügen; sie ist auch nicht auf *mentaler* Ebene möglich, außer in der Phantasie oder der Einbildung. Aber der spirituelle *Geist* eines Menschen kann direkt mit dem spirituellen *Geist* eines Baumes in Verbindung treten!

Bäume erhalten ihre Nahrung von der Sonne, der Erde und der sie umgebenden Atmosphäre. Sie schwingen im Einklang mit dem Lebenspuls der Erde. Was die Erde beim Nähren der

Bäume erfährt, ähnelt den Gefühlen einer Mutter beim Stillen ihres Babys. Es ist daher angemessen, daß unsere schamanische Arbeit auch Erfahrungen mit Reglosigkeit umfassen sollte. Wir sollten nicht nur lernen, körperlich reglos, aber ganz wachsam zu sein – wie ein Baum –, sondern auch, unsere Gedanken zum Stillstand zu bringen, damit sich unser Gewahrsein auf inneres Wachstum richten kann – wie bei einem Baum. Wir müssen fähig sein, den ständigen Gedankenstrom, der in unser Gewahrsein eindringt, einzudämmen und das Ego sacht beiseite zu schieben, damit es nicht länger »herrscht«. Dann können wir mit unserem spirituellen *Geist* in »Verbindung treten«, einfach indem wir uns erlauben, zu »sein«. Folgende Erfahrung der »aktiven« Reglosigkeit hat mich ein Baum gelehrt.

ಐಲಐಲಐಲಐಲಐಲಐಲಐಲ

7. Erfahrung:
»Aktive« Reglosigkeit

Zu stehen, ohne sich zu bewegen, heißt nicht Nichtstun. Dabei wird ungeheure Energie erzeugt, die die Lebenskräfte vergrößern, den physischen Körper verjüngen, den Geist anregen sowie die Immunabwehr und das Nervensystem stärken kann.

Da der Baum in der Mitte der Elemente steht, zieht er seine Stärke aus der Erde und aus einem ihn umgebenden Energiefeld. Der beste Ort für diese Erfahrung ist deshalb im Freien in der Nähe eines oder mehrerer Bäume.

Stellen Sie die Füße schulterbreit auseinander, die Zehen zeigen nach vorne oder leicht nach außen. Gehen Sie leicht in die Knie, mit geradem Rücken, etwa in Reiterhaltung. Ihr Körpergewicht sollte sich gleichmäßig auf die Fußsohlen verteilen. Halten Sie den Kopf erhoben. Die Arme hängen locker, wobei die Handflächen wie zu einer Schüssel geformt nach oben weisen, die Mittelfinger berühren sich leicht in der Gegend knapp unter dem Nabel (vgl. Abb. 9).

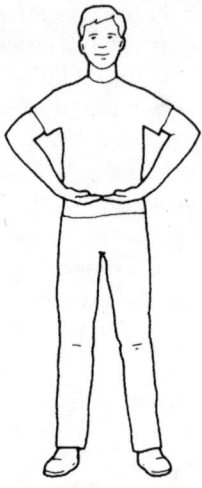

Abb. 9: Stehen Sie in Reiterstellung, Füße schulterweit geöffnet, Knie leicht gebeugt. Die Handflächen sollten unterhalb des Nabels schüsselförmig nach oben zeigen.

Atmen Sie normal. Strengen Sie sich nicht an. Atmen Sie durch die Nase ein, durch den Mund aus.

Schließen Sie die Augen, richten Sie Ihre Aufmerksamkeit auf den Scheitel. Erlauben Sie Ihrem Gewahrsein, dort zu verweilen. Denken Sie nicht bewußt daran, aber nehmen Sie Kenntnis von dabei auftretenden Empfindungen, Eindrücken oder Bildern, die Ihnen in den Kopf kommen, oder von angenehmen Gefühlen, die Sie dabei vielleicht haben.

Jetzt richten Sie Ihr Gewahrsein auf Ihre Augen. Öffnen Sie die Augen, schauen Sie nach vorn und leicht nach unten, ohne sich auf einen bestimmten Punkt zu konzentrieren. Erlauben

Sie Ihren Augen, sich zu entspannen. Was erfahren Sie mit Ihren Augen? Ich meine nicht das, was Sie sehen, sondern was Ihre Augen erfahren.

Achten Sie jetzt auf Ihren Hals, lösen Sie evtl. Spannungen im Nacken. Erfahren Sie die Freiheit in Ihrem Hals und Nacken.

Dann entspannen Sie die Schulter und Rückenmuskeln und lassen die Brust leicht sinken. Spüren Sie das behagliche Gefühl in Brust, Rücken und Schultern.

Richten Sie Ihr Gewahrsein auf den Bauch, lösen Sie mögliche Verspannungen hier. Dann die Aufmerksamkeit auf die Pobacken und das Steißbein, auf die Oberschenkel, die Knie lenken. Beugen Sie die Knie leicht, um sicherzugehen, daß sie nicht steif, sondern elastisch sind.

Lassen Sie Ihr Gewahrsein zu den Füßen und ihrer Verbundenheit mit der Erde wandern, als würden die Fußsohlen Wurzeln in den Boden schlagen. Spüren Sie diese Wurzeln nach unten. Beobachten Sie dabei alle Empfindungen, inneren Bilder oder Gefühle.

Bringen Sie jetzt mit jedem Atemzug Ihr Gewahrsein langsam und sacht von den Füßen durch den Körper zum Scheitel. Spüren Sie den Energieschub, wie er hochsteigt, Ihnen Bauch und Brust erwärmt, bis in den Nacken und Kopf strömt und endlich wie ein Brunnen sich oben aus Ihrem Schädel ergießt.

Beim Ausatmen lassen Sie Ihre Aufmerksamkeit wieder langsam zu den Füßen zurückkehren und wiederholen das Ganze beim Einatmen. Fahren Sie damit ein paar Minuten fort, bis Sie sich durch und durch gestärkt fühlen. Atmen Sie dann ein paarmal tief durch, bewegen Sie Arme und Beine, atmen Sie normal.

Die ganze Erfahrung sollte etwa zehn bis 15 Minuten dauern und wird Ihren ganzen Tag, abgesehen von der Stärkung des Körpers, auf vielfältige Weise verändern.

ഇഇഇഇഇഇഇഇഇഇ

Pforten

Der Mentalkörper ist durch ganz feine Kanäle mit dem Gehirn und mit dem physischen Körper verbunden. Die Öffnungen zu diesen fadenförmigen Kanälen nannte man in einigen mystischen Lehren »Pforten«, weil man sie als Eingänge nicht nur zu anderen Mentalebenen als dem alltäglichen bewußten Gewahrsein der physischen Welt, sondern auch als Eingänge zu anderen Seinszuständen und »inneren« Wirklichkeiten verstand. Diese Pforten kann man auch als Übergangs- oder Umschaltpunkte auffassen, an denen der Wechsel von einer Ebene in eine andere stattfindet.

Diese Übergangspunkte befinden sich an der gleichen Stelle wie sieben Chakren – vom Stirn- bis zum Steißbein-Chakra. Jeder fungiert als Öffnung zu einer anderen Qualität des Gewahrseins und als Filter, der die Eigenschaften dieser bestimmten Qualität durchläßt. Man könnte sie mit einem Farbfilter vergleichen, der alles Licht mit Ausnahme ganz bestimmter Strahlen nicht hindurchläßt. Durch Unwissenheit, Nachlässigkeit oder Mißbrauch können diese Filter verstopft werden, so daß die Informationen zwischen den Ebenen nicht klar ausgetauscht werden können und die hindurchgelangenden Botschaften verfälscht, verwässert oder verworren ankommen. Die Kanäle funktionieren nicht mehr richtig, wenn sie nicht mehr mit sich und untereinander im Einklang sind.

Die Pforten, ihre Position bezogen auf die Chakren, ihre Qualitäten und Farben:

Pforte	Qualität	Farbe
Steißbein	*Selbsterhaltung* *Überlebenswille*	*rot*
Kreuzbein	*zwischenmenschliche Beziehungen Sexualität Sinnlichkeit*	*orange*

74

Pforte	Qualität	Farbe
Sonnengeflecht	Selbstidentität "niedrigere" Emotionen Verlangen Aufnahme	gelb
Herz	Zuneigung Liebe und Mitgefühl "höhere" Emotionen Gleichgewicht	grün
Hals-/Kehlkopf	Kommunikation und Ausdruck	hellblau
Gehirnbasis	Streben Inspiration	dunkelblau
Stirn	Vorstellungskraft Intuition mentale Fähigkeiten	indigoblau

Die Pforten sind spiralförmige, frei fließende Strudel, deren Grundbewegung man mit einer Acht vergleichen kann. In der Tat zeigt das uralte Symbol der waagerechten Acht, eine Linie ohne Anfang oder Ende, eine Bewegung an, deren Ursprung in der eigenen Mitte liegt. Die Mitte selbst ist ein Übergangs- und Umschaltpunkt, an dem sich die Fließrichtung umkehrt.

Die Acht symbolisiert auch die nahe Beziehung zwischen den "Sphären oder Welten" – zwischen dem Sichtbaren und Unsichtbaren, dem Faßbaren und Nichtfaßbaren, dem Stofflichen und Nichtstofflichen. Aber sie ist nicht nur ein symbolischer Umschaltpunkt, sondern auch ein, Mittel zur Herstellung unmittelbarer personaler Kommunikation mit anderen Seinsebenen.

Der wirbelnde Strom der Achterbewegung läuft mit wie auch gegen den Uhrzeigersinn. Beide Richtungen kreuzen sich am Gleichgewichtspunkt, und ebenda ändert sich die Richtung. Diese Kreuzung und zugleich Stelle des Gleichgewichts und Wechsels entspricht dem Auge des Labyrinths – einem ande-

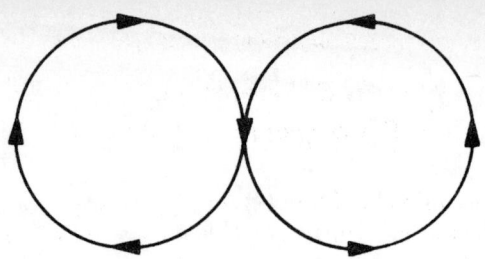

Abb. 10: Das frei fließende Energiesystem der Acht mit seinem Ursprung und dem Umschaltpunkt in der eigenen Mitte.

ren uralten Symbol und Umschaltpunkt, an dem Energie umgewandelt wird und die körperlichen Aspekte des Seins sich mit den nichtstofflichen verbinden, und so den Übergang des Gewahrseins von einer Ebene in die andere ermöglichen.

Im Taoismus zeigt die Acht die Energiebewegungen von Yin und Yang an – den beiden Komplementärpolaritäten –, die sich in ausgewogener Einheit von Geben und Nehmen zur Erschaffung von Schönheit und Harmonie vereinen. Indem wir die Achterbewegung mit unserem Körper in reiner Absicht vollführen, nehmen wir mit den nichtkörperlichen Aspekten unseres Seins, den mentalen und spirituell-geistigen, Verbindung auf und tragen so zur Harmonisierung unseres ganzen Energiesystems bei. In dieser Bewegung erkennen wir das DNS-Doppelhelix-Muster in jeder unserer Zellen, und wir »teilen« ihm durch die Impulse dieser Bewegungen »mit«, daß wir es nicht nur anerkennen und achten, sondern auch lieben.

Die Bewegung der Acht kann beinahe überall ausgeführt werden, drinnen und im Freien, jederzeit; sie dauert nur wenige Minuten.

ഇഇഇഇഇഇഇഇഇഇ

8. Erfahrung:
Die Bewegung der Acht

Stehen Sie aufrecht, Füße schulterbreit auseinander, Arme hängen locker an den Seiten herunter, seien Sie ganz entspannt. Ohne die Füße zu rühren, bewegen Sie das Becken nach vorn, nach hinten, zur Seite und vollführen dabei eine Acht. Konzentrieren Sie sich auf Ihr Becken, so daß Ihr Gewahrsein in der fortlaufenden fließenden Bewegung ruht, genießen Sie Ihre Empfindungen!

Mit noch immer kreisendem Becken, aber ohne die Füße zu bewegen, fahren Sie mit der linken Hand aus dem Handgelenk eine Acht nach. Richten Sie nun Ihr Gewahrsein auf Ihre linke Hand und das Handgelenk. Wenn sich die linke Hand und das Handgelenk ebenso fließend wie Ihr Becken bewegen, lassen Sie auch die rechte Hand und das rechte Handgelenk in einer Acht kreisen, und konzentrieren Sie sich darauf. Nun richten Sie die Aufmerksamkeit auf die Schultern, bewegen Sie sie in einer Acht, schließlich den Kopf.

Zum Schluß lassen Sie Ihren ganzen Körper, noch immer am Platz stehend, die Acht »tanzen«. Seien Sie Ihres ganzen Körpers gewahr, wie er im reinen Entzücken über die ungehemmte Bewegung aufgeht, wie er selbst zur Acht wird! Genießen Sie dieses Gefühl ein paar Minuten lang, bis Sie sich gestärkt und energetisiert fühlen.

Indem Sie Ihr Gewahrsein auf verschiedene Körperregionen richten, können Sie eine wichtige schamanische Technik leichter erlernen. Die Übung erreicht ihren Höhepunkt, wenn Sie die Achterbewegung so weit auf Ihren Körper übertragen, daß Sie die Bewegung selbst erfahren. Die Achterbewegung sollten Sie regelmäßig jeden Tag üben. Sie können Ihr Vergnügen daran steigern, wenn Sie dabei melodische, leicht eingängliche Musik hören.

Die Acht symbolisiert eine Urkraft des Universums und des DNS-Wellenmusters, das den Code für Ihre körperliche Erscheinung wie auch für Ihre mentalen und charakterlichen Grundzüge enthält.

Woher bekommt die Eichel ihre Kraft,
eine mächtige Eiche zu werden?
Oder die Rosenknospe,
in eine so herrliche Blume zu erblühen?
Von einer Quelle in sich selbst.
So ergeht es auch Ihnen.
Sind Sie etwa von geringerem Wert als ein Baum
oder eine Blume, die ihre Kraft und Herrlichkeit zur
Schönheit der Welt beitragen?
Nehmen Sie sich als das an, was Sie sind,
denn nur dann kann das
Ihnen innewohnende Potential sich entfalten
und dem All seine Einzigartigkeit schenken.

5. Ihre Erdenpersönlichkeit

Die moderne Genetik kommt zu Schlußfolgerungen, die die Schamanen bereits vor Jahrhunderten gezogen haben – daß nicht nur unsere grundlegenden körperlichen und geistigen Eigenschaften bereits vor der Geburt vorherbestimmt sind, sondern auch unsere Persönlichkeit. Für die Genetiker bestimmen die Gene, der von unseren Eltern ererbte DNS-Code, unsere wesentlichen Körpermerkmale, geistigen Eigenschaften und Fähigkeiten sowie unsere Persönlichkeitsmerkmale. In der Tat meinen heute Genetiker, daß die Gene, nicht etwa soziale oder andere Umwelteinflüsse oder persönliche Umstände, weitgehend unsere Individualität bestimmen. Zudem deutet die Forschung der letzten Jahre darauf hin, daß das Gehirn durch das genetische Programm in uns so »programmiert« ist, daß es auf bestimmte von der Umwelt empfangene Energiemuster reagiert. Psychologen nennen diese Reaktionen

79

»Verhaltensmuster«. Natürlich werden wir auch durch soziale und wirtschaftliche Faktoren, kulturelle und andere Gegebenheiten beeinflußt; folglich reagieren wir nicht immer genau gleich.

Dennoch sind wir keineswegs nur Bioroboter, die einem vorbestimmten Plan folgend funktionieren. Denn der Mensch verfügt über den freien Willen. Der Wille ist die Macht, etwas zu bewirken. Anders ausgedrückt bestimmt der Wille etwas. Somit ist der freie Wille die Freiheit, Dinge *geschehen* zu lassen – zu veranlassen, daß etwas ist. Er ist eine Fähigkeit, eine Wahl zu treffen und auf diese Weise für sein eigenes Leben verantwortlich zu sein und sein Schicksal zu steuern. Unser Schicksal ist nicht, was uns vorbestimmt ist, sondern das Ergebnis unserer Entscheidungen und unsere Reaktionen auf die uns betreffenden Entscheidungen anderer.

Die Persönlichkeit kann als gesamtes Muster der das Verhalten bestimmenden Eigenschaften definiert werden. Der Charakter fügt dem ethische und moralische Werte hinzu. Unsere Persönlichkeit ist nicht das »Ich«, sondern die Art, in der wir uns auf andere als Individuum projizieren können und wie wir auf andere und uns selber reagieren! Daher ist sie mit der Struktur unserer Verhaltensmuster verknüpft. Die Psychologie, eine verhältnismäßig junge Wissenschaft, erforscht Verhaltensmuster und die Art, wie wir mit anderen in Beziehung treten, und hat somit weitgehend die Rolle übernommen, die in vergangenen Zeiten der Astrologie vorbehalten war.

Die Menschen waren seit jeher und in allen Kulturen davon überzeugt, daß dem Zeitpunkt und dem Ort der Geburt eine bestimmte Bedeutung in der Art, wie wir das Leben erfahren, zugrunde liegen. Mit Hilfe der Astrologie nimmt man seit Urzeiten die himmlischen Energiemuster und ihre Beziehung zu uns Erdenwesen wahr. Der Astrologie zufolge tragen wir in uns den Stempel der Sterne, von denen wir stammen. Dies beruht auf der Überzeugung, daß die Energieströme des Universums »da oben« die Bildung der entsprechenden Energien »hier un-

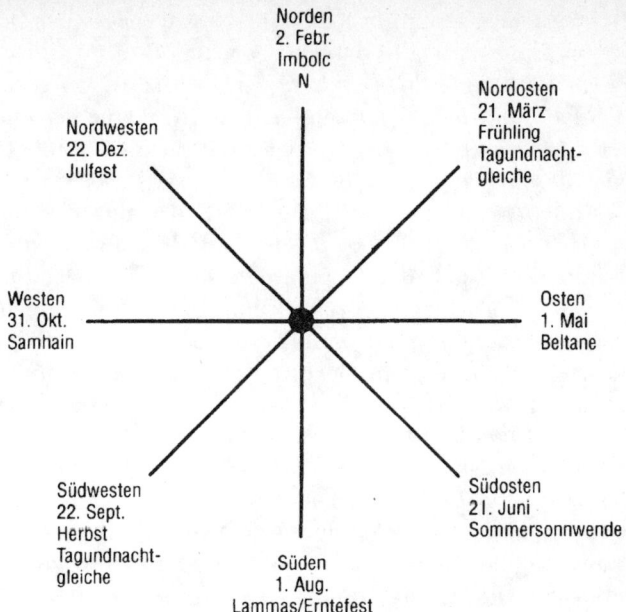

Abb. 11: Das Jahresrad

ten« anzeigen, was sich auf größere Zusammenhänge wie auch auf das Individuum bezieht. Die durch die Medien heute weitgehend zur unterhaltsamen Zukunftsvorhersage verkommene Astrologie ist jedoch aufgrund ihrer Sonnen- und Außenweltorientiertheit unvollständig.

Es gibt jedoch einen anderen Aspekt – einen intuitiven inneren Einfluß, der durch das bei der Geburt vorherrschende, sich während des Drehens des »Jahresrades« verändernde Muster der Erdenkräfte hervorgerufen wird. Dieses Komplementärsystem war Teil einer uralten, »verlorengegangenen« Weisheit, die heute wiederentdeckt wird. Dabei schaut man nach innen, um nach Erklärungen für die Geschehnisse außen zu suchen.

81

Dieses System hilft uns, die Erdennatur, die uns zur spirituell-*geistigen* Entwicklung in diesem Leben geschenkt wurde, zu verstehen. Ich nenne dieses System »Erd-Medizin«, weil es sich mit erdverbundenen Praktiken beschäftigt und die persönliche Kraftgewinnung in den Vordergrund rückt – was die Indianer als »Medizin« bezeichnen.

Im Indianischen bedeuten Kraft und »Medizin« dasselbe. Erd-Medizin bedeutet Erd*kraft* – die Kraft der Natur*gewalten* auf, in und um die Erde, die unsere Persönlichkeit beeinflussen. Diese Kraft verschmilzt zum Zeitpunkt der Geburt mit unseren ererbten Eigenschaften und beeinflußt von da an weitgehend unsere Wahrnehmung der physischen Realität und unsere Reaktion auf sie. Erd-Medizin beruht auf dem Jahresrad – dem natürlichen Kreislauf der Erde um die Sonne – und auf dem Medizinrad, das selbst ein *Katalysator* alter Weisheit und eine »Landkarte« des Mentalen ist und uns so zum Verständnis unserer selbst und unserer Beziehung zur Natur und anderen Lebewesen befähigt. Man kann sie auch als Natur-Horoskop bezeichnen, weil sie uns zum besseren Verständnis unserer Persönlichkeit verhilft und uns Hinweise auf den Zweck unserer derzeitigen Inkarnation gibt. Ihre Persönlichkeit drückt aus, was Sie *innerlich* sind. Sie ist nicht das *wahre Selbst*, sondern ein »Gesicht«, das das wahre Selbst der Welt zeigt.

Das Medizinrad

Das Medizinrad ist ein Reifen oder Rad, das der Grenzenlosigkeit Grenzen setzt. Es symbolisiert den Behälter all dessen, was ist. Innerhalb des Rads befindet sich ein gleicharmiges Kreuz – ein Symbol der Ausgewogenheit und des Verschmelzens der gegensätzlichen Potentiale, das durch die vertikalen und horizontalen Linien und ihre gegensätzlichen Richtungen verkörpert wird. Es ist das taoistische untrennbar miteinander verbundene »maskuline« Yang und »feminine« Yin, das Energie aufnimmt und sie vollkommen harmonisch verteilt.

82

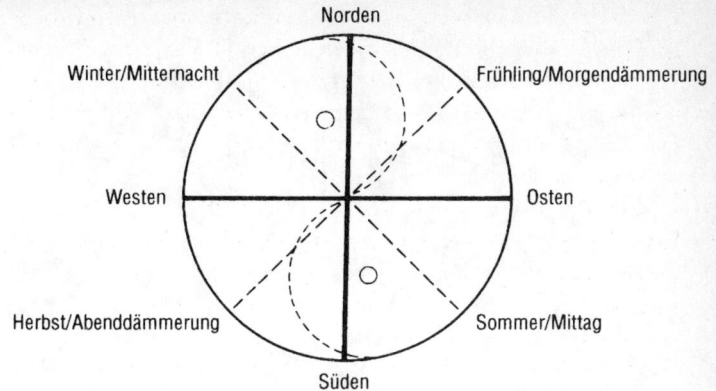

Abb. 12: Das von einem Kreis umschlossene Kreuz, die Grundlage des Medizinrad-Mandalas, beinhaltet auch das Yin-Yang-Symbol des taoistischen Tai Chi.

Dieses zweidimensionale Symbol des von einem Kreis umschlossenen Kreuzes vereint drei miteinander verzahnte Kreise und damit die Länge, Breite und Höhe der physischen Manifestation, beeinflußt durch eine vierte Dimension – die Zeit, die Dauer von Bewegung und Wandel.

Es legt die Richtungen fest – Norden, Süden, Osten, Westen, oben, unten oder vorne, hinten, links, rechts, Himmel und Erde. Mit Nordosten, Südosten, Südwesten und Nordwesten werden vier weitere Speichen hinzugefügt; dadurch entsteht ein achtspeichiges Rad, das die vier wesentlichen Schöpfungsprinzipien in ihrer dualen Natur und in völliger Ausgewogenheit und Harmonie mit dem Ganzen aufzeigt. Es legt vier Jahreszeitenviertel fest und vier Übergangspunkte zwischen ihnen, die bedeutende Veränderungen beim Drehen des Jahresrades auslösen – Frühlings- und Herbsttagundnachtgleiche sowie Sommer- und Wintersonnenwende

Teilt man jedes Jahreszeitenviertel durch drei, so entstehen zwölf Zeitsegmente im Sonnenjahr, die die vollständige Erd-

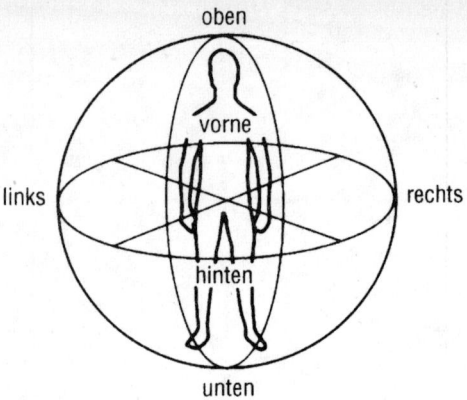

Abb. 13: Die drei ineinander verzahnten Kreise setzen Richtungen fest.

umlaufbahn um die Sonne ausmachen – jedes von etwa gleicher Dauer und jedes unter dem Einfluß der Mondumlaufbahn um die Erde.

Die zwölf Abschnitte stellen nicht nur zwölf Zeitabschnitte der Veränderung im Naturkreislauf dar, durch die die physische Realität erfahren werden kann, sondern auch zwölf verschiedene »Orte«, von denen aus man sie wahrnehmen kann.

Das Medizinrad erweist sich so als äußerst wertvolles Mittel zur Selbsterkenntnis. Mit seiner Hilfe konnten die Indianer sich mit den Eigenschaften der Jahreszeit, in der sie geboren waren, den Eigenschaften ihres Geburtsmonats (= Mondes) und anderen Aspekten der in der natürlichen Umwelt stattfindenden Veränderungen identifizieren. Dadurch erhielten sie Anhaltspunkte für die Wesensnatur eines Menschen: voraussichtliche Stärken und Schwachstellen, mögliche Pluspunkte und Nachteile innerhalb dieses Zeitabschnitts. Schwachstellen sind nicht zu verwechseln mit Schwächen, sondern vielmehr als Möglichkeiten zu verstehen, sich neue Stärken anzueignen,

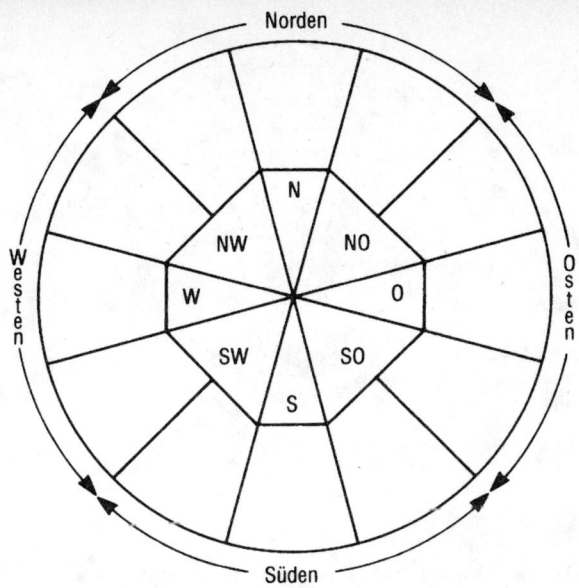

Abb. 14: Die acht Richtungen und die zwölf Dimensionen.

als Herausforderungen zur Charakterformung und als weiteres Mittel zur persönlichen Entwicklung.

Erd-Medizin

Das »Natur-Horoskop« handelt daher nicht von dem, was uns trotz unserer Entscheidungen vorherbestimmt sein mag, sondern von unseren gegenwärtigen Möglichkeiten. Erd-Medizin zeigt, wie die Seele das Mittel des physischen Körpers vor der Geburt mit den nötigen Eigenschaften und Möglichkeiten für die Situationen und Umstände auf Erden ausstattet, die die Entwicklung innerhalb eines natürlichen Evolutionsprozesses ermöglichen.

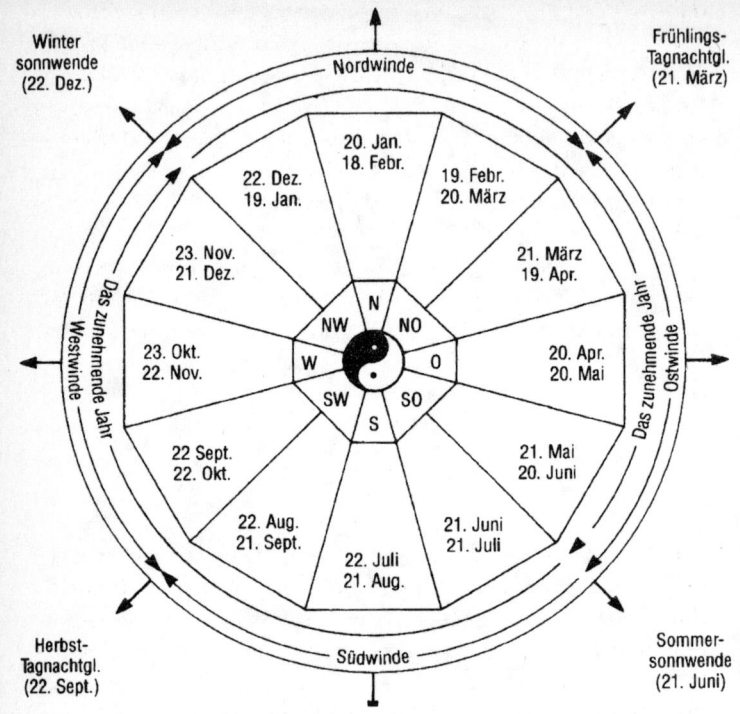

Abb. 15: Die zwölf Zeitsegmente auf dem Jahresrad.

In diesem System kommt dem Mond eine bedeutende Rolle zu. Er steuert die Menstruationszyklen, bestimmt die Schwangerschaftsperiode des menschlichen Embryos: neun Monate – neun Monde – oder 40 Wochen von der Empfängnis. Er beeinflußt nicht nur die Gezeiten des Wassers, sondern auch Ebbe und Flut unserer emotionalen Kräfte. Er spiegelt Licht und Leben der Sonnenquelle im Mittelpunkt unseres physischen Universums wider und zeigt auch die Kräfte in uns, die

86

das Licht unserer eigenen spirituell-*geistigen* »Sonne« im Ursprung unseres Seins widerspiegeln. Anders ausgedrückt: Der Mond spiegelt den Ausdruck unseres spirituellen *Geistes*, die Essenz dessen, was wir sind, unser authentisches Selbst. So verwundert es nicht, daß die Schamanen wußten, daß die Eigenschaften des Mondes – des Geburtsmonats – darauf Einfluß nehmen, welche Art von Persönlichkeit man werden würde.

Ihr Erdenleben wird somit durch ein Wahrnehmungsfenster zur Welt erfahren, das in Übereinstimmung mit der Stelle auf dem Jahresrad zur Zeit der Geburt »positioniert« ist. Ihr Erdenleben ist nicht nur eine Erfahrung des spirituellen *Geistes* in Ihnen, der »nach außen schaut«, sondern auch ein Mittel, durch das er auf bestimmte Weise Ausdruck finden kann.

Totems

Erd-Medizin leitet sich von dem Wissen her, daß Energiemuster in den Genen unsere persönlichen Eigenschaften und Potentiale bestimmen und zum Zeitpunkt der Geburt kulminieren, um mit den zu dieser Jahreszeit einflußreichen Naturkräften zu verschmelzen. Diese Eigenschaften werden eher durch Totems als durch Symbole verkörpert. Ein Totem ist ein symbolischer Sensor, der das Wechselspiel der nichtstofflichen Kräfte zu erkennen hilft. Weil es die Eigenschaften eines Lebewesens ausdrückt, ist es hilfreicher als ein geometrisches Symbol.

Während in der Astrologie die Geburt mit einem Sternzeichen verbunden wird, bezieht die Erd-Medizin die Geburt auf ein Totemtier auf dem Medizinrad wie etwa Wolf, Biber, Eule oder Lachs, die aussagekräftiger als ein Sternbild sind. Die Erd-Medizin erkennt den Einfluß dieser Energien auf das innere Muster an, aus dem sich unser individuelles physisches Leben formt. Sie weist auch auf die Verbindung mit der Natur und Tierformen hin, die uns auf unserem Erdenweg lehren,

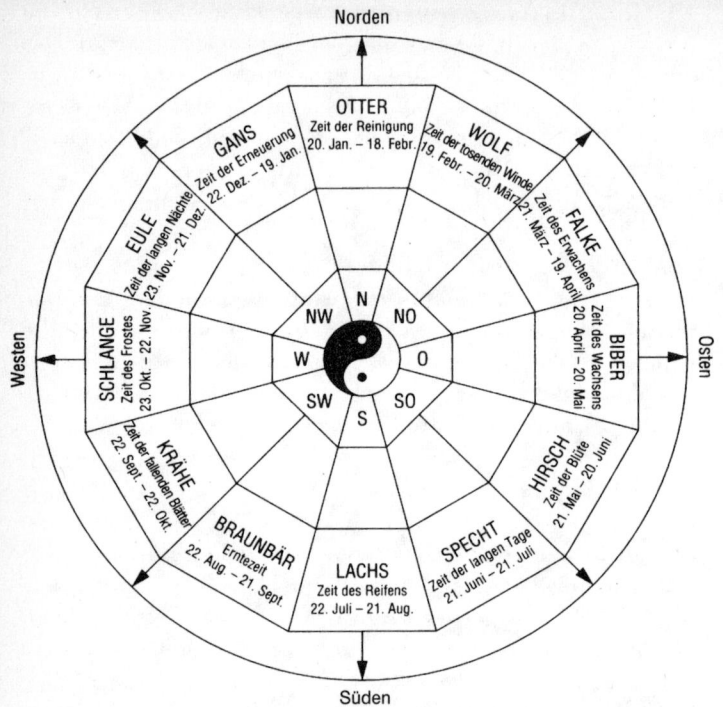

Norden

OTTER
Zeit der Reinigung
20. Jan. – 18. Febr.

GANS
Zeit der Erneuerung
22. Dez. – 19. Jan.

WOLF
Zeit der tosenden Winde
19. Febr. – 20. März

EULE
Zeit der langen Nächte
23. Nov. – 21. Dez.

FALKE
Zeit des Erwachens
21. März – 19. April

SCHLANGE
Zeit des Frostes
23. Okt. – 22. Nov.

BIBER
Zeit des Wachsens
20. April – 20. Mai

KRÄHE
Zeit der fallenden Blätter
22. Sept. – 22. Okt.

HIRSCH
Zeit der Blüte
21. Mai – 20. Juni

BRAUNBÄR
Erntezeit
22. Aug. – 21. Sept.

LACHS
Zeit des Reifens
22. Juli – 21. Aug.

SPECHT
Zeit der langen Tage
21. Juni – 21. Juli

Westen

Osten

Süden

NW · N · NO · W · O · SW · S · SO

Abb. 16: Das Erd-Medizinrad mit den Totemtieren, die mit den zwölf Zeitabschnitten assoziiert werden – die beeinflussenden »Monde« oder Monate des Jahres.

helfen und unterstützen und uns beim Wachsen und Gedeihen in allen Bereichen unseres ganzen Seins helfen.

Die Erd-Medizin gibt uns Anhaltspunkte über unsere einzelnen Persönlichkeitsmerkmale und über die Art der wahrscheinlich auftretenden Herausforderungen und Lebenslektionen, damit unser innerstes Selbst veredelt und unser evolutionärer Fortschritt gefördert wird. Erd-Medizin verhilft

88

uns also zu besserer Selbsterkenntnis und somit auch dazu, dahin zu gelangen, wohin wir kommen wollen.

Folgende Zusammenfassung listet die Charakteristika jener zwölf Zeitabschnitte und ihr jeweiliges Totemtier auf.

 ### Falke (21. März – 19. April): Die Zeit des Erwachens

Sie sind zu einer Zeit im Jahreszyklus geboren, in der die schlafenden Naturkräfte zu neuem Leben erwachen. Auch Sie begeistern sich leicht, schwelgen im Augenblick, vergessen die Vergangenheit und sorgen sich wenig um die Zukunft. Sie erfreuen sich am Jetzt!

Wie Ihr Totemtier erkunden Sie gern neue Orte, neue Erfahrungen und neue Ideen. Mit Begeisterung gehen Sie an neue Herausforderungen heran; doch wenn Sie etwas nicht sofort bekommen, mangelt es Ihnen leicht an Durchhaltevermögen.

Das Ziel und der Zweck Ihres Lebens besteht zum Teil darin, Ausdauer zu erlernen und eine Situation lange genug auszuhalten, damit sie Früchte tragen kann. Sie müssen aus der Naturbetrachtung lernen: zuerst ist da der Samen, dann der Schößling, Knospe, Blume, Frucht und wieder zurück zum Samen – alles in der richtigen Reihenfolge und ein jedes zu seiner Zeit.

Falken sind voller Tatendrang, aber impulsiv, so daß sie sich zu unklugen Entscheidungen verleiten lassen. Die Herausforderung Ihres Lebens besteht darin, Ihre Ambitionen auf den Boden der Tatsachen zu bringen, was Ausdauer erfordert. Es werden sich deshalb in Ihrem Leben wahrscheinlich bestimmte Situationen wiederholen, um Ihnen die Gelegenheit zu geben, Ihre Impulsivität zu zügeln und Geduld und Demut zu entwickeln.

Hauptaufgaben: Zu entdecken, daß Glück durch Teilen entsteht, daß Individualität nicht selbstsüchtig zu sein braucht, sondern viel erfüllender ist, wenn sie mit anderen harmoniert.

89

Biber (20. April – 20. Mai): Die Zeit des Wachsens

Sie sind in einer Zeit einschneidender Wandlungen im Jahreslauf geboren, wenn das neue Leben Wurzeln schlägt. Sie streben nach sicherem Fortschritt, einem Fundament, auf dem man bauen kann, und Dauerhaftigkeit. Ihre Energie äußert sich konstruktiv und in organisatorischen Fähigkeiten, bis zu dem Punkt, daß Sie das Leben anderer »deichseln« wollen. Wie der Biber sind auch Sie zu schwerer Arbeit und Ausdauer fähig, immerzu damit beschäftigt, an Ihrer Umgebung und Ihren Arbeitsbedingungen etwas zu verbessern. Sie lernen schnell und entscheiden sich langsam, sind kreativ, aber mehr mit materiellem Wohlergehen als idealistischen Grundsätzen befaßt. Von Natur aus warmherzig und voller Zuneigung, können Sie schroff und rachsüchtig werden, wenn jemand Sie verärgert.

Biber machen sich viel aus mit Bequemlichkeiten und Annehmlichkeiten verbundenem Besitz, müssen sich aber vor zu viel Besitzstreben und Selbstverwöhnung hüten. Sie sind sehr fleißig, können Aufgaben auch innerhalb strenger Auflagen erledigen und haben den Willen, alles sicher und stabil zu machen.

Ein Teil Ihres Lebensziels liegt darin, den Unterschied zwischen Flüchtigem und Dauerhaftem zu erkennen.

Hauptaufgaben: Ihre schlimmsten Gefühlstraumata erleben Sie wahrscheinlich dort, wo sich Zuneigung in enge zwischenmenschliche Beziehungen wandelt und dann besitzergreifend wird. Durch mühevolle Erfahrung können Sie Flexibilität, Anpassungsfähigkeit und Mitgefühl lernen. Sie müssen anderen »Raum« für sich selber gewähren, wie Sie auch »Raum« für sich beanspruchen.

Hirsch (21. Mai – 20. Juni):
Die Zeit der Blüte

Sie sind im letzten Frühlingszyklus geboren, wenn die Bäume in vollem Grün stehen und die Blumen blühen, und Sie streben nach Anregung und Vielfalt. Ihre Energie drückt sich durch plötzliche Veränderungen aus – Sie sind in manchen Fragen wetterwendisch, schäumen geradezu über, wenn Ihnen etwas zusagt, und verfallen bei anderen Themen in Teilnahmslosigkeit.

Wie Ihr Totemtier sind Sie empfindsam – erkennen schneller die Bedürfnisse und Gefühle anderer als Ihre eigenen – und neigen zur Launenhaftigkeit. Sie sind findig, können aus den einfachsten Dingen das Beste machen. Sie begeistern sich leicht für das, was Ihnen ins Auge fällt, lassen sich aber schnell ablenken und neigen zu Sprunghaftigkeit.

Sie sind warmherzig und zärtlich, aber durch Ihre Launen können Sie die innigsten Beziehungen zerstören, wenn Sie sich nicht in den Griff bekommen. Sie sind sehr neugierig und lieben die Abwechslung, so daß Sie sich auf neue Erfahrungen einlassen. Obwohl Sie nach Abwechslung streben, bringen eine warme, fröhliche Atmosphäre und ein Partner mit einer positiven Einstellung das Beste in Ihnen zum Vorschein. Ein wesentliches Lebensziel liegt darin, den Wert der Selbstdisziplin und Beständigkeit zu erkennen. Viele Ihrer seelischen Verletzungen sind dadurch entstanden, daß Sie nicht lange genug ausgehalten haben, um die Früchte Ihrer Anstrengungen zu ernten.

Hauptaufgaben: Ihre Freundschaftsbrüche zeigen Ihre innere Zerrissenheit. Sie lernen, wie Sie scheinbar Gegensätzliches, aber in Wirklichkeit Komplementäres miteinander in Einklang bringen.

Specht (21. Juni – 21. Juli): Die Zeit der langen Tage

Ihr Geburtsmonat ist gekennzeichnet durch den Sommeranfang, wenn die Versprechen des Frühlings zur Vollendung kommen. Die in dieser Zeit Geborenen leben nährende und schützende Eigenschaften aus, die während der Sommersonnenwende und den längsten Tagen des Jahres in der Natur augenscheinlich werden. Ihr Energieausdruck befaßt sich mit der Kanalisierung von Liebe. Dies zeigt sich in Ihrer Opferbereitschaft zugunsten Ihnen Nahestehender, die sogar bis zu selbstauferlegtem Leid reichen kann.

Wie Ihr Totemtier wollen Spechte nichts loslassen, was sie als ihr rechtmäßiges »Eigentum« betrachten, dies erstreckt sich sogar auf zwischenmenschliche Beziehungen. Gefühlvoll und empfindsam, doch besitzergreifend und verletzlich, verhalten sich Spechte warmherzig und einfühlsam gegenüber Nahestehenden, aber oft kühl und distanziert gegenüber Fremden. Sie sind leicht gekränkt. Enttäuschungen oder Mißerfolge können Selbstmitleid, Vorwürfe und Bitterkeit auslösen.

Trotz Ihrer Herzlichkeit sind Sie nachtragend, wenn jemand eine Ihrer Schwächen aufdeckt oder Ihre Sicherheit bedroht. Ihre blühende Phantasie verleitet Sie leicht zum Übertreiben oder dazu, sich grundlos Sorgen zu machen.

Hauptaufgaben: Lernen Sie den Augenblick schätzen. Grübeln Sie nicht über Vergangenes oder Zukünftiges nach, sondern erkennen Sie, daß Wandel nur im Jetzt geschieht!

Die Herausforderungen Ihres Erdendaseins sollen Sie durch die Erfahrung von Nähe reifen lassen. Seelische Belastungen und Ängste entstehen oft durch zu zähes Festhalten an etwas, das seinen Zweck erfüllt hat, und durch das Verwechseln von Treue mit Liebe. In der Fähigkeit loszulassen erweist sich oft die wahre Liebe.

92

Lachs (22. Juli – 21. August):
Die Zeit des Reifens

Ihr Geburtstag fällt in jene an Aktivität reiche Zeit, wenn die Sonne den Gipfel ihrer Kraft erreicht und die ganze Natur ihre Früchte in Fülle hervorbringt. Ihre Energie drückt sich in liebevoller Sorge und begeisterter Aktivität aus, die nach engen Beziehungen und dem starken Gefühl des Erwünschtseins strebt.

Ihre Tatkraft, Begeisterung und Warmherzigkeit sind große Pluspunkte, aber Sie dürfen Selbstvertrauen nicht in Überheblichkeit und unnachgiebige Haltung ausarten lassen. Sie können sehr gut andere leiten, doch können Probleme auftauchen, wenn Sie sich zu sehr in die Belange anderer einmischen. Sie sollten Ihrem Totemtier nacheifern, indem Sie keine Wogen der Unruhe und unnötigen Spannungen bei Ihrem Weg durch die Wasser des Lebens aufwühlen.

Durch Enttäuschungen oder Anfeindungen kann Ihre gewohnte Zuversicht in Trübsinn umschlagen. Sie brauchen Liebe und Zärtlichkeit für Ihr Wohlergehen und sind aufgrund Ihrer intensiven Gefühle leichter als andere zu verletzen. In diesem Leben müssen Sie lernen, Ihrer Gefühle Herr zu werden.

Hauptaufgaben: Sie sehen sich oft Situationen ausgesetzt, die Ihren sturen Widerstand gegen Veränderung herausfordern. Sie müssen größere Anpassungsfähigkeit lernen, indem Sie ein Gefühl für die emotionalen Bedürfnisse anderer entwickeln. Sie müssen auch lernen, daß wahre Erfüllung nicht durch ungestümes Machen zu finden ist, sondern indem man den Dingen ihren Lauf läßt.

93

Braunbär (22. August – 21. September): Die Erntezeit

Ihr Geburtstag fällt in die Zeit des Jahres, in der die Saat erntereif wird. Ihre Energie drückt sich somit in dem praktischen Bestreben aus, die Fülle der Ihnen innewohnenden Möglichkeiten auszuschöpfen. Wie Ihr Totemtier stehen Sie lieber auf eigenen Füßen, als sich auf andere zu verlassen. Dem Wandel gegenüber nicht eben aufgeschlossen, bevorzugen Sie das Bekannte gegenüber dem Neuen.

Sie verstehen sich auf Reparaturen, egal ob es sich um kaputte Dinge oder eine Störung im Leben Ihnen nahestehender Personen handelt. Trotz Ihrer praktischen Ader verfügen Sie über eine lebhafte Vorstellungskraft; Ihre Phantasie läßt Sie bisweilen Dinge im falschen Licht wahrnehmen. Bleiben Sie mit den Füßen fest auf dem Boden der Wirklichkeit, dann werden Ihre Ideen zum Ansporn für handfeste Leistungen.

Hauptaufgaben: Wonach Sie auch suchen, Sie finden es da, wo Sie sind. Sie lernen zu erkennen, wann Sie Kraft anwenden müssen, um etwas zu verändern, und wann Sie Unveränderliches hinnehmen müssen.

Krähe (22. September – 22. Oktober.): Die Zeit der fallenden Blätter

In dieser Zeit zeigt die Herbst-Tagundnachtgleiche ein Verlangsamen der Natur als Vorbereitung auf die bevorstehende Erneuerung in der Winterzeit an. Die Energie der jetzt Geborenen drückt sich in Festigung und Entwicklung der inneren Reichtümer als Vorbereitung auf die äußeren Herausforderungen aus.

Die Krähe braucht die Gesellschaft anderer, um sich geborgen zu fühlen, und kann am besten im Team arbeiten. Sie zeigt Mitgefühl für andere und zieht auch den Standpunkt anderer in Betracht.

Sie sind unbeschwert; Zank, Durcheinander, Verwirrung und Gefühlstumulten abgeneigt, ziehen Sie Frieden um fast jeden Preis vor. Sie können gut organisieren und vermitteln, lassen sich aber nicht gern zu vorschnellen Entscheidungen drängen. Die Herausforderungen in Ihrem Leben werden Ihre Fähigkeit, zu teilen und mit anderen zusammenzuarbeiten, bei gleichzeitiger Bewahrung Ihrer Individualität und Unabhängigkeit auf die Probe stellen.

Hauptaufgaben: Erlangen der inneren Stärke, die aus dem entschlossenen Handeln nach eigenen Überzeugungen kommt, Erlangen von Weisheit als Folge richtiger Entscheidungen.

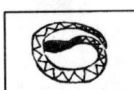 ### Schlange (23. Oktober – 22. November): Die Zeit des Frostes

Dies ist die Dämmerung im Jahreslauf so kurz vor dem Winter, vergleichbar dem Sonnenuntergang im Tageslauf. Die jetzt Geborenen sind sowohl den sichtbaren wie auch den unsichtbaren Aspekten des Lebens verbunden. Sie verspüren Neugier, das nicht immer Sichtbare aufzudecken.

Wie die Schlange, die sich häutet und erneuert, können auch Sie sich von früheren Bindungen lösen, die Vergangenheit hinter sich lassen und viel leichter als die meisten anderen Menschen Ihr Leben grundlegend ändern. Sie sprudeln über vor Ideen, obwohl Sie leicht enttäuscht sind, wenn sich die gewünschten Änderungen nicht schnell genug verwirklichen lassen. Neuen Situationen passen Sie sich gut an. Dank Ihrer Kraft und Ausdauer können Sie sogar aus widrigen Situationen und Gegebenheiten das Beste machen. Sie erklimmen die Höhen der Verzückung und stürzen in die Tiefen der Verzweiflung.

Hauptaufgaben: Ihre Ungeduld verursacht Ihnen Schmerz und Unbehagen; doch lernen Sie dadurch die Bedeutung des richtigen Augenblicks kennen. Wenn Sie scheinbar furchterregenden Aufgaben und schwierigen Prüfungen gegenüberstehen, zeigt sich Ihr Erneuerungsvermögen, das Sie zur Umwandlung dessen, was war, in das, was sein könnte, befähigt. Solche Herausforderungen können Sie zur Überschreitung Ihrer eigenen Grenzen treiben.

 *Eule (23. November – 21. Dezember): Die Zeit der langen Nächte*

In dieser Zeit des Jahreslaufs ist die Luft frisch und klar. Die jetzt Geborenen kennen ihre Bedürfnisse und ihre Ziele.

Wie Ihr Totemtier haben Sie ein Gespür für Einzelheiten und sind wißbegierig. Sie entfliehen langweiligen Situationen und sind gern allein, um nachzudenken. Sie sind erfinderisch, selbstsicher und können sich problemlos an eine neue Umgebung oder veränderte Situation anpassen. Von einem inneren Drang erfüllt, greifen Sie neue Möglichkeiten auf und nehmen Herausforderungen an. Sie brauchen die Wärme enger zwischenmenschlicher Beziehungen und klammern sich gern an einfühlsame und hilfreiche Personen. Aufgrund Ihres Widerwillens gegen jegliche Einengung blühen Sie dann auf, wenn Sie sich frei entfalten können.

Hauptaufgaben: Lernen Sie, Ihre Potentiale nicht zu verzetteln. Streben Sie nach innerem Sehvermögen, damit Sie auch jenseits des Offensichtlichen Dinge wahrnehmen, und nach Warmherzigkeit, damit Sie mit jenen, die im Dunkel stolpern, fühlen.

 *Gans (22. Dezember – 19. Januar): Die Zeit der Erneuerung*

Ihr Geburtstag fällt in die unfruchtbarste Zeit des Jahres, doch auch in die Zeit des Neuanfangs, wenn die schlafende Natur sich bald wieder belebt.

Wie Ihr Totemtier verfügen Sie über Weitsicht und die Bereitschaft, Neuland zu erkunden. In der Verbindung mit reiner

Absicht wird dann das scheinbar Unmögliche erreichbar, sofern Sie nicht Ihr Ziel aus den Augen verlieren.

Sie bleiben gern in Bewegung und bringen etwas zustande, also nehmen Sie Aufgaben begeistert in Angriff. Dank Ihres inneren Strebens nach Perfektion erledigen Sie sogar gewöhnliche Aufgaben außergewöhnlich gut. In Gesellschaft von Personen mit niedrigeren Maßstäben oder bei vergleichsweise unbedeutenden Aufgaben sind Sie schnell aufgebracht. Von Natur aus vernünftig, hegen Sie kluge Wertvorstellungen, aber wegen Ihres Idealismus werden Sie manchmal mißverstanden.

Ihre Lebensherausforderung besteht im Erlernen, die Dinge zur Vollendung zu bringen, und so Wissen zu erlangen.

Hauptaufgaben: Ihre Aufgaben leiten sich von Ihrem Bemühen nach Ordnung und Bewahren her, denn deren Sinn liegt darin, Sie Selbstbewußtsein und Unabhängigkeit zu lehren, damit Sie Ihre Identität finden.

 *Otter (20. Januar – 18. Februar): Die Zeit der Reinigung*

Im mittleren Winterabschnitt wird die Erde als Vorbereitung auf neues Leben gereinigt. Die in dieser Zeit Geborenen sind Umweltschützer und Visionäre.

Wie der Otter, so übertreffen auch Sie sich an Ordnungssinn und brauchen Sauberkeit zu Hause und am Arbeitsplatz. Sie verfügen über einen rührigen Verstand und sind gern mit anderen Menschen zusammen, obwohl Sie sich gern zu viele Verpflichtungen aufhalsen. Sie verbessern die Dinge auf vernünftige Weise, aber scheuen vor zu vielen Einschränkungen und Regeln zurück. Sie haben einen Sinn für Originalität und können recht erfinderisch sein, aber Ihre Ideen sind bisweilen verstiegen.

Hauptaufgaben: Den Mut zu finden, mehr nach dem inneren »Wissen« als nach den Erwartungen anderer zu handeln. Sie müssen lernen, Ihre Vorstellungen trotz widriger Umstände und gegen Widerstand zu verwirklichen.

97

Wolf (19. Februar – 20. März): Die Zeit der tosenden Winde

Ihr Geburtstag fällt in eine »Zwischenzeit« im Jahreslauf und eine Zeit des raschen Wandels in Erwartung neuen Lebens, das bald in der Natur sprießen wird.

Wie Ihr Totemtier sind Sie überaus empfindsam und intuitiv, können die geheimen Haltungen und Absichten anderer erkennen. Aufgrund Ihres Mitgefühls sind Sie möglicherweise leichtgläubig und leiden an Gefühlsaufwallungen, wenn Sie sich von Ihren Emotionen bestimmen lassen. Sie lieben das Schöne und erfreuen sich an schöpferischem Tun. Nehmen Sie sich Zeit für Ihre Ausdrucksmöglichkeiten, dadurch können Sie sich von den so oft an Sie gestellten Anforderungen erholen und sich innerlich regenerieren.

Hauptaufgaben: Die ständig an Sie gestellten Forderungen besser unterscheiden lernen. Lernen Sie, sich aus einschränkenden und einengenden Verwicklungen zu befreien, damit Sie Ihren Horizont erweitern können.

Da sich die Zeitsegmente der Erd-Medizin auf die Jahreszeiten und den natürlichen Jahreskreislauf beziehen, unterscheiden sich die Richtungen auf der südlichen Erdhalbkugel ebenso wie die Totemtiere von denen der nördlichen Hemisphäre. In der nördlichen Hemisphäre fängt der Frühling am 21. März mit der Frühlings-Tagundnachtgleiche an, und der Falke ist das Totemtier für die zwischen dem 21. März bis 19. April Geborenen. In der südlichen Hemisphäre hingegen ist am 22. September Frühlingsanfang, der Falke das Totemtier für die zwischen dem 22. September und 22. Oktober Geborenen. Auf der Erd-Medizinkarte tauschen Norden und Süden sowie Osten und Westen ihre Positionen (vgl. Abb. 17).

In der Astrologie sind die Sternzeichen in beiden Hemisphären gleich, da sie durch den Tierkreis bestimmt werden, einen festgelegten imaginären Gürtel um die gesamte Erde, auf dem die Sternenkonstellationen verkörpert sind.

Obwohl Menschen, die im selben Monat oder am selben Tag geboren sind, ähnliche Grundeigenschaften teilen, muß dennoch die Einzigartigkeit eines jeden Menschen betont werden. Die Erd-Medizin gibt uns lediglich Hinweise, die uns die Natur unserer Energiemuster und Potentiale verstehen helfen sollen. Von viel größerer Bedeutung hingegen ist, daß die Erd-Medizin uns die Notwendigkeit zeigt, bei der Suche nach Erklärungen, warum wir so sind, wie wir sind, eher nach innen als nach außen zu schauen.

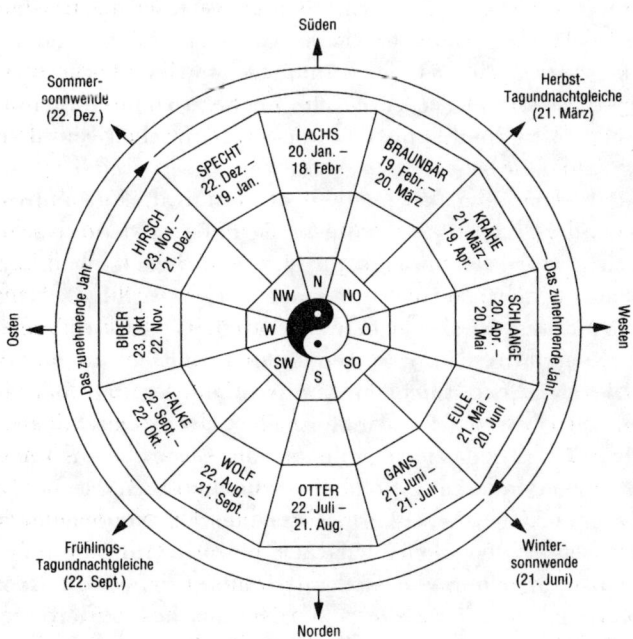

Abb. 17: Das Erd-Medizinrad für die südliche Hemisphäre.

99

Nur wenn wir in der Gegenwart leben, können wir die lebende Gegenwart erfahren, die sich nicht außen und außerhalb unserer Reichweite befindet, sondern in jedem Augenblick eines immergegenwärtigen Jetzt in uns liegt.

6. Kosmische Einflüsse

Sie sind ein Universum. Das Universum, das Sie sind, ist eine Miniaturausgabe des größeren Universums und wirkt nach gleichartigen Gesetzen. Wenn Sie sich selbst verstehen, dann verstehen Sie auch, wie das Universum wirkt, und umgekehrt, weil Sie das Universum sind und es auch in Ihnen wirkt. Sie nehmen feinstoffliche Energien von den Sternen, Planeten, Sternbildern und anderen kosmischen Einflüssen auf, und diese beeinflussen zu einem gewissen Grad Ihr Wesen und Ihre Wirkung auf andere. Unter den Kräften des Universums gibt es kosmische Einflüsse, die auf dem Medizinrad als Speichen vermerkt sind. Es sind die Himmelsrichtungen, doch handelt es sich dabei nicht um geographische Richtungen, sondern um Wege, auf denen man sich den gewaltigen Kräften, die den Energiestrom beeinflussen, *nähern* kann.

Diese Kräfte sind nicht auf eine bestimmte Richtung oder ein genaues Segment des symbolischen Gewahrseins-Rads beschränkt. Es gibt sie überall um uns herum, oben, unten, außer- und innerhalb von uns. Sie durchtränken alle Schichten unseres Seins – die körperliche, mentale, emotionale und spirituell-*geistige*. So kennzeichnet eine »Richtung« auf dem Medizinrad keine Stelle, an der bestimmte Kräfte *geortet* werden können, sondern sie zeigt, wie man sich ihnen nähert, denn die Richtung, aus der man sich ihnen *nähert*, beeinflußt die *Antwort* der Kräfte darauf.

100

Selbsterkenntnis mit Hilfe
des Medizinrads

Ehe wir die Natur dieser kosmischen Kräfte untersuchen, müssen wir mehr über das Medizinrad wissen. Es dient in erster Linie als symbolisches vieldimensionales Mittel, mit dessen Hilfe Verbindungen zu kosmischen Kräften und natürlichen Energien hergestellt und das Gleichgewicht zwischen der Natur und dem Individuum erreicht werden kann. Es wirkt auf allen Ebenen – körperlich, mental, spirituell-*geistig* – und kann vielseitig eingesetzt werden. Hier möchten wir uns auf seinen Hauptzweck – als Mittel zur Selbsterkenntnis durch den Gleichklang mit den unser Leben und unsere Umwelt beeinflussenden Naturenergien – beschränken und ihn untersuchen.

Das Rad selbst ist ein von einem Kreis umschlossenes Kreuz. Der Kreis verkörpert die Gesamtheit des Raumes im ganzen Universum. Er versinnbildlicht auch unseren eigenen persönlichen Raum und alles in uns und um uns als Individuen.

Das Medizinrad ist ein universelles Mandala und der gesamten Menschheit, nicht nur den Indianern dienlich, weil es als Katalysator aller anderen Systeme wirkt. Ein Katalysator treibt Wandel voran, ohne ihm selbst unterworfen zu sein, aber das Medizinrad geht noch darüber hinaus. Es wirkt als ein Prozeß der *Integration*, vereint also die verschiedenen segmentierten Teile in einem kooperierenden Ganzen. Somit vereint das Medizinrad nicht nur jene Aspekte unseres Seins, die wir als getrennt zu betrachten gelernt haben, damit sie wieder im Einklang miteinander schwingen; es bringt uns auch in harmonische Beziehungen mit anderen Lebewesen und den Kräften des Universums!

Wie ein Autokatalysator, der giftige Abgase in ökologisch verträgliche umwandelt, ist das Medizinrad ein Mittel, unser verunreinigtes Selbst in ein Selbst zu verwandeln, das sich im Einklang mit dem Universum befindet. Umweltschadstoffe vergiften und schänden die natürliche Umgebung, und genau das gleiche tun wir Menschen mit der Erde und den kosmischen Kräften des Universums durch den falschen Gebrauch unseres Geistes und unseren Dienst am Ego-Selbst.

In manchen mystischen Lehren nannte man die Beziehungen zwischen verschiedenen Lebewesen, Körpern, Objekten und Dingen, die eine oder mehrere Gemeinsamkeiten teilen, »Korrespondenzen«. Dieses Wort leitet sich aus dem lateinischen »cum respondere« ab, was »versprechen oder verpfänden« bedeutet. Es bezieht sich auf Verantwortung – die Fähigkeit, auf etwas einzugehen. Somit bedeutet »Korrespondenz« im modernen Schamanismus eine Beziehung zwischen verschiedenen Wesen, Kräften, Substanzen und Energien, die eine Reaktion auslöst. Unsere Verantwortlichkeit als menschliche Wesen besteht in der Erkenntnis, daß das innere und das äußere Leben gleich sind. Um die Außenwelt zu ändern, müssen wir uns erst innerlich ändern. Eben davon handelt das Medizinrad.

Wenn man es im Freien aufstellt, liegen um den Mittelpunkt des Medizinrades acht Steine, die nicht nur den Angelpunkt, um den sich alles dreht – individuelles Gewahrsein –, sondern auch den von innen kommenden Ursprung von Licht und Leben, Liebe und Gesetz verkörpern. Sie zeigen den Doppelaspekt des Energiegebrauchs – Geben und Nehmen, Halten und Entscheiden (oder Wählen). Weitere acht Steine bilden den Rand des Kreises und kennzeichnen die Haupthimmelsrichtungen sowie die Zwischenhimmelsrichtungen. Diese Steine verkörpern die dem Universum und dem Individuum innewohnenden Kräfte und werden im gleichen Abstand plaziert, damit sie an das kosmische Gesetz der Harmonien oder Oktaven erinnern. Acht weitere Steine werden zu Kreuzbalken gelegt, sie stehen für die Pfade zu innerer Kraft und Selbstveredelung.

Das Medizinrad kann auch als ein von einem Kreis umschlossenes Kreuz verkörpert werden – ein Kreis des Gewahrseins, der als Spiegel enthüllt, wie das eigene Leben mit Ener-

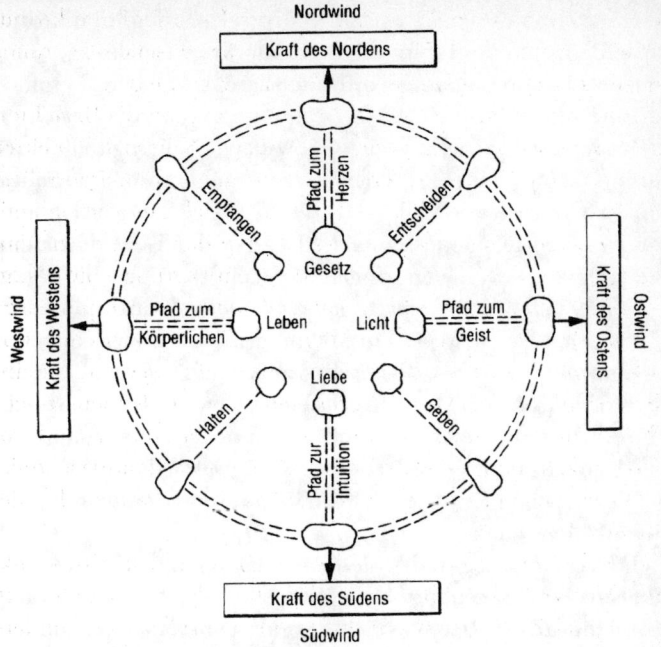

Abb. 18: Das Medizinrad zeigt die in seinem Mittelpunkt liegenden Kraftquellen, die Doppelkräfte des Energiegebrauchs, die die persönliche Befähigung beeinflussen, und die Annäherungswege an die kosmischen Kräfte des Universums.

gie geladen und geformt wird und wie alles mit allem in Verbindung steht.

Das Medizinrad der nordamerikanischen Indianer und der Kreis westlicher Mystik symbolisieren das gleiche, aber aufgrund ihrer unterschiedlichen Ausrichtung wirken sie anders und bewirken Unterschiedliches. Der mystische Kreis betont z. B. die Willensentscheidung – also Wahlfindung und Entscheidung durch intellektuelle Schulung und dem Ego als wünschenswert, angemessen und dienlich erscheinende Kriterien.

Der Kreis richtet sich zur Formung in Übereinstimmung mit dem Willen aus und dient dem Machtgewinn, um das Erstrebte auch zu bekommen und Einfluß auszuüben. Zudem betont er den Eigennutz.

Wörterbücher definieren den Willen als Fähigkeit, etwas herbeizuführen. Also ruft der Wille tatsächlich ein Geschehnis ins Leben. Der freie Wille ist somit die Freiheit, etwas Erstrebtes zu verursachen, um es entstehen zu lassen. Er ist die Schöpferfähigkeit sowohl von Dingen wie von Situationen. *Er ist eine schöpferische Kraft des Universums!* Jeder von uns verfügt über einen freien Willen und benutzt ihn entweder eigennützig, um die Bedürfnisse des Selbst zu befriedigen, wodurch anderen Menschen und anderen Lebensformen etwas genommen wird, oder aber zum harmoniestiftenden Energieaustausch, weil sie dann mit anderen *geteilt* wird. Der Wille lenkt unsere schöpferischen Kräfte und kann vom Ego oder dem spirituellen *Geist* gesteuert werden.

Die Ausrichtungen des Medizinrads zeigen die Annäherung an Entscheidungen mit dem spirituellen *Geist*. Diese Annäherung umfaßt die bereitwillige Teilnahme und das Zusammenwirken auf allen Seinsebenen und mit allen Lebensformen. Dadurch schafft man in seiner Umgebung Ausgewogenheit, Harmonie und Schönheit und benutzt Energie zum Selbstausdruck. Harmonie bringt die Entwicklung des Individuums mit der des Ganzen ins Gleichgewicht und wirkt auf den vieldimensionalen Ebenen des Universums.

Die vier Richtungen

Bei den vier »Richtungen« handelt es sich um vier gewaltige *Kräfte* – um kosmische Intelligenzformen, deren Vorhandensein alle Lebewesen, die Umwelt und die Erdatmosphäre gleichermaßen beeinflußt. Diese Intelligenzformen gehören einer die körperliche und mentale Wirklichkeit überschreitenden Dimension an. Indem sie Bewegung erzeugen, beeinflussen sie das, was sich in der Natur manifestieren wird. Sie sind deshalb weit mehr als philosophische Begriffe, metaphysische Grundsätze oder religiöse Überzeugungen, denn sie sind *geistige Wirklichkeiten*, die die Natur und das Universum steuern! In einigen Kulturen nannte man sie die *vier Winde*, weil sie, wie Geister, nicht gesehen, aber wie der Wind durch ihren Einfluß auf die Umgebung wahrgenommen werden können. In manchen Kulturen verehrte man sie als »Götter« oder »Erzengel« – die höchsten Himmelswesen –, weil sie die lebenserhaltenden Systeme des Universums steuern und lenken. Einige Indianerstämme nannten sie »Spirit-Keepers« oder »Geist-Hüter«, weil sie das Universum schützen und umsorgen. Trotz ihrer ehrfurchtgebietenden Kräfte wurden sie nicht gefürchtet, sondern als zugänglich und gütig erachtet. Diesen kosmischen Energien, die sich vor allem mit der Erhaltung der Natur und Struktur der zur Manifestation kommenden Dinge, weniger mit den Formen selbst befassen, schrieb man zu, sich ohne physisches Hilfsmittel ausdrücken zu können.

Als Verkörperung dieser »*Geist-Hüter*« und symbolische »Verbindungen« dienten Totems. Das Totem des *Nordens* ist der Büffel, ein Tier, das die Indianer mit allem zum Überleben Nötigen versorgte, deshalb verweist es auf friedliche geballte Kraft. Das Totem des *Westens* ist der Grizzly, der für innere Stärke und Innenschau steht. Das Totem des *Ostens* ist der Adler, der Vogel, der sich auf seinem Flug sehr weit der Sonne nähert – der Quelle von Licht und Strahlung. Das Totem des *Südens* ist die Maus, ein Tierchen von schnellem Wachstum; damit wird betont, daß man Kraft nicht mit Größe verwechseln darf. Ihre Barthaare verweisen auf die Bedeutung der »Nähe« zu den Dingen und der Kraft der Gefühle.

Was auch immer mit einer solchen Richtungskraft durch ein spirituell-*geistiges*, mystisches, magisches oder metaphysisches Gedankengebäude verbunden wird, richtet sich mit seinem Energieausdruck danach aus. Früher oder später wird das Individuum die Folgen seiner Annäherung an die Kraft erfahren. Die Richtung ist deshalb von grundlegender Bedeutung, ebenso der Beweggrund und die Absicht, aus der heraus man etwas tut.

Das Motiv, warum man etwas tut, ist der Anstoß für die Bewegung und verursacht eine bestimmte Handlung. Es ist eine erzeugende Kraft und treibt tatsächlich eine Handlung voran. Die Absicht hat mit dem Ziel zu tun. In meiner modernen Form des Schamanismus ist das Motiv immer Liebe und Harmonie, so daß das Erreichte immer dem letztendlichen Vorteil einer oder mehrerer betroffener Personen oder Wesen dient, um Harmonie und Gleichgewicht herzustellen oder zu erhalten. Die Absicht hingegen richtet sich immer auf einen bestimmten Zweck.

Feng-Shui

Im alten China nannte man das In-Einklang-Kommen mit den kosmischen Kräften der Umgebung Feng-Shui, was »Wind und Wasser« bedeutet. In der Tat suchte man den Rat des Feng-Shui-Meisters bei der Suche nach dem besten Bauplatz für ein Haus oder der Lage seiner Türen und Fenster, damit jeder Teil des Gebäudes mit den Richtungskräften harmonierte. Noch heute arbeiten Feng-Shui-Berater in den chinesischen Gemeinden bedeutender Weltstädte und führen diese mindestens 3000 Jahre alte Tradition weiter. Im Grunde geht sie aber noch viel weiter auf ganz frühe schamanische Einflüsse zurück.

Die Begriffe »Wind« und »Wasser« beschreiben nicht nur die Kräfte, die unsere natürliche Umgebung formen, sondern auch die *Lebendigkeit*, die sie befähigt, die Umgebung weiter zu beeinflussen. Feng-Shui diente jedoch nicht zur Steuerung und Unterwerfung der Umwelt, sondern einem achtungsvollen und harmonischen Leben darin, indem man sich nach ihren positiven Kräften ausrichtete und eventueller negativer Einflüsse gewahr war.

Verbindung mit den Haupthimmelsrichtungen aufnehmen

Wenn wir mit den Naturkräften harmonieren und zusammenarbeiten, hilft und unterstützt uns die Umwelt. Wenn wir die Natur mit Füßen treten oder uns ihr egoistisch und harmoniestörend nähern, wird das Gleichgewicht mit bedrohlichen, manchmal katastrophalen Folgen gestört.

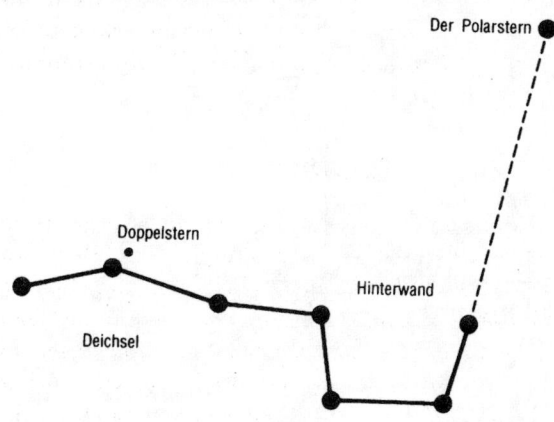

Abb. 19: Der Polarstern befindet sich in einer direkten Linie von der Hinterwand des Großen Wagens, eines Sternbilds von sieben Sternen, die sich um den scheinbar unbeweglichen Polarstern bewegen. Der sechste Stern des Sternbilds ist ein »Doppel«-Stern.

Auf der nördlichen Erdhalbkugel ist der Polarstern der Punkt, um den sich die Sterne zu drehen scheinen. Bei klarem Himmel kann man den hell strahlenden Polarstern leicht orten, indem man die Hinterwand des Großen Wagens fünfmal nach oben verlängert. Auf dem Medizinrad befindet sich der Norden oben auf dem Kreis, weil man von der Erde aus darauf schaut, als schaue man zum Polarstern.

In astrologischen und taoistischen Karten befindet sich der Süden oben, weil die Perspektive eine »himmlische« oder kosmische ist, als ob man vom Polarstern aus schaue. In jedem Fall wird eine Position in Zeit und Raum in Verbindung mit einem »festen«, unverrückbaren Punkt festgelegt – in diesem Fall dem Polarstern.

Auf dem Medizinrad befindet sich Osten auf der rechten, Westen auf der linken Seite des Kreises und der Süden unten.

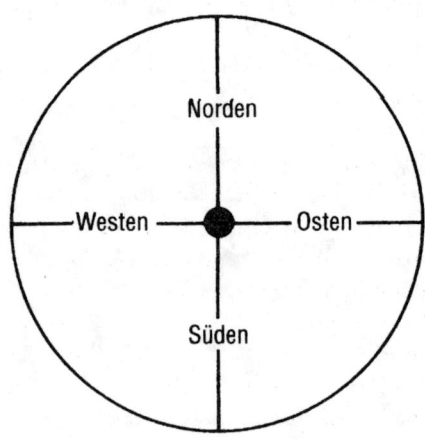

Abb. 20: Die Haupthimmelsrichtungen auf dem Medizinrad.

Durch die folgenden Erfahrungsübungen können Sie ein »Gefühl« für jede dieser Haupthimmelsrichtungen erlangen und persönliche Lehren aus der Verbindung mit ihnen ziehen.

ജ്ജ്ജ്ജ്ജ്ജ്ജ്ജ്ജ്ജ

9. Erfahrung
Verbindung mit der Kraft des Nordens aufnehmen

Gehen Sie in einer Vollmondnacht ins Freie.

Orten Sie den Polarstern und stellen Sie sich so auf, daß Sie gen *Norden* schauen. Jetzt richten Sie Ihre Aufmerksamkeit auf den Polarstern und werden Sie der Vollkommenheit der nahezu unmerklichen Bewegung gewahr, mit der sich die ganze Milchstraße um diesen scheinbar nadelgroßen Punkt dreht.

Stellen Sie eine »Verbindung« mit der Kraft des Nordens her, indem Sie sich dies einfach wünschen und sich in eine positive Erwartungshaltung versetzen.

Eine Qualität der Kraft des Nordens besteht in der *Erneuerung*. Durch die Verbundenheit mit der Kraft des Nordens können Sie Energie empfangen und in sich aufnehmen – eine Fähigkeit, sich zu erneuern: einen Neuanfang zu wagen, die Vergangenheit mit all ihren »Fehlern«, Schmerzen, Kümmernissen und Enttäuschungen hinter sich zu lassen.

Sie müssen nichts »tun«, nur empfänglich sein, damit Ihr Geist für neue Informationen aufnahmebereit ist, und entspannt, damit Ihr Körper auch Empfindungen wahrnehmen kann. Lassen Sie es einfach zu, daß die Kraft des Nordens Sie energetisiert. Sie trägt unter anderem auch *Klarheit* in sich, lassen Sie also die Kraft des Nordens die Konditionierungen beseitigen, die Sie in der Vergangenheit davon abgehalten haben, die Dinge so zu sehen, wie sie wirklich sind. Bitten Sie die Kraft des Nordens, Ihnen Klarheit zu vermitteln.

Danach gehen Sie wieder ins Haus und notieren Ihre Erfahrungen und persönlichen Lehren, die Sie erhalten haben.

ജ്ജ്ജ്ജ്ജ്ജ്ജ്ജ്ജ്ജ

ଈଔଈଔଈଔଈଔଈଔଈଔ

10. Erfahrung:
Verbindung mit der Kraft des Westens
aufnehmen

Gehen Sie zu dieser Übung am besten bei Sonnenuntergang ins Freie.

Schauen Sie nach *Westen*, beobachten Sie, wie die Sonne langsam am Horizont versinkt, entspannen Sie sich und lassen Sie zu, daß Sie in der weichen Golddecke aufgehen und sich mit der Fülle der Kraft des Westens »verbinden«.

In ihr liegt die Qualität der *Umwandlung*, die Sie jetzt körperlich spüren werden, lassen Sie sich also von der *Veränderung* spendenden Kraft berühren – der Kraft, die Sie zur Umwandlung Ihres bisherigen Selbst befähigt und von den Grenzen und Beschränkungen, in denen Sie gefangen sind, befreit und Sie in das wandelt, wozu Sie fähig sind: in ein größeres, *vollständigeres* Selbst.

Spüren Sie, wie dieser Wandel sich jetzt gerade in Ihnen vollzieht. *Denken Sie nicht darüber nach, spüren Sie es körperlich.*

Dann bitten Sie die Kraft des Westens, Ihnen eine Lehre über Wandel, Übergang und Umwandlung zu erteilen, und warten Sie auf eine Antwort.

Währenddessen wird die Sonne am Horizont verschwunden, der Tag Nacht geworden sein, und durch ebendieses Naturereignis verstehen Sie besser, daß Sie Ihre Vision erden und Ihre Spiritualität wieder zur physischen Wirklichkeit zurückbringen müssen.

Gehen Sie nach Hause, schreiben Sie Ihre Erfahrungen und die Ihnen übermittelte Botschaft auf.

ଈଔଈଔଈଔଈଔଈଔଈଔ

ಚಾಚಾಚಾಚಾಚಾಚಾಚಾಚಾಚಾ

11. Erfahrung:
Verbindung mit der Kraft des Ostens aufnehmen

Gehen Sie vor Tagesanbruch an eine Stelle unter freiem Himmel, wo Sie nicht durch Verkehrslärm gestört werden. Wenn Sie einen Garten haben, hervorragend. Wenn Sie in der Großstadt leben, müssen Sie eventuell für ein oder zwei Tage aufs Land fahren, um in passender Umgebung den Sonnenaufgang zu erleben.

Schauen Sie nach *Osten* und lauschen Sie der Stille der Nacht. Lassen Sie sich von der Stille wärmen, und erkennen Sie Töne in der Stille. Vor dem Sonnenaufgang werden sie zu den Anfängen eines Sonnenaufgangschors anschwellen, da die Vögel aus dem Schlaf erwachen und von der sanften Bewegung, die den Tag kündet, angerührt werden.

Mit dem Aufhellen am fernen Horizont nehmen Sie Verbindung mit der Kraft des Ostens auf, spüren Sie die Lebenskraft, die den neuen Tag anbrechen läßt. Spüren Sie, wie eine Kraft in Ihnen »erwacht« und jene Bereiche Ihres Lebens erhellt, die Sie bisher nicht verstanden haben.

Eine Eigenschaft der Kraft des Ostens ist die *Erleuchtung*, bitten Sie deshalb die Kraft des Ostens um eine Lehre der Erleuchtung.

Danach schreiben Sie Ihre Erfahrungen und empfangenen Lehren auf.

ಚಾಚಾಚಾಚಾಚಾಚಾಚಾಚಾಚಾ

ഇഗ്ഇഗ്ഇഗ്ഇഗ്ഇഗ്ഇഗ്

12. Erfahrung:
Verbindung mit der Kraft des Südens
aufnehmen

Suchen Sie sich für die Mittagszeit einen passenden Platz im Freien, einen Garten oder eine ruhige Stelle inmitten von Natur. Schauen Sie nach *Süden*, dem Sonnenstand zur Mittagszeit.

Seien Sie entspannt, aber wachsam, heben Sie den linken Arm, als wollten Sie mit der Hand die Sonne berühren. Strecken Sie sich nicht, strengen Sie sich nicht an – bewegen Sie sich ganz behutsam, während Sie mit der Sonne in Verbindung treten, um die *Nähe* ihrer Strahlung zu spüren. Beim Einatmen seien Sie eines inneren Glühens gewahr, Sie empfangen gerade die *Kraft* der Sonne. Fahren Sie eine Weile so fort, dann lassen Sie den Arm entspannt sinken.

Eine Qualität der Sonne besteht in der Anpassungsfähigkeit, bitten Sie deshalb die Sonne um Hilfe, damit Sie leichter im Strom des Lebens mitschwimmen und sich an die wechselnden Gegebenheiten anpassen können. Bitten Sie die Sonne um eine persönliche Lehre, die Ihnen zu mehr *Intuition* verhilft. Schreiben Sie gleich danach Ihre Erfahrungen und die empfangene Lehre auf.

ഇഗ്ഇഗ്ഇഗ്ഇഗ്ഇഗ്ഇഗ്

Die diesen »Geist-Hütern« innewohnenden Kräfte antworten entsprechend dem Motiv und der Absicht sowie der Richtung, aus der man sich ihnen genähert hat. Jede beeinflußt auch die Entwicklung Ihres Selbst.

Die *Kraft des Westens* regt die Intelligenz des physischen Körpers an und befähigt sie zur Arbeit mit den physischen Substanzen, die unseren Körper bilden.

112

Die *Kraft des Nordens* klärt den Verstand und reinigt unser mentales Sein.

Die *Kraft des Südens* befähigt und stärkt das intuitive »Selbst«.

Die *Kraft des Ostens* befähigt uns zur Erleuchtung durch plötzliche Eingebungen und Wissen durch unser innerstes »Selbst«, welches den edelsten Aspekt unseres ganzen Seins ausmacht.

Farben und die vier Kräfte

Jede der vier Kräfte steht auf dem Medizinrad mit einer Farbe in Verbindung – Weiß im Norden, Schwarz im Westen, Gelb im Osten, Rot im Süden –, weil die Farbe ein schwingender Ausdruck ihrer inhärenten Eigenschaften ist und zudem auf das menschliche Energiesystem wirkt. Es ist nicht ohne Bedeutung, daß Weiß, Schwarz, Gelb und Rot (Braun) auch die vier Farben der menschlichen Rassen bilden.

Die »Geist-Hüter« sind nichtfaßbare Schöpfungskräfte, die vielleicht das menschliche Vorstellungsvermögen übersteigen, doch Schamanen können Kontakt mit ihnen aufnehmen. Im folgenden einige ihrer wesentlichen Qualitäten, ihre Haupteinflußbereiche auf die menschliche Verfassung und ihre Totems.

Kraft des Nordens
Kraft der Erneuerung
Kraft der Stimulation
Kraft der Reinheit
Kraft der Klarheit
wichtigster menschlicher Aspekt:
der Geist
Haupteigenschaft: Intelligenz
Betonung: Reinheit und Intensität
Totem: Büffel

Farbe: Weiß

113

Kraft des Westens
Kraft der Umwandlung
Kraft der Innenschau
Kraft der Festigung
Kraft der Erdung
wichtigster menschlicher
Aspekt: der physische Körper
Haupteigenschaft: Ausdauer
Betonung: Stabilität
Totem: Grizzly

Farbe: Schwarz

Kraft des Ostens
Kraft, Licht sein zu lassen
Kraft, Dunkelheit und
Unwissenheit zu vertreiben
Kraft der Erleuchtung und
der Wissensverbreitung
Kraft des Erweckens
Kraft des neuen Lebens
wichtigster menschlicher Aspekt: der *Geist*
Haupteigenschaft: Weitsicht
Betonung: Spiritualität
Totem: Adler

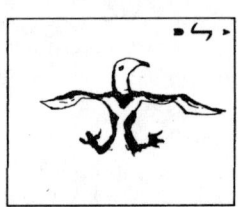

Farbe: Gelb

Kraft des Südens
Kraft des organischen Wachstums
Kraft der Entdeckung
Kraft der Gelehrigkeit
Kraft des Entfaltens
Kraft des intuitiven Wissens
wichtigster menschlicher Aspekt:
Emotionen
Haupteigenschaft: Nähe
Betonung: Lebenskraft
Totem: Maus

Farbe: Rot

Abb. 21: Das Wakan-Tanka-Symbol der Energie, die sich spiralförmig in die Manifestation bewegt, und der Form, die im Schöpfungskreis wieder zu Energie wird.

Die Bewegung, die sich auf dem Medizinrad von Norden gegen den Uhrzeigersinn nach Westen, dann quer zum Osten und schließlich im Uhrzeigersinn nach Süden zieht, ist eine spiralförmige. Zweidimensional abgebildet, wird sie zu einem S, das bei den Indianern der amerikanischen Ebenen Wakan-Tanka symbolisierte – die Manifestation des *Großen Geistes*. Das Symbol verkörpert, wie Wakan-Tanka aus dem Geist des *Großen Geistes* im Norden entsteht, sich nach Westen richtet, um sich in körperlicher Gestalt zu manifestieren, dann nach Osten, um vom *Geist* angeregt zu werden, und schließlich nach Süden, um als Kind der Natur zu leben, um so dem *Geist* die Beziehung mit der Materie zu ermöglichen. Das Symbol weist auch auf die Veränderung von Energie in Form und von Form in Energie hin. Durch die Verbindung der Gegensätze Nord und Süd wird das S in ein anderes Symbol verwandelt, in eine Acht, in zwei verschränkte Kreise der Bewegung zwischen zwei Polaritäten – zwischen dem Sichtbaren und Unsichtbaren, dem Körperlichen und Spirituell-*Geistigen*, dem Verstand und der Materie, Yin und Yang – in einer nie endenden Seinsfolge.

Yin und Yang

Der Ursprung aller Bewegung und des Lebens selbst wird in dem alten chinesischen Symbol des Tai Chi – des Obersten und Höchsten – ausgedrückt, das in sich die Essenzen von Himmel und Erde, Spirituell-*Geistigem* und Körperlichem vereint. Dieses Symbol bedeutet etwas Ähnliches wie das Wakan-Tanka-Symbol. Diese einzigartige Ursprungsquelle polarisierte die Energie in sich selbst in zwei – Yang und Yin –, die sich in feinster Harmonie miteinander befinden und eine dynamische, kreisende Kraft der Bewegung und Ruhe umfassen, durch die Kraft zu Form werden kann.

Abb. 22: Das taoistische Tai Chi symbolisiert die aktiven und aufnehmenden, männlichen und weiblichen Aspekte des Ursprungs in vollkommener, dynamischer Ausgewogenheit, um die Beziehung zwischen den Kräften der komplementären Gegensätze zu betonen, die jeder Manifestation inhärent sind.

116

Yang und Yin sind keine statischen Zustände verschiedener Energien, sondern einander abwechselnde Phasen derselben Grundenergie. Aktiv und passiv, positiv und negativ, heiß und kalt, männlich und weiblich. Sich ausdehnende und zusammenziehende Aspekte desselben und demselben Ursprung entstammend. Yang wandelt um und gibt weiter. Yin gleicht an und speichert.

Das chinesische Zeichen für Yang bedeutet die Sonnenseite des Hügels, für Yin die Schattenseite des Hügels. Diese Bilder drücken aus, wie jedes durch natürliche Bewegung, wie etwa die Erdumlaufbahn um die Sonne, durch das andere umgewandelt wird – wie die Sonnenseite eines Hügels im großen Wandlungsprozeß der Schöpfung zur Schattenseite wird.

Yang und Yin sind somit zwei Urkräfte, die das Universum steuern und selber Harmonie symbolisieren. Alles enthält in schwankendem Maße Yang und Yin, die sich ständig bewegen und wandeln. Deshalb bleibt nichts immer gleich. Alles schwingt und pulsiert, so statisch und fest oder unbeweglich und dauerhaft es auch scheinen mag. Alles ist Form werdende Energie, die eine Weile Form bleibt und sich dann wieder in einem großartigen zyklischen und spiralförmigen Lebenstanz in Energie zurückverwandelt.

Die treibende Kraft
des Lebens

Durch das Wissen um die Wirklichkeit des Yang und Yin verstehen wir auch die treibende Kraft des Lebens leichter – die Art, wie natürliche Energien fließen und sich wandeln. Das ganze Universum befindet sich aufgrund des schöpferischen Zusammenspiels von Yang und Yin in ständigem Wandel – und somit auch wir Menschen. Das wechselnde Jahreszeitenmuster im Jahreslauf geschieht nicht zufällig, sondern beruht auf der wahren Natur der Wirklichkeit, und diese wirkt sich auf alles, was sich manifestiert, einschließlich uns selbst, aus. Der physische Körper, der dem menschlichen spirituellen Geist Gestalt verleiht, birgt den Ausdruck der wandelnden Natur der Erde zu unserem Geburtsort und -zeitpunkt ebenso in sich wie die Matrix des Universums.

Die Schöpfung ist somit in Wirklichkeit ein Umwandlungsprozeß – vom Unsichtbaren zum Sichtbaren, vom Nichtfaßbaren zum Faßbaren.

Gemäß uralter Weisheit hängt die Schöpfung von vier Prinzipien ab: das Aktive und Anspornende wird vom Passiven und Aufnehmenden angezogen und bildet mit ihm eine harmonische ausgewogene Einheit, um durch die ihm innewohnende Kraft der Liebe etwas Neues zu erschaffen. So erzeugten die zwei ein Drittes als Ergebnis dieser Bindekraft der Liebe, die sie vereinte und zugleich *ausmacht*. Und das Dritte gebar ein Viertes, das die Vielheit aller Manifestationen ist.

Taoistische Schamanen bezeichneten diese Quelle als *geistige* »Sonne«, die aus einer großen Leere, Wu Chi genannt, entstand. Die Indianer nannten diese Leere »großes Geheimnis«, aus dem heraus der *Große Geist* auftauchte. Die alten Hebräer verstanden unter dem Wort Jahwe »den, den man nicht benennen kann« und übersetzten also »Ich bin, was ich bin«. Jahwe oder Jehova kann auch »ich bin die absolute Liebe, und absolute Liebe ist, was ich bin« bedeuten. In diesem alten schamanischen Wissen enthielt die *geistige* »Sonne« – oder großer Stern – in ihrem Einssein eine Trinität von Urwesen, die das Universum mit allem darin Enthaltenen schuf, als es sich gewahr wurde und sich ausdehnte. Als die Expansivkraft dieses großen Sterns sich in einer gewaltigen Spiralbewegung von *innen nach außen* ausdehnte – dabei reine Energie vermischend, verteilend und aufnehmend –, flogen Teile von ihm als kosmischer Staub durch das All. Daraus wurde schließlich der Erdboden und auch der Stoff, aus dem der menschliche Körper gebildet wurde. Das ist die wahre Bedeutung der Heiligen Schrift der Juden und Christen: »Denn du bist Erde und sollst zu Erde werden« (1 Moses 3,19). Jeder von uns ist ein sich selbst ge-

118

wahrseiendes Lichtteil eines großen Sterns! Ein individualisierter Funke eines Sonnenwesens, ein spiritueller Ausdruck eines größeren *Geistes*. Daher kann das Namenlose Eine sich auf unendlich viele Arten erfahren, indem es sich auf unendlich viele Arten reproduziert. So kommt es, daß wir in einem holographischen Universum leben und selbst ein holographisches System sind. (Ein Hologramm ist ein dreidimensionales Bild, in dem jeder Teil des Bildes ein Bild des Ganzen enthält und die Information über das ganze Bild in jedem Einzelteil enthalten ist.)

Das erste Urwesen dieser Trinität ist demnach eine teilchenbildende kosmische Intelligenz.

Das zweite Urwesen der Trinität bildet Wellenmuster, durch die Es alles durchdringen kann und durch die alles mit Energie versorgt werden kann.

Durch die Bindekraft der Liebe – des positiv geladenen Yang und des negativ geladenen Yin – erzeugten diese zwei ein ihnen ebenbürtiges Drittes, damit Manifestationen stattfinden konnten.

In der indianischen Lehre sind der Große Geist und das große Geheimnis nicht identisch, sondern je in sich vollständig. Der Große Geist kam aus der Leere – dem großen Geheimnis –, um die Schöpfung aller Lebensformen in Liebe, Schönheit und Harmonie zu steuern. Die Taoisten wußten ähnliches, drückten es aber anders aus. Laotse beschrieb die Leere als »das Nichts, aus dem alles entstand«.

Die drei großen Wesen im namenlosen Einen wurden im Taoismus zu den drei »Kaisern«, die die drei Hauptkörper des Menschen steuern – den physischen (der den Energie- und Mentalkörper mit einschließt), die Seele und ihren Lichtkörper sowie den spirituellen Geist, das wesentliche Sein. Die drei Kaiser leben in drei »Palästen« – Tan-Tiens oder »Himmelsorten« –, den drei Schätzen des Menschen. Das untere Tan-Tien befindet sich im Energiekörper knapp unterhalb des Nabels, etwa fünf Zentimeter unter der Hautoberfläche und dient als

Speicher der Lebensessenz (s. Kap. 7). Von seinem »Reservoir« verteilt es diese lebenserhaltende Kraft mittels elektromagnetischer und biochemischer Substanzen sowie Körperflüssigkeiten. Das mittlere Tan-Tien liegt im Brustbereich. Wenn man eine erweiterte Bewußtseinsstufe erlangt hat und des spirituellen *Geistes* besser »gewahr« geworden ist, verschiebt es sich zur zentralen Chakra-Säule hin. Das obere Tan-Tien befindet sich im Kopf und ist mit der Wahrnehmung nichtphysischer Dinge befaßt.

Die vier Elemente

Das Dritte Urwesen hat dieser Lehre zufolge die sogenannten Elemente geschaffen – Energiewesen, die für den Aufbau und die Substanz der Materie verantwortlich sind. Durch sie können sich die Energien physisch manifestieren. Die Elemente sind Umwandlungsprozesse, die nicht nur über bestimmte Eigenschaften, sondern auch über *Intelligenz* verfügen, weil der spirituelle *Geist* ihre Bewegung steuert. Jedes Element beeinflußt die körperlichen, mentalen und spirituell-*geistigen* Prozesse der Menschen direkt, so daß wir durch Kenntnisse über sie leichter in Einklang mit ihnen kommen. Man sollte sie nicht zu beeinflussen oder zu steuern versuchen, dies würde nachteilige Folgen nach sich ziehen.

Den westlichen Mystiklehren zufolge gibt es vier Elemente: Feuer, Wasser, Luft und Erde, die als »Grundbestandteile« allen Lebens in der physischen Welt betrachtet werden, obwohl sie nicht als physische Substanzen, sondern als metaphysische, die Erscheinungsform der Materie bestimmende Prinzipien galten. Doch versteht man die Elemente am besten als Energiebewegungen. Sie zeigen die Richtung der Energie*bewegung* und ihre Art der natürlichen *Umwandlung* an. Die vier Elemente wurden manchmal als gleicharmiges Kreuz innerhalb eines Kreises symbolisiert – in einem Zustand der Ausgewogenheit und Balance. Jedes Element stand mit einer Richtung in Verbindung, aber dies wies mehr auf eine Aktivitätsart in bezug auf eine Richtungskraft oder einen »Geist-Hüter« als auf einen konkreten Ort hin. Wer beispielsweise die Erde im Norden, Luft im Osten, Feuer im Süden und Wasser im Westen positioniert, legt die Betonung auf Steuerung und Manipulation; wohingegen der Ansatz Luft im Norden, Feuer im Osten, Wasser im Süden und Erde im Westen von Harmonie und Ausgewogenheit bestimmt wird. Jedes Element verkörpert spirituellen *Geist*, aber nicht individualisiert wie »menschlicher« Geist, auch keine »Gruppenspiritualität« wie bei Tieren und Bäumen, sondern eine eigene *Klasse* von spirituellem *Geist*. Deshalb bezeichneten die Indianer die Elemente als *Geist*-Clans.

Alle Elemente waren an der Formung von Substanz und Struktur der Erde beteiligt; und sie partizipieren noch immer aktiv an diesem Prozeß der Manifestation. Jedes Element verfügt über erkennbare Qualitäten und Eigenschaften:

Feuer ist schöpferisch, expansiv, vital, aufbrausend, verzehrend.

Wasser ist fließend, anpassungsfähig, aufnehmend, zusammenziehend, zerstreuend.

Luft ist unbegrenzt, schnell, ungeduldig, unvorhersehbar.

Erde ist fest, geduldig, nährend, stur.

Jedes Element herrscht in einem der vier menschlichen Grundkörper vor: Erde im physischen Körper, Wasser im Energiekörper, Luft im Mentalkörper, Feuer im Seelenkörper. Jedes Element lenkt einen Aspekt des Lebens: Feuer den Lebensfunken, Luft den Lebensatem, Wasser den Lebensfluß, Erde die Lebenssubstanz.

Die spirituellen *Geister* der Elemente haben kein Geschlecht, aber ihren jeweils eigenen Ausdruck; und dieser wird bisweilen Elementargeist genannt. Man könnte sie als Baumeister der Natur bezeichnen; sie wirken im Unbewußten, wohingegen die Elemente die Konstrukteure sind und auf überbewußter Ebene wirken.

Obgleich körperlos, können sie Menschen in auf ihre Elementarnatur verweisenden Bildern erscheinen: Luftgeister z. B. als Feen mit Flügeln, Feuergeister als Salamander, Wassergeister als Nymphen, Erdgeister als Gnome. Man sollte sie nicht mit den indischen Devas, den »Himmelswesen« oder Erzengeln, verwechseln. Devas sind Geister, die mit der Lenkung eines ganzen Planeten und den Lebensformen, die ein planetarisches Wesen erhält, befaßt sind. Wenn man die Elemente mehr als *lebende Wirklichkeiten* denn als Prinzipien auffaßt, setzt man sie mit den schöpferischen und gestaltenden Intelligenzen gleich, die dem *Großen Geist* entspringen und in dynamischer Beziehung in der Natur wirken, wobei jedes durch seine Gegenwart eine Qualität der Bewegung ausdrückt.

Totemtiere

Die Indianer stellten für jedes Element eine Verbindung zu einem Totemtier her, das seine wesentlichen Qualitäten besser verstehen ließ und auch als »Verbindung« fungierte:

Feuer mit Habicht

Wasser mit Frosch

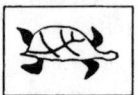

Erde mit Schildkröte

Luft mit Schmetterling

122

Für die Indianer ist der Habicht ein »Feuervogel«, weil er zum einen wie der Adler nahe zur Sonne fliegt, zum anderen, weil er in ihren Mythen mit Blitz und Donner assoziiert wurde. Der Habicht verkörpert blitzschnelle Auffassungsgabe und wie der einen Wetterwechsel ankündigende Donner die Kraft der Umwandlung. Der Habicht – das Element des Feuers – bringt Erleuchtung, erzeugt Begeisterung, stärkt und reinigt.

Aufgrund seiner Verwandlung von der Kaulquappe zum vierbeinigen Tier und seines Anpassungsvermögens an Veränderungen in der Umgebung verkörpert der Frosch das Element des Wassers. Er steht für Wandlungsfähigkeit, Empfindsamkeit und Anpassung an sich verändernde Gegebenheiten.

Die Schildkröte steht dank ihrer Festigkeit und Trägheit für das Element der Erde und verkörpert Ausdauer und Zähigkeit.

Der Schmetterling ist wegen seiner ständigen Bewegungswechsel und seiner Fähigkeit, sich von der Raupe über die Puppe zum Flügeltier zu entwickeln, das Totem für das Element der Luft, das sich in der Bewegung ständig wandelt und durch seine Kraft die Bewegung der Umgebung beeinflußt.

Totems dienen als faßbares Mittel, Verbindungen mit den unfaßbaren Kräften aufzunehmen und können sofortigen Zugang zu den inhärenten Eigenschaften der Kraftquelle, die sie verkörpern, schaffen. Durch die Assoziation eines Totems mit einem Element können wir uns somit leichter auf das Element beziehen und an seinen Grundqualitäten teilhaben.

Die fünf Elemente

In der sogenannten östlichen Tradition gibt es *fünf* Elemente – Holz, Feuer, Erde, Metall und Wasser –, die häufig als Pentagramm, als fünfzackiger Stern, dargestellt werden. Westliche und östliche Traditionen widersprechen einander nicht, sondern sind vielmehr komplementäre Polaritäten einer Ganzheit und verweisen auf die unterschiedlichen Arten der Aktivität. Im Chinesischen werden die fünf Elemente mit den

Namen der fünf großen Planeten bezeichnet. Holz ist Jupiter, Feuer Mars, Erde Saturn, Metall Venus und Wasser Merkur. Dies bedeutet, daß die Planeten nicht allein als räumlich weit von der Erde entfernte Objekte im Universum betrachtet werden. Sie teilen eine Beziehung im Energiesystem des Universums, das identisch ist mit der Wirkweise bestimmter Kräfte, die unser eigenes ganzes Sein, unser Miniaturuniversum, ausmachen. Wie man die Planeten als Eigenheiten des Universums mit Bezug zur Erde verstehen kann, so kann man die Planeten auch als Eigenheiten der Seele mit Bezug zum physischen Körper betrachten. Deshalb schrieb man in der alten Astrologie die Planeten bestimmten Körperteilen zu und war der Überzeugung, daß sie diese beeinflussen – Mars (Feuer) dem Herzen, Venus (Metall) den Lungen, Merkur (Wasser) den Nieren, Saturn (Erde) der Milz und Jupiter (Holz) der Leber.

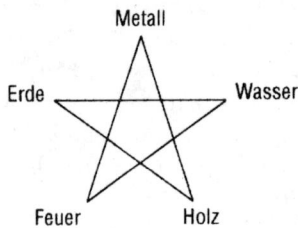

Abb. 23: Das Pentagramm symbolisiert die Elemente in ihrer funktionalen Beziehung.

Dieser Vorstellung zufolge unterstützt das Herz (Mars/Feuer) die Milz (Saturn/Erde), die Milz die Lungen (Venus/Metall), die Lungen unterstützen wiederum die Nieren (Merkur/Wasser), die Nieren die Leber (Jupiter/Holz), die Leber das Herz. Ein ähnlicher Kreis bezieht sich auf andere Organe – der Dünndarm (Mars/Feuer) unterstützt den Magen (Saturn/Erde), der Magen den Dickdarm (Venus/Metall), der

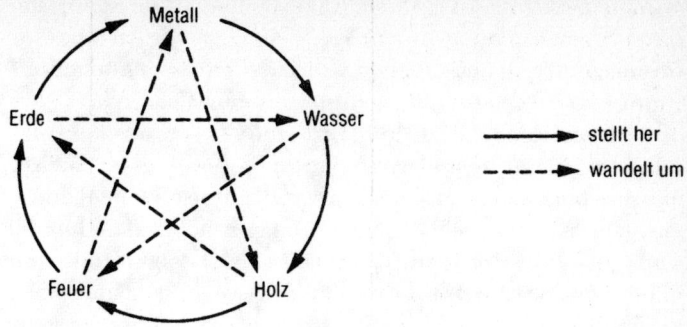

Abb. 24: Die fünf Elemente in ihrer Schaffens- und Wandelsweise.

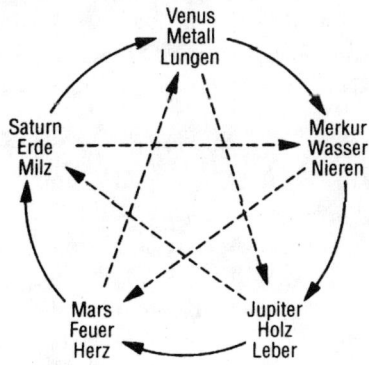

Abb. 25: Die fünf Elemente und ihre Beziehung zu den fünf Haupt-planeten und den fünf Hauptorganen des physischen Körpers.

Dickdarm die Blase (Merkur/Wasser), die Blase die Galle (Ju-piter/Holz). Wenn in einem Organ ein Energieungleichgewicht besteht, unterstützt es nicht das folgende Organ, so daß auch dieses in Mitleidenschaft gezogen wird. In diesem Fließen und Bewegen bedingt jede Eigenheit eine andere oder stört sie. Dar-auf basiert die chinesische Medizin.

Also handelt es sich bei den Elementen nicht um Energien, sondern um Energie*bewegungen*. Sie zeigen, wie Energie sich in einem natürlichen und zyklischen Prozeß *bewegt* und *umwandelt*. Z. B.: Holz verbrennt und erzeugt Feuer, das Feuer hinterläßt Asche, die ist Erde. Erde enthält Erz, aus dem Metall wird. Metall schmilzt und erzeugt dabei Wasser. Wasser nährt Pflanzen und erzeugt so Holz. Damit schließt sich der Kreis. In einem Kreislauf der Auflösung vernichtet das Holz die Erde, indem es ihr Kraft entzieht, bringt Feuer Metall zum Schmelzen, verunreinigt Erde das Wasser, fällt Metall Holz, löscht Wasser Feuer.

Wenn die fünf Elemente des chinesischen Systems auf dem Medizinrad dargestellt werden, befindet sich Holz als erzeugende Kraft im Osten, Feuer als ausdehnende Kraft im Süden, Erde als ausgleichende Kraft in der Mitte, Metall als nach innen gerichtete Kraft im Westen, Wasser als zurückkehrende Kraft im Norden.

Obwohl die chinesischen fünf Elemente die Energiebewegungen in einem Prozeß der *Umwandlung* und *Evolution* oder *Devolution* sehen und nicht wie die westlichen Lehren als eine Art des Gleichgewichts, scheinen beide Sichtweisen zu harmonieren, wenn sie auf dem Medizinrad abgebildet werden. In den chinesischen fünf Elementen wird die Erde im Mittelpunkt als große ausgleichende und vereinende Kraft gesehen. Bei den vier Elementen der westlichen Lehren gibt es ein »verborgenes« Element in der Mitte. Die Theosophen nennen dieses fünfte »Element« *Äther* – daher stammen die Wörter »ätherisch«, was »feine spirituell-*geistige* Substanz« bedeutet, und »Äther« gleich »himmlisches oder kosmisches Licht«. Dieses »Licht« im Mittelpunkt war somit das Licht, aus dem heraus sich die vier Elemente manifestierten. Im komplementären chinesischen System steht die Erde in der Mitte für das, was die anderen vier Elemente in ihrem Manifestationsprozeß wurden: zwei Seiten derselben Münze, sich ergänzende Aspekte einer einzigen Wirklichkeit.

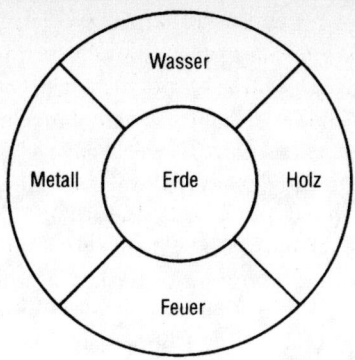

Abb. 26: Die fünf Elemente der chinesischen Tradition auf einem Medizinrad mit der Erde als vereinendes Element im Mittelpunkt.

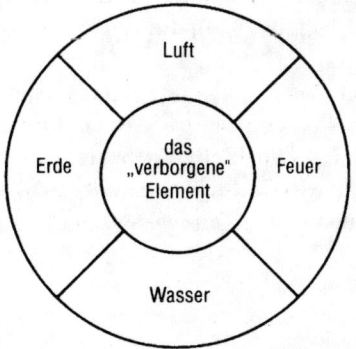

Abb. 27: Die vier Elemente der westlichen Lehre auf einem Medizinrad mit dem »fehlenden« fünften Element in der Mitte.

Bekräftigt werden diese fünf Phasen einer Kreisbewegung durch das indianische Zahlensystem »Twenty Count«, das die Zahlen 1 bis 20 verwendet. Bei der Darstellung auf dem Medizinrad wird die fünfte Zahl jeder Folge – 5, 10, 15, 20 – in die Mitte gestellt.

Das genetische Alphabet

Die Seinsmuster in einer vieldimensionalen Wirklichkeit, die alles im Universum einschließt, werden durch eine Triade in Bewegung gesetzt und gehalten, die aus der Einheit der Yang-Yin-Polaritäten und dem schöpferischen, harmonischen Wechselspiel der vier großen Kräfte entsteht, die alles beleben, was sich manifestiert. Man vergleiche diese uralte Weisheit mit den Erkenntnissen der modernen Genetik, wonach jedes Chromosom aus einer DNS-Doppelhelix besteht. Ein Gen setzt sich aus vier Basen zusammen – Adenin, Thymin, Guanin, Cytosin. Das genetische Alphabet besteht aus nur vier Buchstaben – A, T, G, C –, den Anfangsbuchstaben der vier Basen. Diese Buchstaben bilden den genetischen Code, in dem jeweils drei die Schablone zur Produktion einer Aminosäure bilden. Es gibt nur 20 Aminosäuren, aber sie können in einer unendlichen Zahl verschiedener Folgen variiert werden, jede mit ihrer speziellen und einzigartigen Funktion. Was als größte Entdeckung aller Zeiten gefeiert wird, bestätigt bloß die alte schamanische Weisheit, daß alles, was zur Manifestation kommt, ein von Intelligenz gesteuerter Prozeß natürlicher Ordnung ist.

Es gibt eine Gemeinschaft von Lebewesen, deren einzigartige
Ausdrucksäußerungen eine Instrumentation von
ehrfurchtgebietender Schönheit erzeugen und deren inhärente
Kräfte sich in dem, was wir Natur nennen, manifestieren.

7. »Ohne das nichts existieren kann«

In der Natur um uns herum wirkt eine nichtstoffliche Kraft, obwohl die meisten Menschen sie nicht wahrnehmen. Die Schamanen jedoch kennen sie schon seit Jahrtausenden als eine grundlegende Essenz, die es allem Leben ermöglicht, »Lebendigkeit« zu erfahren.

Diese Essenz kann als reine, unverfälschte Urenergie definiert werden, von der etwas stammt. Alles ist damit verstrickt und wird dadurch auch erhalten. Alles im stofflichen Universum schwingt damit, und alles wird dadurch am Leben erhalten. Selbst die offensichtlich unbelebte Natur – Fels oder Gestein beispielsweise – ist nur eine Täuschung, denn auch sie ist durch die Essenz mit »Leben erfüllt«.

Die Essenz dieser »Lebendigkeit«, die in jedem Lebewesen von der Amöbe bis zum Menschen Aktivität erzeugt, ist eine spirituell-*geistige* Essenz, von den Schamanen als »das, ohne das nichts existieren kann« bezeichnet.

In Polynesien und Teilen Nordamerikas wurde sie »Mana« genannt, was »wunderbare Kraft« bedeutet, in China »Chi« – »Lebenskraft« – in Japan »Ki« – »lebenswichtige Essenz«. In Indien war sie unter dem Sanskrit-Wort »Prana« – »absolute Energie« – bekannt, bei den Schamanen der skandinavischen Völker als »Megin« – »innere Kraft«. Jeder dieser Namen bezieht sich auf einen Aspekt derselben Urkraft und zeigt, daß Urvölker in allen Teilen der Erde von einer Essenz wußten, die alle Lebensformen durchdringt und anregt, doch selbst nicht Materie ist. Diese Essenz befindet sich in unserer Atemluft und in dem, was wir zu uns nehmen.

Mana

Das hawaiische Wort »Mana« verstanden auch die Schamanen anderer Pazifikinseln und einiger indianischer Stämme als »Lebenskraft«. Beim Hawaiischen handelt es sich um eine sehr alte Sprache mit einigen ungewöhnlichen Charakteristika. Die Wörter haben eine Grund- oder »Oberflächenbedeutung«, und beim Zergliedern in ihre Einzelbestandteile und Wurzelwörter erweitert sich ihre Bedeutung. Die in einem Wort »versteckten« Bedeutungen erklären, wofür das Wort steht, viel umfangreicher. Je gründlicher man ein Wort untersucht, um so tiefer geht man in die Einzelheiten.

Mana nannten die Kahuna-Schamanen auch eine Kraftquelle, die sie zur Vollführung ihrer offenbar »wunderbaren« Taten befähigte.

Das Wort »Kahuna« bedeutet in seinem allgemeinen Sinn »Meister« oder »Fachkundiger«; »huna« heißt »geheim« oder »verborgen«. Die Kahuna-Schamanen galten als »Hüter« der Geheimnisse, weil sie über das alte, aber verborgene Wissen von dem jenseits des Augenscheinlichen Liegenden wachten. Ein Kahuna-Schamane war also ein Meister jener dem Sichtbaren verborgenen Geheimnisse. Das Wort »Hüter« bedeutete nicht – wie in den meisten alten Mystiktraditionen –, etwas außer Reichweite zu halten, sondern vielmehr, es zu bewahren. Die Kahunas hüteten die Unversehrtheit einer alten, ihnen anvertrauten Weisheit.

In anderen Kulturen hüteten die Schamanen das Wissen, mit dessen Hilfe sie Zugang zu den Naturkräften erhielten, und ga-

130

ben es nur besonders auserwählten Schülern weiter, die ihr Werk in künftige Generationen weitertragen würden. Nur die von Stamm zu Stamm oder zwischen den Völkern »wandernden« Schamanen, die auf ihren Reisen Neues dazulernten und es mit ihrem schon vorhandenen Wissen verwoben, verbreiteten mehr von ihrem Wissen – aber auch nur an jene, die es in Liebe und Einklang anwenden würden. Dieses Buch wurde im *Geist* der »wandernden« Schamanen geschrieben.

Den mündlichen Überlieferungen zufolge war die Macht hinter diesen »wunderbaren Kräften« eine Verbindung aus vier verschiedenen Kraftaspekten: energetisierende und schöpferische Kraft, Herrschaft und Steuerung, Einfluß und Autorität, die Fähigkeit, bestimmte Aufgaben zuversichtlich auszuführen.

Hawaiische Wörterbücher definieren Mana als »Kraft, die sich verbreitet«. *Ma* ist die Vor , *Na* die Endsilbe. *Ma* bedeutet verflechten«, *Na* »gehören zu«. Somit kann man Mana als »eine verflechtende Kraft, die zu dem gehört, an was auch immer sie sich klammert« verstehen.

Wir wollen noch weiter gehen: *Ma* bedeutet auch »mittels« und »fest machen«. Somit ist Mana eine Fähigkeit, Dinge fest erscheinen, also sich manifestieren, zu lassen. Mana ist eine Kraft, die das Unsichtbare sichtbar macht!

Na bedeutet »Teil« und auch »gehören zu«. Also ist Mana ein Teil, der zu etwas gehört, und zwar zu der Urquelle. Mana kommt geradewegs aus einer Urquelle!

Das Wurzelwort *Ana* bedeutet »ein Muster« und auch »Bälle aus sättigender Substanz«. Mana ist somit eine Teilchenverbindung einer spirituell-*geistigen* Kraft, die das sättigt, was sie zum Leben erweckt. Das Wort *Maa* bedeutet »Lufthauch« oder »Atem«. Somit ist Mana eine geistige Substanz, die durch die Luft getragen wird und mit dem Atemhauch verglichen werden kann.

Die Kahuna-Schamanen wußten, daß Mana *fließt*. Sie verglichen es mit fließendem Wasser, denn in Urzeiten wurden die

Lebenskräfte oft als Wasser symbolisiert – einfach als Wellenlinie. Heute hingegen könnte man sie eher mit elektrischem Strom mit unterschiedlicher Spannung vergleichen. Mana verfügt über bestimmte magnetische Eigenschaften, da es, wie die Begriffszergliederung zeigt, sich wie die Trauben an die Rebe anklammert. Früher wurde die Lebenskraft oft als Rebe symbolisiert.

Als fließende Lebenskraft ist die Hauptfunktion des Mana *Bewegung*. Aber jene Bewegung regt nicht so sehr Materie an, sondern vielmehr das, woraus sich später Materie formt. Sie *sättigt!*

Wenn man Leben im Grunde als Bewegung verstehen kann, dann ist Mana das, was die Bewegung überhaupt ermöglicht. Ohne Bewegung, Schwingung, Lebendigkeit, Aktivität, Pulsieren, Kreisen und Fließen gibt es kein Leben, kein Mana!

In der Atmosphäre des Alls befindet sich das Mana in seinem freiesten Zustand, und eben durch die Luft kann es am leichtesten aufgenommen werden – nicht durch die Lungen des physischen Körpers, sondern durch die Chakren des Energiekörpers. Obwohl in der Luft, ist Mana nicht identisch mit Luft, auch kein chemischer Bestandteil von ihr. Und obwohl Mana eingeatmet wird, ist es keine atmosphärische Substanz, nicht Sauerstoff, auch nicht der Atem selber. Luft und Atem sind bloß mit Mana *aufgeladen*.

Da die Wissenschaftler weder chemische Spuren von Mana in der Luft finden noch sonstwie messen können, leugnen sie entweder seine Existenz oder behaupten, daß solch eine Vorstellung unwissenschaftlich und nicht zu beweisen sei. Auch die Schulmedizin verneint das Vorhandensein solch einer Vitalkraft. Dennoch geben viele Ärzte zu, daß es Orte gibt – an der Küste oder im Hochgebirge etwa –, wo besonders viel von einem lebenswichtigen »Etwas«, das Gesundheit und Lebenskraft wiederherstellen hilft, in der Luft liegt. Dieses »Etwas« ist Mana.

Wenn der Sauerstoff der Luft in die Lungen eingeatmet wird,

wird er vom Blut aufgenommen und durch den Blutkreislauf in jede Zelle getragen, wo er zum Aufbau, zur Versorgung und zur Erneuerung des menschlichen Körpers dient. Mana wird ähnlich aufgenommen. Wenn es dem Zentralnervensystem übermittelt wird, feuert es die Gedanken an. Mana ist eine energetische Kraft, die jeden schöpferischen Gedanken mit Leben erfüllt und die Manifestation solcher Gedanken in der physischen Welt ermöglicht. Mana ist also nicht nur der Lebensodem, es ist auch die *Gedankenkraft*.

Mana ist damit keine physische Energie, sondern eine spirituell-*geistige* Essenz, deren Fließfähigkeit sie mit der Elektrizität vergleichbar macht. Auf einem unteren Spannungsniveau hält sie den physischen und den Energiekörper am Funktionieren. Im höheren Frequenzbereich befähigt sie uns zum Denken, und auf noch höherem ist sie die Kraft, die Ganzheit in allen Dimensionen wiederherstellt, denn sie ist die Heiloder *Ganzheitskraft*.

Mana in seinen unterschiedlichen Spannungen befähigt somit alle Körper, die unser ganzes Sein ausmachen, zu wirksamer Funktion. Je edler und feinstofflicher der Körper, desto stärker muß das ihn mit Kraft versorgende Mana sein. Mana wurde auch mit Nieselregen verglichen, der Schößlinge aus dem Samen hervorplatzen, zu Pflanzen wachsen und dann Früchte tragen läßt – denn Mana sättigt Substanz, erweckt sie zum Leben und läßt sie dann auf natürliche Weise wachsen und sich entwickeln.

Chi

Den taoistischen Schamanen in China und Tibet war dieselbe Grundessenz unter dem Namen »Chi« bekannt. Das chinesische Zeichen für Chi beinhaltet mehr als einen Namen oder eine Vorstellung, sondern steht für ebendas *Sein* eines universellen Etwas, denn Chi bezeichnet nicht nur die Essenz, sondern drückt auch sein Wesen und seinen spirituellen *Geist* aus,

133

denn Chi ist auch ein Laut, das Flüstern des Windhauchs, das Lied im Sonnenlicht und Mondschein, der Klang eines sanften Regenkusses. Chi orchestriert die Energiemuster auf und in der Erde, die die Pflanzen zum Wachsen bringen und alle Lebewesen, die von der Erde genährt werden, wachsen und gedeihen lassen. Deshalb verwende ich ab jetzt das Wort Chi statt Mana, Prana oder Megin. Das Wort Chi strömt nicht nur leichter mit dem Atem aus, sondern steht auch in Einklang mit den Naturkräften. Durch das Aussprechen von Chi können Sie z. B. sogleich mit der Energie von Wind, Sonne, Mond und Sternen in Verbindung treten.

Abb. 28: Das chinesische Zeichen für Chi beinhaltet mehrere Bedeutungen. Es kann »Luft« oder »Atem« heißen, aber es verkörpert auch die Vorstellung einer lebenspendenden Essenz.

Der Laut Chi reicht über die menschliche Hörfrequenz hinaus, denn er durchdringt von innen und hallt von allen Seinsdimensionen wider, weil er der Laut der harmonischen Schwingung des Universums ist. Er ist der Klang der harmonischen Vibration des Universums, die Lebensenergie der Harmonie. Harmonie schafft Schönheit. Liebe erzeugt Harmonie. Also ist

Chi eine Kraft der Liebe, der spirituelle *Geist* von Chi ist die Kontinuität des Lebens in einem Prozeß der Unsterblichkeit. Chi ist somit die anregende Essenz, die Leben in *alle* Dinge haucht. Ohne Chi würde die Sonne nicht scheinen, würden die Berge nicht gen Himmel ragen, die Flüsse nicht fließen, die Bäume nicht wachsen, ohne Chi gäbe es keine Menschheit. Chi verbindet den spirituellen *Geist* mit der Substanz. Chi erzeugt Gewahrsein von *innen*, denn das Leben selbst manifestiert sich von innen nach außen. Alles wird von innen geschaffen, ist nicht etwa, wie gemeinhin angenommen, äußeren Ursprungs. Der spirituelle *Geist* ist die Bewegung erzeugende Essenz, und Chi ist eine Kraft, die Bewegung möglich macht.

Chi wird zum größten Teil mit dem Atem aufgenommen, aber auch durch Essen und Trinken und durch den Kontakt mit der Erde, der Sonne, dem Mond und den Sternen. Der beständige Fluß von Chi durch das feine Netzwerk aus Nadis und Meridianen verbindet die Knochen, Muskeln und Gewebe mit den Organen und dem Gehirn und ermöglicht es dem physischen Körper, als ein vereintes Ganzes zu funktionieren. Im Körper verteilt, spendet Chi auch seine schützende und abwehrende Energie. Erschöpfung, mangelnde Vitalität und Krankheit sind Folgen von nachlassendem Chi oder einer Behinderung seines Flusses.

Chi-Übungen

Die ursprünglichen schamanischen Techniken zur Chi-Erzeugung und Verbindung mit den natürlichen Lebensenergien blieben bis heute weitgehend verborgen. Im alten China entwickelten sich aus dem ursprünglichen schamanischen Wissen Übungen zur Anregung und Kanalisierung des inneren Chi-Flusses und wurden zu einer geistigen Lehre sowohl religiöser wie auch mystischer Systeme. Sie wurden bekannt unter dem Namen Chi Gung oder Qi-Gong, was »Lebensenergieübungen« bedeutet. Diese Übungen wurden nicht öffentlich gelehrt; vielmehr unterrichtete ein Chi-Gung-Meister eine kleine Gruppe ergebener Schüler. Dadurch entstanden verschiedene Chi-Gung-Schulen, je nachdem ob die Übungen hauptsächlich Zwecken der Gesundheit, der Kriegskunst oder der persönlichen oder spirituellen Entwicklung dienten.

Die ursprünglichen schamanischen Methoden werden jedoch gerade wiederentdeckt und durch Gaye Wright und Rod Nicholson, einen Chi-Gung-Meister, der modernen Welt angepaßt, so daß sie sich für Menschen aller Altersklassen und aller Lebenswege eignen. Sie nennen ihre moderne Adaptation Chi-Dynamik.

Die Veränderungen durch Chi-Dynamik in bezug auf Atmung, höhere Sauerstoffaufnahme und erhöhten Chi-Fluß durch das ganze Energiesystem verbinden sich miteinander und beeinflussen so den Stoffwechsel, stärken die körpereigenen Abwehrmechanismen, stärken und erfrischen Körper, Geist und Seele. Die erhöhte Aufnahme von Chi, wie nachfolgend beschrieben, und seine Ansammlung im Körper gehört zu den Chi-Gung-Grundübungen.

ಙಙಙಙಙಙಙಙಙಙ

13. Erfahrung:
Der zirkulierende Chi-Atem

Stellen Sie sich mit schulterbreit geöffneten Füßen hin, Rücken gerade, Knie leicht gebeugt wie in Erfahrung 7. Die Arme sind locker, mit den Handflächen formen Sie vor der Nabelgegend eine Art Schüssel, wobei sich die Fingerspitzen nur leicht berühren (Abb. 29 A).

Atmen Sie durch den Mund ein, gleichzeitig heben Sie die Arme seitlich nach oben zu einem Halbkreis, so daß sich die Fingerspitzen schließlich etwa einen halben Meter über dem Kopf treffen. Diese Bewegung sollte langsam und mit dem Einatmen ausgeführt werden (Abb. 29 B und C).

In dieser Position halten Sie einige Sekunden den Atem an, strengen Sie sich aber nicht an.

Atmen Sie langsam aus. Lächeln Sie, während Sie die Luft hörbar durch den leicht geöffneten Mund auf Schiii ausstoßen. Die Hände – Handflächen zeigen nach unten, Mittelfinger berühren sich – sollten während des Ausatmens in einer vertikalen Bewegung sacht nach unten drücken, als preßten Sie Luft aus einer Luftmatratze (Abb. 29 D und E).

Halten Sie inne, wenn die Hände die Nabelgegend erreichen, und drehen Sie die Handflächen wieder nach oben, als hielten Sie Chi in Händen. Stellen Sie sich vor, wie das Chi sich etwa zwei Finger breit unter dem Nabel und ungefähr fünf Zentimeter unter der Hautoberfläche in Ihnen festsetzt (Abb. 29 F). Im Chinesischen heißt diese Stelle Tan-Tien, ein Brennpunkt, wo Chi gespeichert wird und von wo aus es durch den ganzen Körper mit Hilfe elektromagnetischer und biochemischer Essenzen und Körperflüssigkeiten geleitet wird. Die Oberflächenbedeutung von Tan-Tien lautet »Energiefeld«, *Tien* heißt »Himmel« oder »Kosmisches Elixier«, *Tan* »See« oder »Reservoir« bzw. »Behälter«. Somit ist Tan-Tien ein See oder Reservoir, das mit einem vom Himmel oder aus dem Universum kommenden Elixier angefüllt ist.

Wiederholen Sie die ganze Bewegungsabfolge und stellen Sie sich dabei bildhaft vor, wie Sie das sich in der Sie umgebenden Atmosphäre befindliche Chi sammeln. Wenn Ihre Finger sich über dem Kopf berühren, vergegenwärtigen Sie sich das dort gespeicherte Chi, und beim Ausatmen, wie das Chi durch einen vertikalen Kanal in Ihre Körpermitte und durch die Chakren geleitet wird, bis es sein Reservoir in der Tan-Tien-Region erreicht. Lächeln Sie, während Sie hörbar auf Schiii durch die Zähne ausatmen.

Bei Wiedereinnehmen der Ausgangsposition sehen Sie das Chi vor sich, wie es wie kleine weiße Körnchen aufwirbelt und sich dann wieder senkt. Wiederholen Sie die ganze Übung mehrmals.

Nach ihrer Beendigung haben Sie nicht nur kurzfristig mehr Chi aufgenommen, sondern auch einiges im Tan-Tien für den zukünftigen Gebrauch angesammelt. Die aufgenommene Chi-Menge können Sie recht einfach in der folgenden Übung prüfen.

Abb. 29: Die Bewegungsabfolge des zirkulierenden Chi-Atems

ഇ൩ഇ൩ഇ൩ഇ൩ഇ൩

138

14. Erfahrung: Überprüfung der Chi-Aufnahme

Ballen Sie die Faust, und öffnen Sie die Hand wieder, so schnell wie möglich und so lange, bis die Hände ermüden. Dann heben Sie die Hände in Brusthöhe, massieren Sie sie energisch wie beim gründlichen Händewaschen. Schütteln Sie kräftig die Finger, als wollten Sie Wassertropfen abschütteln.

Jetzt führen Sie die Hände wie beim Gebet zusammen, so daß sich die Fingerspitzen leicht berühren, aber zwischen den Handflächen Luft bleibt. Richten Sie Ihr Gewahrsein auf den Raum zwischen den Handflächen.

Was spüren Sie in den Handflächen und Fingerspitzen? Wärme, Kälte? Ein Prickeln? Oder ein Pochen?

Führen Sie die Hände auseinander, daß zwischen den Fingern etwa zwölf bis 15 Zentimeter Abstand entsteht, dann wieder langsam zusammen, bis sie sich fast berühren, dann wieder auseinander, so als würden Sie einen kleinen Luftballon mit den Händen zusammendrücken. Bei der Wiederholung dieser Bewegung aus Drücken und Entspannen achten Sie wieder auf Empfindungen in den Händen. Spüren Sie vielleicht ein Prickeln? Oder ein Ziehen zwischen den Handflächen, als zögen Magnete sich an und würden wieder auseinandergezogen?

Was auch immer und wie stark Sie es wahrnehmen – Sie spüren ein von Ihnen aufgenommenes Chi-Energiefeld. Mit Ihren Händen berühren Sie Teilchen der Lebensenergie.

Chi ist weder faß- noch sichtbar. Es wiegt nichts, kann aber nicht gehoben werden. Es bietet keinen Widerstand, kann aber nachgeben. Trotz seiner Formlosigkeit kann man es halten. Sie haben es schon immer gehabt, bloß nicht bemerkt. Dieser »Lebensstoff« ist in Ihnen, ein Teil von Ihnen, er ermöglicht Ihnen Ihre Individualität, Ihre Existenz. Er befindet sich in allem und jedem, in Menschen, Tieren, Vögeln, Wasser- und Kriechtieren, in Bäumen, Pflanzen, Felsen und Gestein. In Sonne, Mond und Sternen.

Alles hat sein eigenes Chi, die Lebenskraft, die man in sich aufnimmt. Chi ist Ihre Verbindung mit allem. Als vieldimensionales Sein kommen Sie mit allen Dingen und allen Dimensionen in Verbindung, wenn Sie die allem innewohnende Lebenskraft ehren.

Schamanische Hilfsmittel

Die Lebenskraft *pulsiert* wie der Herzschlag im regelmäßigen, eintönigen Trommelrhythmus, und sie *vibriert* auch, wirbelt in spiralförmigen, fließenden Kreisbewegungen wie die schwirrenden Samen in einer Rassel. Deshalb erzeugen Trommel und Rassel in den Händen eines Schamanen nicht einfach nur Geräusche, sondern regen auch Laut und Bewegung der Lebenskraft an und sind aus diesem Grund wichtige schamanische Hilfsmittel.

Ein schamanisches Hilfsmittel ist eine Erweiterung der es gebrauchenden Person, und es dient dazu, eine Arbeit auszuführen. Seine Kraft und seine Wirkung leiten sich von den Fähigkeiten, der Absicht und dem Motiv dieser Person her.

Das Motiv ist ein Ausdruck des Wünschens und erzeugt Aktivität. Die Absicht ist ein auf ein bestimmtes Ziel gerichteter Willensakt und kanalisiert seinen Gebrauch. Im Schamanismus bleibt das Motiv immer gleich – Liebe und Harmonie. Nur die Absicht ändert sich. Alle schamanischen Handlungen werden in Liebe und dienender Einstellung ausgeführt, um durch Zusammenarbeit mit den Naturkräften Harmonie wiederherzustellen oder zu erhalten. Das Motiv unterscheidet den Schamanen vom Zauberer. Letzterer möchte aus egoistischen Gründen die Naturkräfte beeinflussen und beherrschen. Wenn Selbstsucht, Gier und Egoismus zur Beeinflussung und Ausbeutung der Naturkräfte führen, wird Spannung, auf manchen Ebenen Schmerz erzeugt. Darin liegt auch die Ursache für viel Leid, Unglück, Verwirrung und Streit auf der Welt, weil dadurch negative Energien in Bewegung gesetzt werden.

Die Absicht ist eine positive Bekräftigung und bereitet einen Kanal, durch den Substanz zusammen mit Energie ungehindert fließen kann. Die Absicht verbindet die Rassel mit dem Raßler und kann von Sitzung zu Sitzung und auch innerhalb einer Sitzung unterschiedlich ausfallen. Sie bestimmt nicht nur das Ziel, sondern auch das *Ergebnis* und muß, um wirken zu können, immer klar und exakt bestimmt sein. Die Absicht einer einfachen Sitzung kann beispielsweise in der Ableitung spannungsreicher Energien und in der Wiederherstellung der körperlichen und geistigen Harmonie einer Person liegen. Diese Absicht müßte der Raßler schweigend wiederholen. Der einmal initiierte Rasselklang befreit dann die im Energiesystem des Empfängers aufgebauten Stauungen und glättet die Fasern des Energiekörpers. Der angenehme Klang entspannt zudem den Geist.

Die Rassel

Die Rassel spricht durch feine Klang- und Bewegungsänderungen zum Schamanen, da ihre Bewegungen und Klänge, wenn sie leicht in der Hand des Schamanen ruht, auf Energiewellenmuster reagieren. Der Gebrauch der Rassel ist verbunden mit der Absicht des Raßlers und wird durch das Motiv bestimmt. Als Folge davon ist der Raßler für die allerfeinsten Klang-, Intensitäts- und Bewegungsveränderungen empfänglich.

Man darf die Rassel nicht zu fest halten oder zu heftig schütteln. Vielmehr sollte man sie leicht mit Daumen und Zeige-

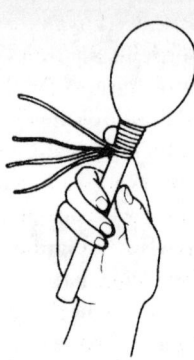

Abb. 30: Die Rassel sollte mit Daumen und Zeigefinger leicht am Griff gehalten werden, der kleine Finger gibt zusätzlichen Halt.

finger am Griff halten und mit Handfläche und kleinem Finger vor dem Herunterfallen schützen.

Ehe er zu rasseln beginnt, sollte der Raßler sich auf die Absicht konzentrieren und sie mehrmals still wiederholen. Dann gibt er mit einer behutsamen Bewegung aus dem Handgelenk heraus der Rassel einen Anfangsimpuls. Danach sollte sie ihren eigenen Bewegungen überlassen sein, mit denen sie auf das sie umgebende Energiefeld reagiert. Der geübte Raßler erlaubt der Rassel, sich mit dem Fluß feiner Energien zu bewegen, und lenkt sie nicht willentlich.

Die Rassel dient auch als Hilfsmittel zur Umwandlung. Sie ermöglicht eine sanfte Frequenzbereichsänderung als Vorstufe zu einem Wechsel des Gewahrseins in einen veränderten Bewußtseinszustand. Dies ist wichtig, weil eine plötzliche Veränderung einen Schock – als erwache man abrupt aus einem lebhaften Traum – oder Verwirrung herbeiführen kann.

Der Rasselklang entspannt den Geist und bewirkt eine leichte Veränderung der Gehirnströme von Beta-Gehirnwellen, dem normalen Wachzustand, zu den langsameren

Alpha-Wellen, die normalerweise kurz vor dem Einschlafen auftreten. Dann übernimmt es die Trommel, einen Theta-Gehirnwellenzustand herbeizuführen, vergleichbar einem Wachtraum, den die Schamanen schamanische »Reise« nennen, was mit einer Bewegung in eine andere Gewahrseinswahrnehmung oder einen anderen Bewußtseinszustand gleichzusetzen ist.

Rassel- und Trommeltechniken kann man nicht aus Büchern lernen. Man muß sie sehen und hören und unter Anweisung so lange üben, bis man sie beherrscht.

Moderne Schamanen sind Menschen, deren Sehvermögen und Wirklichkeitserfahrung das profane Alltagsleben übersteigen. Sie wissen nicht nur, daß es andere Seinsdimensionen gibt, sondern können auch Zugang zu diesen Wirklichkeiten finden und sie erfahren. Gaye Wright betont: »Unabhängig von den jeweils angewandten schamanischen Traditionen unterstützen Chi-Übungen alle, die aufrichtig die Erfahrung anderer Wirklichkeiten suchen, allerdings nur unter der Voraussetzung, daß diese Tradition auf Harmonie hinarbeitet.«

Somit ist Chi grundlegend für unser Lebensziel, eben die Veredelung unseres spirituellen *Geistes* – unserer inhärenten Unsterblichkeit. Unsterblichkeit ist eine Erfahrung des immergegenwärtigen Jetzt und ist selbst eine Wirklichkeit, derer wir im gewöhnlichen Alltagsleben gewahr werden können. Das, was unsterblich ist, existiert in einer anderen Dimension und kann Chi direkt aus dem Universum, ohne Einnahme von Mineralien, Pflanzen oder tierischer Nahrung, aufnehmen.

Chi ist unseren Bedürfnissen näher als der Atem,
in dem es enthalten ist, denn Chi versorgt uns mit unserer
Lebendigkeit, die es durch seine Macht
und Kraft nährt und erhält.

8. Mit den Elementen arbeiten

In der unverdorbenen Umgebung von Hügeln und Bergen, Seen und Tälern, Flüssen und Bächen, offener Landschaft oder Küstengebiet gibt es eine Wirklichkeit hinter der äußeren Erscheinung natürlicher Schönheit. Man könnte sie verborgene Wirklichkeit der spirituell-*geistigen* Ökologie nennen, weil hier die immaterielle Natur der Lebensformen Ausdruck findet und Beziehungen aufnimmt. Die natürliche Umgebung wirkt auf uns von außerhalb unserer selbst ein. Die spirituell-*geistige* Ökologie erhält uns von innen her. Das Medizinrad hilft uns, einen Zugang in diese verborgene Wirklichkeit zu finden, und stellt ein symbolisches Mittel dar, das nicht nur zum Aufbau von Beziehungen mit anderen Lebensformen, sondern auch als Wegweiser zu einem vieldimensionalen Universum dient.

Mit dem Medizinrad arbeiten

»Medizin« im schamanischen Sinn bedeutet innewohnende Kraft – das Streben nach von innen kommender Vollständigkeit. »Rad« bezeichnet einen Reifen oder Behälter, in dem miteinander verbundene und ineinandergreifende Energien pulsieren und in einer spiralförmigen Kreisbewegung fließen. Das Medizinrad umfaßt das ganze Universum und verkörpert die

Ganzheit unseres eigenen personalen »Alls«, denn wir sind Miniaturausgaben eines größeren Universums und funktionieren nach ähnlichen Gesetzen. Als universelles Symbol und Katalysator der Veränderung ist das Medizinrad nicht auf indianische Traditionen beschränkt. Es wirkt als Integrationsprozeß.

Integration kann man als Zusammenbringen verschiedener Teilstücke in ein harmonisches Ganzes definieren, damit diese in Harmonie wirken und so Schönheit hervorbringen. Verkörpert wird es als von einem Kreis umgebenes Kreuz oder achtspeichiges Rad – ein Kreis mit Richtungsanzeigern.

Naturvölker verwendeten Kreise, Spiralen und Labyrinthe, um das Universum und sich selbst verstehen zu lernen, weil die Natur selbst als Kreislauf wahrgenommen wird und die Lebenskraft selbst sich auf ähnliche Weise bewegt. Wenn wir ins Gleichgewicht mit der Natur kommen, kommen wir in Einklang mit dem Rhythmus, der Schwingung und dem Pulsieren des Lebens selbst, was dazu führt, daß auch wir lebenssprühende, fröhliche und harmonische Wesen werden.

Ein Kreis hat weder Anfang noch Ende. Jeder beliebige Punkt auf einem Kreis ist ein Anfangs- und Endpunkt. Die »Weisen« kannten dessen tieferen Sinn. Selbst Geburt und Tod wurden nicht als Anfang und Ende betrachtet, sondern als Veränderungen – als Übergang von einer Ebene auf eine andere, als Veränderung in der Wahrnehmung von Lebendigkeit, als Bewegung von einem Ring der Spirale auf einen anderen. Schamanen wissen, daß wir ein spiritueller *Geist* mit einem Körper sind, nicht umgekehrt. Aufgrund der Unsterblichkeit des spirituellen *Geistes* markiert der Platz der Geburt auf dem Lebensrad nur einen Wahrnehmungspunkt, von dem aus der spirituelle *Geist* seine Lebendigkeit in der physischen Wirklichkeit erfahren kann.

Wenn Schamanen im Kreis sitzen, zeigen sie damit, daß keinem Vorrang gebührt. Jede Person ist ein Kreis von Gewahrsein, die ihren individuellen Energieausdruck zum Wohlbefinden der ganzen Gruppe und zur Weiterentwicklung jedes einzelnen und aller beiträgt. Jede ist ein Energiesystem, das andere Energiesysteme berührt und von ihnen berührt wird, und alle sind zum Wohle jedes und aller durch den Kreis verbunden.

Ein Kreis stellt eine Position in Zeit und Raum und ein Mittel der »Dazugehörigkeit« her. Er liefert auch einen Richtungssinn, denn vom Mittelpunkt unseres eigenen individuellen »Gewahrseins-Kreises« gibt es für uns ein Vorne, Hinten, ein Links, ein Rechts, Oben und Unten. Das Medizinrad ist nicht zweidimensional, sondern kugelförmig und hat ein Zentrum. Somit kann man vier Segmente im Kreis wahrnehmen – eins vorn, eins hinten, eins links, eins rechts – Norden, Süden, Westen und Osten. Der Himmel oben, die Erde unten.

Der Punkt des Gleichgewichts im Mittelpunkt führt auch zur Entdeckung des »Inneren«. In alten Zeiten und bei einigen Naturvölkern wurde und wird der Richtung, in der Dinge räumlich festgelegt und hin- oder wegbewegt werden, Bedeutung beigemessen, ob nun die Windrichtung einen Wetterwechsel anzeigt, der Sonnenstand die Tageszeit bestimmt oder es sich um das Kommen und Gehen von Menschen und Ereignissen handelt. Jede Richtung wurde mit Eigenschaften der spirituell-*geistigen* Ökologie, der Art der Energiebewegung, mit den Elementen, die die Form der Dinge beeinflussen, sowie den Beziehungen zwischen den Lebewesen auf der Erde in Verbindung gebracht. Jede war ein Mittel des Zugangs zur spirituell-*geistigen* Ökologie und des unmittelbaren Kontakts mit den Naturkräften. Dadurch wurde es möglich, sich persönliches Verständnis über sonst verborgen gebliebene Aspekte des eigenen zusammengesetzten Seins zu verschaffen.

Ein Grund für die Eigenschaft des Medizinrads als Katalysator uralter Weisheit besteht darin, daß es auf Harmonie ausgerichtet ist und den ausgewogensten Weg anzeigt, auf dem ein Mensch sich mit dieser Ökologie in Bezug setzen, seine Energien gebrauchen und die ihm innewohnenden Potentiale entwickeln kann. Dank seiner Ausrichtung können wir unsere einzigartige Individualität entdecken und Verbindung zu allen Dingen herstellen, die uns zum besseren Ausdruck unserer selbst verhelfen. Die Ausrichtung des Medizinrads erlaubt dem spirituellen *Geist* den Vorrang mit Unterstützung durch den Geist oder Verstand. Menschen, die wissentlich oder unwillentlich nach Macht für egoistische Zwecke streben, wenden Methoden an, die diese Richtungen ändern, und geben in dem Glauben, daß Wissen durch Vernunft und Ergebnisse allein durch mentale Kraft kommen, dem Intellekt die Oberhand. Wir alle wurden so konditioniert und haben den mentalen Geist so sehr in den Vordergrund gestellt, daß der spirituelle *Geist* entweder vergessen oder ignoriert wurde.

Auf uns als Individuen bezogen, richtet das Medizinrad den Willen nach dem spirituellen *Geist* aus, um die Kraft »zu geben, was ich bin« bereitzustellen. Es befindet sich so in Harmonie mit dem Universum. Methoden, die den Willen nach dem Ego ausrichten, erzeugen die Kraft »zu bekommen, was ich will« – versuchen also, die unersättlichen, selbstsüchtigen Begierden des Ego zu befriedigen.

In Kapitel 6 wurde erwähnt, daß die Elemente Intelligenzen sind, die ihren Ursprung in einer nichtmanifesten Quelle haben. Damit diese nichtfaßbaren Kräfte von Menschen verstanden werden können, vergleicht man sie mit einer faßbaren Erscheinung mit vergleichbaren Eigenschaften, um ihre abstrakten Eigenschaften zu veranschaulichen – mit Luft, Feuer, Wasser, Erde (im Taoismus auch Holz und Metall).

Bevor wir uns jedoch an solche Verbindungen wagen, wollen wir uns zuerst mit einer Methode, den spirituellen *Geist* für uns zu gewinnen, vertraut machen, denn in der spirituell-*geistigen* Ökologie erfolgt die Verständigung mit dem spirituellen *Geist*. Unsere erste praktische Aufgabe in dieser Erfahrungsfolge besteht darin, in die Natur zu gehen und mit ihr auf eine völlig neue Art Kontakt aufzunehmen und dafür Lehren von der Natur zu erhalten. Diese Folge sollte sieben Tage oder gar Wochen lang ausgeführt werden, damit sich ihr voller Nutzen entfalten kann. Man kann sie auch wiederholen, denn es gibt Unerschöpfliches zu gewinnen. Wenn Sie die Natur besser kennenlernen wollen, müssen Sie sie wie einen Freund behandeln, mit ihr sprechen und ihr zuhören. Wählen Sie einen Tag, an dem Sie ohne Zeitdruck ins Freie gehen können. Nehmen Sie Notizblock, Stift und, sofern vorhanden, eine Rassel sowie einen Taschenkompaß mit.

ഌ഍ഌ഍ഌ഍ഌ഍ഌ഍

15. Erfahrung:
Sich mit der Natur
anfreunden

Bei Ihrer Ankunft in der Natur, sei es nun ein Park, ein Wald oder eine offene Landschaft, spazieren Sie ohne Hast herum, nehmen Sie all die Schönheit in sich auf und widmen Sie ihr liebevolle Gedanken. Begrüßen Sie die Natur.

In der Natur fällt es nicht schwer, Wertschätzung für Bäume, Blumen, Gras auszudrücken. Vögel und Tiere zu sehen, ein Lüftchen im Gesicht zu spüren, das leise Bachgemurmel zu hören – dies alles regt sowohl das Mentale wie auch den spirituellen *Geist* an. Aber wenn Sie wirklich wirksamen Kontakt wünschen, müssen Ihre Gedanken von Herzen kommen, als würden Sie sich einem guten Freund anvertrauen.

Äußern Sie also Ihre Gefühle. Sie brauchen sich nicht zu genieren. Niemand hört Sie, nur die Natur selbst, Bäume, Blumen, Vögel, Tiere. Und die freuen sich über das, was Sie zu sagen haben, weil heutzutage nur mehr wenige Menschen sich ihnen anvertrauen. Wir Menschen haben verlernt, *uns selbst* zu schenken. Wir haben sogar vergessen, was *Liebe* ist. Bitten Sie also Mutter Natur, Ihnen bei der Annäherung an sie zu helfen. Bitten Sie sie, Ihnen das Herz für ihre Liebe und die Liebesfähigkeit zu ihr zu öffnen.

148

Erfreuen Sie sich an all dem Schönen um Sie herum. Erfahren Sie die Schönheit mit all Ihren Sinnen. Beschränken Sie sich nicht aufs Sehen. Hören Sie sie, fühlen, riechen, schmecken Sie sie. Wenn Sie die Verbindung mit Mutter Natur spüren, beginnen Sie zu rasseln.

Gehen Sie langsam mit halbgeschlossenen Augen herum, rasseln Sie dabei sachte. Nach einer Weile scheint die Rassel Sie vielleicht zu einem bestimmten Baum zu führen oder Ihre Aufmerksamkeit auf einen Stein am Boden zu ziehen oder vielleicht auf eine Feder oder einen anderen kleinen Gegenstand. Hören Sie auf zu rasseln, nehmen Sie den Gegenstand, falls klein genug, in die linke Hand – Ihre empfangende Hand. Handelt es sich um einen großen Gegenstand – einen Baum, Busch oder Fels –, setzen Sie sich neben ihn.

Schließen Sie die Augen, bitten Sie um Rat, welche Eigenschaft Sie brauchen, um Sinn und Ziel in Ihrem Leben zu finden. Welche Qualität müssen Sie sich aneignen? Schlagen Sie die Augen auf, und warten Sie auf eine Antwort. Versucht das Objekt, das Sie in der Hand halten oder neben dem Sie sitzen, Ihnen etwas mitzuteilen? Weist die Natur um Sie herum Sie auf etwas hin, das Sie in der Vergangenheit nicht wahrgenommen haben?

Zieht irgend etwas in der Umgebung Ihre Aufmerksamkeit an? Versuchen Sie nicht, es verstandesmäßig zu ergründen. Seien Sie ganz entspannt, offen und empfänglich, dann kommt eine Lehre zu Ihnen. Wenn Sie die Antwort bekommen haben, schreiben Sie sie sofort auf, zusammen mit einem Kurzbericht über Ihre Erfahrungen.

Dann gehen Sie wieder rasselnd umher, diesmal voll Dankbarkeit und Liebe. Mit Hilfe Ihrer Rassel, die den Klang der Lebenskraft anregt, sättigen Sie die Gegend mit den harmonischen Schwingungen der Liebe und Dankbarkeit.

Nehmen Sie jetzt Kontakt zu den vier Dimensionen auf.

Wenn Sie einen Kompaß haben, bestimmen Sie Osten. Wenn nicht, orientieren Sie sich am Sonnenstand. Im Osten geht die

Sonne auf, je nach Jahreszeit und Tageszeit wird Osten jetzt links von der Sonne sein.

Schauen Sie ein paar Minuten nach Osten, mit der Absicht, sich mit dem spirituellen *Geist* des Ostens zu verbinden. Achten Sie auf intuitive Gefühle, auf Einfälle, die Ihnen in den Kopf kommen; sinnen Sie über jeden Gegenstand in der Umgebung nach, auf den sich Ihre Aufmerksamkeit richtet. Schreiben Sie Ihre Erfahrungen auf.

Dann drehen Sie sich nach rechts und schauen Sie gen Süden. Verfahren Sie wie vorher.

Dann wenden Sie sich nach rechts und schauen nach Westen. Wiederholen Sie das Ganze.

Nun drehen Sie sich noch einmal nach rechts, schauen Sie gen Norden, verfahren Sie wie oben.

Der letzte Schritt dieser Erfahrung soll Ihnen helfen, die Elemente in ihrem Gleichgewicht zu erkennen – Feuer, Luft, Wasser und Erde.

Schauen Sie in Richtung Sonne. Die Sonne hilft uns willig, uns mit dem Element des *Feuers* zu verbinden. Schicken Sie der Sonne liebevolle Grüße und rasseln Sie dabei. Dann hören Sie auf zu rasseln, und warten Sie auf eine Antwort. Machen Sie sich Notizen.

Als nächstes verbinden Sie sich mit *Luft*. Atmen Sie ein paarmal tief ein und aus, spüren Sie, wie Luft jeden Teil Ihres Seins durchdringt. Sinnen Sie darüber nach, wie Luft die Natur um Sie herum nährt und erhält. Danken Sie der Luft für den Lebensodem. Rasseln Sie für die Luft. Warten Sie auf eine Antwort.

Dann zum *Wasser*. Sinnen Sie über die Schönheit und Qualitäten des Wassers nach – wie es erfrischt und lindert, verdünnt und verteilt. Wenn es in der Nähe Wasser gibt, schauen Sie hin und schicken Sie ihm liebevolle Grüße. Rasseln Sie dem Wasser. Schreiben Sie die Antwort auf.

Schließlich zur *Erde*. Sinnen Sie über die Festigkeit der Erde unter Ihren Füßen nach. Betrachten Sie das schöne Kleid der

Erde. Ihr physischer Körper besteht aus Substanzen der Erde, danken Sie also der Erde, daß sie Sie in Ihrer körperlichen Existenz nährt und erhält. Rasseln Sie für die Erde, warten Sie auf Antwort.

Nach diesem ersten Vertrautmachen dürfen Sie sich von der Natur mit dem Versprechen zurückzukommen verabschieden. Gehen Sie zu Hause sorgfältig Ihre Notizen durch.

ॐॐॐॐॐॐॐॐॐ

Geben und Empfangen

Obige Erfahrung wird Ihnen ein weiteres wichtiges Prinzip gezeigt haben – das des Gebens und Empfangens – und daß es einen bedeutenden Unterschied zwischen dem Geben und Empfangen in Harmonie und dem Nehmen und Bekommen, das den Pfad des Selbstwillens beschreitet, gibt.

Da alles fließt, vibriert und seinen Gegenpol hat, muß es auch ein Geben und Nehmen geben, damit das Gleichgewicht erhalten und weiteres Empfangen möglich bleibt. Wenn wir also von der Natur ein Geschenk empfangen, haben wir auch die Verantwortung, etwas zurückzugeben – eine faßbare Geste unserer Wertschätzung und unserer Bereitwilligkeit, etwas von unseren Energien zum Nutzen der Natur auszutauschen. Die Indianer nennen diesen Austausch von Energien »Weggabe«.

Wenn Sie von jetzt an in die Natur gehen, nehmen Sie sich einen Beutel mit verschiedenen Kräutern, getrocknetem Lavendel, Tabak oder Maismehl als Ihre Gabe mit. Verstreuen Sie davon ein wenig an der Stelle, wo Sie sich aufgehalten haben, und danken Sie für die empfangenen Lehren. Sie können sogar einen Teil Ihrer selbst dalassen – Haarsträhnen, in Baumrinde geriebene Spucke, bei Gelegenheit auch Ihre Tränen. Lassen Sie sich dabei auf den wahren *Geist* des Gebens ein, und Sie werden später einen weiteren Segen empfangen.

Die stehenden Wesen

Die Indianer nennen Bäume die »stehenden Wesen«, denn obwohl Bäume leben und sich ihrer Existenz wie wir bewußt sind – wenngleich auf andere Weise –, bleiben sie an ihrem Standpunkt verwurzelt. Ein Baum wird von der Erde, seiner »Mutter«, genährt und von der Sonne mit Energie versorgt – seinem »Vater«, zu dem er die Äste und Blätter in Anerkennung erhebt. Ein Baum bildet somit eine »Verbindung« zwischen Himmel und Erde und ist ein »Wächter« unserer irdischen Umwelt, da er die Atmosphäre mit dem Sauerstoff, den er ausatmet, reinigt und das Kohlendioxid, das wir ausatmen, aufnimmt. Bäume reagieren empfindsam auf ihre Umgebung und können uns viel Weisheit weitergeben – wenn wir so demütig sind, ihre Lehren anzunehmen.

Nachdem Sie Verbindung mit der Natur aufgenommen haben, sind Sie jetzt aufnahmebereit für weitere Lehren über die Kommunikation mit der Natur und den Naturkräften. Ein Baum kann Ihnen den Weg dazu zeigen.

Suchen Sie sich wieder einen Tag aus, an dem Sie ohne Hast in der Natur verweilen können. Sie brauchen Bäume und dürfen nicht durch andere Leute abgelenkt oder gestört werden. Nehmen Sie Schreibzeug, einen Gabenbeutel und, falls vorhanden, eine Rassel mit.

ᏚᏚᏚᏚᏚᏚᏚᏚᏚᏚ

16. Erfahrung:
Erlernen spiritueller Kommunikation

Suchen Sie sich eine Stelle unter Bäumen, wo Sie ohne Ablenkungen und Störungen leise rasseln können. Bedenken Sie Ihr Motiv – Liebe und Harmonie – und Ihre Absicht – eine Lehre über die Kommunikation mit der Natur zu empfangen. Lassen Sie sich von einem bestimmten Baum anziehen. Hören Sie zu rasseln auf und bewundern Sie Form und Schönheit des Baums. Sagen Sie ihm, wie schön Sie ihn finden. Bitten Sie ihn, seine Energie mit Ihnen zu teilen.

Berühren Sie mit der linken Hand in Stirnhöhe den Stamm, legen Sie dann die rechte auf die linke Hand und betten Sie schließlich die Stirn auf den rechten Handrücken. Schließen Sie die Augen, entspannen Sie sich, klären Sie Ihren Geist. Atmen Sie langsam und tief ein, lassen Sie Ihr Gewahrsein im Baum sein. Spüren Sie, wie Energie aus der Erde von Ihren Füßen durch Ihren Körper gezogen wird, so wie die Säfte in einem Baum aufsteigen. Beim langsamen Ausatmen spüren Sie die warme Sonnenstrahlung vom Kopf bis zu den Fußsohlen und in die Erde wandern. Atmen Sie eine Weile so ein und aus, erfahren Sie, wie es ist, ein Baum zu sein. Lassen Sie ihn Ihnen seine Festigkeit und Stärke übertragen.

Jetzt lassen Sie die spirituell-*geistige* Intelligenz des Baumes mit Ihnen kommunizieren. Dies geht nicht über den Verstand, sondern geschieht allein dadurch, daß Ihr *Geist* in Verbindung mit dem Geist des Baumes steht. Und dies erreichen Sie, indem Sie Ihr Gewahrsein in den Baum richten. Sie konnten in der Erfahrungsübung 3 problemlos Ihr Gewahrsein in Ihre Hand richten, es handelt sich jetzt nur um eine Erweiterung dieser Erfahrung. Dann bitten Sie den Baum um eine Lehre über die Kommunikation mit der Natur und warten auf Antwort.

Was spüren Sie in Ihrem Körper? Ein Prickeln, vielleicht ein Gefühl von Wärme oder Kälte. Welche Bilder kommen Ihnen in den Kopf? Oder Worte? Werden Sie Ihrer inneren Gefühle gewahr – Freude, Glück, Liebe, freudige Erregung, Dankbarkeit, Stärkung vielleicht. Identifizieren Sie sich mit jeder Erfahrung, genießen Sie sie, sie ist bestimmt angenehm. Sie werden instinktiv erkennen, wann die Kommunikation beendet ist. Dann umarmen Sie den Baum, setzen Sie sich hin und lehnen sich an seinen Stamm an, schreiben Sie Ihre Erfahrungen auf.

Sie verstehen womöglich nicht sofort die ganze Bedeutung der »Botschaft«. Das kommt vielleicht beim Durchlesen Ihrer Notizen oder in einem unerwarteten Augenblick. Zum Schluß stehen Sie auf, danken dem Baum, bringen Ihre Gabe dar. Beenden Sie die Übung, indem Sie rasselnd um den Baum gehen.

ଊଊଊଊଊଊଊଊଊଊଊ

Sich mit den vier Elementen
verbinden

Jetzt können wir Verbundenheit mit den vier Elementen suchen. Wir beginnen mit *Luft*, denn auf dem Medizinrad ist Luft mit dem Norden sowie mit Klarheit und Erneuerung verbunden, die wir gerade in uns aufbauen.

Die Kraft des Nordens befähigt durch besseres Verständnis dessen, was in der Vergangenheit nicht verstanden oder wahrgenommen wurde, zum Neuanfang. Luft ist ein Element der beständigen Aktivität und Bewegung, stärkt, regt an und ist unberechenbar. Sie wird mit dem Geist und den ähnliche Eigenschaften aufweisenden Gedanken verglichen. Für diese Erfahrung müssen Sie mit Schreibzeug, Rassel und Gabe einen Ihnen schon vertrauten Fleck in der Natur aufsuchen.

ଊଊଊଊଊଊଊଊଊଊଊ

17. Erfahrung:
Verbindung mit dem Element der Luft

In der Natur angekommen, schwingen Sie zuerst die Rassel, dann lassen Sie sich zu einer Stelle leiten, an der Sie sich mit Luft verbinden können. Halten Sie dabei nach einem auf dem Medizinrad mit dem Norden und der Art des Empfangens verbundenen Zeichen aus dem Tierreich Ausschau. Eine Feder, ein Pelz- oder Haarbüschel, eine von einem Eichhörnchen verlorene Eichel etc. Dies wird Ihnen helfen zu erkennen, was Sie empfangen sollen.

Sie wollen Ihr ganzes Leben erneuern und eine neue, aufregende Phase der Selbsterkenntnis und Wandlung beginnen. Hören Sie auf zu rasseln, setzen Sie sich hin, halten Sie das Zeichen in der linken Hand und legen Sie die linke Hand auf den Nabel; dann die rechte auf die linke; dies verbindet das Zeichen mit dem Mittelpunkt Ihres Energiezentrums und Ihrer Verbundenheit mit allem. Bitten Sie, die wahre Natur des Empfangens zu verstehen.

Empfangen ist nicht zu verwechseln mit Bekommen oder Nehmen. Warten Sie wachsam auf Antwort. Sie kommt vielleicht in Gestalt vorbeiziehender Wolken, des Windes, in Gestalt am Himmel fliegender Vögel oder auf andere Weise. Notieren Sie, welche Lehre Sie empfangen haben. Jetzt verbinden Sie sich enger mit dem Element der Luft. Rufen Sie sich Ihr Motiv ins Gedächtnis zurück und daß der Kontakt zwischen Ihrem spirituellen *Geist* und dem spirituellen *Geist* der Luft hergestellt werden muß.

Lassen Sie Ihre Sinne erfahren, wie es sein muß, Luft zu sein. Spüren Sie die ungehinderte Bewegungsfreiheit. Fühlen Sie die sanfte Berührung der Luft im Windhauch, doch auch ihre ungeheure Kraft, mit der sie ein riesiges Flugzeug am Himmel hält. Lauschen Sie dem Klang der Luft im Wind. Riechen Sie ihre reine Frische. Schmecken Sie sie, lassen Sie sich durch sie beleben und anregen.

Bitten Sie jetzt den spirituellen *Geist* des Elements der Luft, Sie über Ihr Selbstbild zu belehren. Bitten Sie die Luft, Ihre Gedanken über sich selbst zu läutern, die nicht ganz der Wahrheit entsprechen, weil sie nicht Ihr *wahres* »Ich« betrachten, nur das, was Sie über sich *dachten*. Diese Gedanken hielten Sie davon ab, Ihr wahres Potential zu erkennen, weil sie Ihren Selbstwert geschmälert und Ihnen innere Stärke entzogen

155

haben. Wenn sie dann als das erkannt werden, was sie sind – mentale Konditionierung –, kann Ihre beschränkende Selbstsicht aufgelöst werden, so daß Sie Ihr Leben mit frischem Schwung erneuern können. Seien Sie entspannt, doch wachsam, achten Sie genau darauf, was die Luft Ihnen enthüllen möchte. Lauschen Sie auf das Flüstern des Windes! Was *sagt* die Luft? Wie *bewegt* sie sich? Aus welcher Richtung kommt sie, in welche Richtung zieht sie? Was möchte Ihnen die Luft wortlos *mitteilen?*

Notieren Sie sich Ihre Erfahrungen, und lassen Sie sie auf sich wirken. Dann verteilen Sie eine Gabe an den Wind und die Kraft des Nordens als Dank für die Enthüllung. Schauen Sie gen Norden und wiederholen Sie diese Frage viermal: »*Wie bin ich ein größeres Wesen, als ich zu sein denke*« Notieren Sie die Antwort. Danken Sie nochmals dem Element der Luft und dem spirituellen *Geist* des Nordens mit einer Gabe.

ဆဝဆဝဆဝဆဝဆဝဆဝ

Wir bewegen uns weiter zum *Westen* auf dem Medizinrad, um die Umwandlungskraft anzuregen, also die Fähigkeit, das, was war, in das, was sein kann, zu verändern. Dies ist ein Vorgang des *Werdens*, der Entwicklung der Potentiale.

Der Westen wird mit dem physischen Körper, dem Stofflichen, dem Mineralreich und dem *Halten* von Energie verbunden. Auf dem Medizinrad steht der Westen oft für einen »Ort der Innenschau«, wo die von innen kommende Kraft zu finden ist.

Im Westen können wir uns mit dem Element der *Erde* verbinden, die die Qualitäten Festigkeit, Dichte, Nähren und Manifestationskraft aufweist. Somit kann uns das Element der Erde helfen, das, was wir für unsere Selbstentwicklung, Sicherheit und unser Wohlergehen brauchen, ins Sein zu rufen. Kehren Sie mit Schreibzeug, Rassel und Gabe zu einem Ihnen bereits bekannten Ort in der Natur mit vielen Bäumen zurück.

ꘛꘛꘛꘛꘛꘛꘛꘛꘛꘛ

18. Erfahrung:
Verbindung mit dem Element
der Erde

Während Ihrer Suche nach einem Sitzplatz unter Bäumen rasseln Sie sachte und halten Sie Ausschau nach einem Stein oder Kiesel, der Sie anzieht, heben Sie ihn auf und bitten Sie um seinen Beistand. Wenn Sie intuitiv eine zustimmende Antwort fühlen, nehmen Sie ihn in der linken Hand mit und rasseln Sie weiter.

Wenn nicht, legen Sie den Stein dorthin, wo Sie ihn gefunden haben, und halten Sie weiter Ausschau nach einem Stein mit zustimmender Antwort. Dies ist Ihr mineralischer Beistand auf Ihrer Reise gen *Westen*.

Lassen Sie sich von einem Kraftplatz in der Nähe eines Baumes anziehen. Wenn Sie intuitiv fühlen, daß Sie den richtigen Platz geortet haben, rasseln Sie zur Einstimmung eine Weile in seiner Umgebung, und setzen Sie sich nach Westen schauend auf den Boden. Halten Sie den Stein fest in der linken Hand.

Nehmen Sie jetzt direkten persönlichen Kontakt mit dem spirituellen *Geist* des Elements der Erde auf, indem Sie einfach die Absicht dazu hegen. Ihr Motiv dafür ist Liebe und Harmonie. Die Verbindung zwischen Ihrem spirituellen *Geist* und dem spirituellen *Geist* des Elements der Erde hat nichts mit Verstandeskräften zu tun. Überlassen Sie sich Ihren Sinnen, *spüren* Sie, wie es sich *anfühlt*, Erde zu sein. Welche Bilder kommen Ihnen in den Sinn? Wie *klingt, schmeckt, riecht* Erde? Notieren Sie sich Ihre Erfahrungen.

Betrachten Sie den Stein in Ihrer Hand. Die Bedeutung des Westens liegt auf *Halten* – Behalten des Wesentlichen bei gleichzeitiger, für die Weiterentwicklung notwendiger Veränderung.

Suchen Sie zu ergründen, woran Sie festhalten, obwohl es Sie an wirklichen Fortschritten in allen Ihren Lebensaspekten behindert. Was hält Sie im Griff der Trägheit und in beständiger Wiederholung des gleichen alten, bisweilen seine Verkleidung ändernden Problems gefangen? Es klammert sich an Sie und umgekehrt, deshalb ändert sich nichts.

Untersuchen Sie den Stein in Ihrer Hand, seine Form. Bitten Sie den Stein um Hilfe bei der Erkenntnis, was Sie in Ihrem Leben ändern müssen, um mehr zu dem zu werden, was Sie innerlich wirklich sind. Untersuchen Sie seine Merkmale. An was erinnern sie Sie? Welche Bedeutung schreiben Sie den Merkmalen des Steins zu? Setzen Sie diese Bedeutung zu sich selbst und zu Ihren gegenwärtigen Lebensumständen in Bezug. Notieren Sie Ihre Erkenntnisse.

Halten Sie sich den Stein an den Nabel – die rechte Hand auf der linken. Schließen Sie die Augen, und sehen Sie diese Lebensumstände als eine Kraft – als eine nahezu »feste« Kraft, die Sie wie ein Gewicht hinunterzieht. Lassen Sie diese Kraft in den Stein ziehen und von ihm aufgenommen werden – *gehalten* werden.

Sie werden genau bemerken, wann das passiert, denn als würde Ihnen ein Gewicht von den Schultern genommen, fühlen Sie sich dann frei und erleichtert. Jetzt begraben Sie den Stein in weicher Erde in der Nähe Ihres Sitzplatzes. Die Erde wird die negative Energie aufnehmen und wieder dem Kreislauf zuführen, damit sie keinen Schaden anrichtet.

Sie sind jetzt für eine unmittelbare Lehre der Erde bereit. Setzen Sie sich, Füße schulterbreit geöffnet, Rücken an einen Baum gelehnt, nach Westen gerichtet; zwischen Ihren Beinen und Füßen muß ein Stück Boden sein. Lenken Sie Ihre Aufmerksamkeit auf dieses Stück Boden und bitten Sie das Element der Erde, Sie über Ihre Bedürfnisse und Lebensumstände zu belehren. Wie können Ihnen die Qualitäten des Elements der Erde helfen? Denken Sie an Ihr Motiv der Liebe und Harmonie und Ihre Absicht, sich darüber belehren zu lassen, wie Sie innere Sicherheit erlangen können.

Schreiben Sie die Botschaft zur eingehenden Betrachtung auf. Dann schauen Sie zum Horizont im Westen und stellen viermal die Frage: »Auf welche Weise kann ich das, was ich bin, am besten manifestieren?« Notieren Sie die Antwort.

Zum Schluß verteilen Sie Ihre Gabe als Dank an das Element der Erde und den spirituellen *Geist* des Westens, rasseln Sie eine Weile, bevor Sie weggehen.

ళళళళళళళళళళ

Als nächstes wollen wir uns bei der Arbeit mit dem Medizinrad auf unserem Weg nach Osten zum Mittelpunkt bewegen, denn dort können die Energien ins Gleichgewicht gebracht und harmonisiert werden. Dazu suchen wir unseren ruhigen Platz bei uns zu Hause auf.

Doch zuvor möchte ich Sie in eine andere wichtige schamanische Technik einführen.

Räuchern

Vor jeder schamanischen Tätigkeit ist es unerläßlich, negative Schwingungen in der unmittelbaren Umgebung und in sich selbst zu zerstreuen. Es ist dem Händewaschen vor dem Kochen oder Essen vergleichbar. Die Indianer waren mit den Pflanzen ihres Lebensumfelds vertraut und kannten ihre speziellen, für den Menschen hilfreichen Eigenschaften. Sie schätzten Salbei sehr, weil beim Verbrennen sein Rauch die Atmosphäre und selbst die Fasern der menschlichen Aura reinigt. Dies nennt man »Räuchern«.

Getrockneter Salbei, manchmal vermischt mit Süßgras, einer nordamerikanischen Pflanze, die beim Verbrennen erfrischt und positive Energien verströmt, oder Lavendel, der über ähnliche Eigenschaften verfügt, wird zu einem Bündel zusammengebunden und am einen Ende angezündet, damit beim Glimmen Rauch entsteht. Solche Bündel oder Stäbchen kann man in speziellen Fachgeschäften erhalten. Man kann sich aber auch selbst aus getrocknetem Salbei und einer Prise Lavendel eine Räuchermischung herstellen.

Diese Mischung gibt man in eine Tonschale, zündet sie an und fächelt sie an, damit angenehm duftender Rauch entsteht. Möglicherweise muß man ziemlich heftig fächeln, um das Feuer am Glimmen zu halten. Der Rauch verteilt sich dadurch im Raum und zu einem selbst hin. Fächeln Sie den Rauch zuerst zu Ihrer Brust, dann zum Kopf, dann den Körper hinunter zu den Füßen, damit der ganze Energiekörper damit bedeckt wird. Atmen Sie dabei ein- oder zweimal tiefer ein, um den Rauch zu inhalieren. *Der Rauch macht keinesfalls süchtig!* Räuchern wirkt vielmehr wohltuend.

Ein Räucherbündel müssen Sie nach dem Räuchern in einem kleinen, mit Erde oder Sand gefüllten Tongefäß auslöschen, eine brennende Räuchermischung erlischt normalerweise, wenn man nicht ständig fächelt, von allein.

Die nächste Erfahrung findet an einem ruhigen Ort im Haus statt, Sie dürfen etwa eine Stunde lang nicht gestört werden und brauchen Kerze, Kerzenständer, Räucherbündel bzw. Räuchermischung samt Gefäß, einen kleinen Fächer oder ein Stück Pappe, lange Streichhölzer, eine Rassel und Schreibzeug. Achten Sie auf Feuersicherheit und darauf, daß alle Utensilien griffbereit liegen.

ႩႩႩႩႩႩႩႩႩႩ

19. Erfahrung:
Verbindung mit dem Mittelpunkt aufnehmen

Zünden Sie Räucherbündel bzw. -mischung an und fächeln Sie den Rauch zu sich heran, räuchern Sie sich. Dabei beachten Sie das reinigende, läuternde Ziel und Ihr Motiv der Liebe und Harmonie. Nach Gebrauch löschen Sie das Räucherbündel bzw. vergewissern sich, daß die Mischung nicht mehr glimmt. Zünden Sie dann Ihre Kerze an.

Setzen Sie sich in Reichweite der Kerze bequem auf den Boden oder auf einen Stuhl. Schwingen Sie im Sitzen die Rassel, konzentrieren Sie sich dabei auf Ihre Absicht, daß Sie Verbindung mit Ihrem Mittelpunkt aufnehmen wollen.

Legen Sie die Rassel hin, richten Sie die Aufmerksamkeit auf die Kerzenflamme, die Ihren eigenen Mittelpunkt symbolisiert. Durch das Anzünden der Kerze und das Hervorbringen einer Flamme haben Sie eine symbolische Verkörperung des »Lichts« in Ihrem Mittelpunkt geschaffen.

Durch dieses innere Licht können Sie bislang Verborgenes auf einmal wahrnehmen. Das Ungesehene ist immer *da*, aber im Dunkel verborgen, bis das spirituelle Licht die Dinge erleuchtet, damit sie so, wie sie sind, gesehen werden.

Der Mittelpunkt ist der »Ort des harmonischen Seins« auf dem Medizinrad. Hier werden alle Energien zusammen und ins Gleichgewicht gebracht. Hier können Sie mit Ihrer eigenen Quelle Kontakt aufnehmen, denn hier, im wahren Kern, wurden Sie als körperliches Wesen im Leib Ihrer Mutter zusammengefügt, um ein menschliches Individuum zu werden.

»Individuell« stammt vom lateinischen »individuus«, was »ohne Teilung« bedeutet. Wahre Individualität bedeutet somit, in Harmonie mit allem anderen gebracht zu werden und nicht von ihm getrennt zu sein. Das bedeutet, daß wir unser inneres und äußeres Selbst in Harmonie mit der Ganzheit unseres Seins zusammenbringen. Sinnen Sie ein wenig über die Kerzenflamme als Symbol eines inneren Lichts, das Sie überall begleitet, nach. Es ist immer da, immer bei Ihnen in einem immergegenwärtigen *Jetzt*. Alles, was je war, ist auch hier im Mittelpunkt, und alles, was je sein wird, kommt von hier, vom inneren Mittelpunkt, dem Ursprung.

Bringen Sie jetzt ein Problem, das Sie immer wieder in Ihrem Leben aus dem Gleichgewicht brachte, ans Licht. Identifizieren Sie es. Überlegen Sie, wie es entstand. Durch Erwartungen eines anderen an Sie? Durch Festhalten an etwas? Eine Forderung, die jemand an Sie gestellt hat? Die Folge einer Ihrer Handlungen oder Unterlassungen? Suchen Sie nach einem oder mehreren Schlüsselwörtern, schreiben Sie sie auf ein kleines Blatt Papier.

Indem Sie das Problem in einem neuen Licht sehen – nicht länger als ein Sie niederdrückendes Hindernis, sondern als eine Gelegenheit für neuen Fortschritt und als Anfang Ihrer Eigenverantwortung für Ihr Leben und Ihr Schicksal –, können Sie es lösen.

Vertrauen Sie dieses Problem Ihrem inneren Licht an. Da es in Ihrem Leben immer wieder, möglicherweise in unterschiedlicher Form, aufgetaucht ist, wollte es Ihnen etwas Wichtiges beibringen. Was versuchte es Sie zu lehren? Welche Lektion zu Ihrem letztendlichen Nutzen und Wohlergehen wollte es Ihnen erteilen? Welche Art von Herausforderung stellte es Ihnen? Lassen Sie Ihr inneres Licht neues Licht darauf strahlen, damit Sie es als neue Möglichkeit wahrnehmen können. Schreiben Sie Ihre Erkenntnis auf.

Jetzt lassen Sie allen Groll, alle Angst oder Schuld, die diesen Zustand begleitet haben, ziehen. Vergeben Sie der Person, die Ihnen durch Taten oder Unterlassungen diesen Schmerz zugefügt hat. Das schließt auch *Sie* mit ein. Vergeben Sie *sich* für die Gefühle des Grolls, der Enttäuschung, Ungerechtigkeit und sogar Schuld, die Sie erfahren und genährt haben. Lassen Sie sie verschwinden, indem Sie das Blatt Papier der Flamme übergeben. Beobachten Sie, wie es von der Flamme verzehrt und in neue innere Stärken verwandelt wird. Werfen Sie die Überreste des Papiers in eine Räucherschale.

Notieren Sie sich die neuen Erkenntnisse.

Jetzt stellen Sie, während Sie in die Flamme schauen, viermal die Frage: »Wenn ich mich im Mittelpunkt meines eigenen Seins befinde, bin ich dann Schöpfer meiner eigenen Wirklichkeit?«

Schreiben Sie wieder die Antworten auf. Dann blasen Sie die Kerze aus und räumen die verwendeten Utensilien auf.

၈၁၈၁၈၁၈၁၈၁၈၁၈၁၈၁၈၁၈၁

Die nächste Erfahrung soll Sie mit dem Element des Feuers verbinden, dem man sich im Osten auf dem Medizinrad nähert und das mit dem menschlichen Reich assoziiert wird. Die Kraft des Ostens ist Erleuchtung – eine Fähigkeit, die uns die Dinge von einer »höheren« Warte aus wahrnehmen läßt, denn von Osten kommt das Sonnenlicht täglich in der Morgendämmerung zu uns, um die Dunkelheit zu zerstreuen. Der Osten ist mit dem spirituellen Geist verbunden und betont die Bestimmung der Richtung, in die unsere Energien fließen.

Wählen Sie eine Stelle im Freien mit einem Hügel oder Abhang, von wo aus Sie auf die Landschaft unten blicken können, und einen Zeitpunkt, zu dem die Sonne scheint. Nehmen Sie Schreibzeug und Rassel mit.

၈၁၈၁၈၁၈၁၈၁၈၁၈၁၈၁၈၁၈၁

20. Erfahrung:
Verbindung mit dem Element des Feuers aufnehmen

An Ihrem gewählten Ort rasseln Sie erst einmal mit der Absicht, Verbindung mit dem Element des Feuers aufzunehmen und zu lernen, wie Ihr Leben stärker in Einklang mit Ihrem spirituellen *Geist* kommen kann.

Schauen Sie zum Horizont im Osten, bitten Sie den spirituellen *Geist* des Ostens, einen Aspekt Ihres Lebens zu erleuchten, der Ihnen bisher unklar war und bei dem Sie nicht wußten, welche Richtung Sie einschlagen sollten. Erleuchtung befähigt uns, die Dinge zu sehen, wie sie sind, und ist somit eine

Kraft der Unterscheidung. Seien Sie wachsam und aufmerksam, aber ohne vorgeformte Ideen, die Erkenntnis kommt wahrscheinlich unerwartet zu Ihnen. Wenn sie kommt, machen Sie sich Notizen.

Schauen Sie jetzt in Richtung Sonne, aber nicht genau zur Sonne hin. Die Sonne ist ein großer Feuerball, eine Quelle von Licht und Strahlung, die allen Lebewesen in unserem Sonnensystem das Leben ermöglicht. Verbinden Sie sich durch die Sonne mit dem Element des Feuers. *Atmen* Sie diese leuchtende Sonnenenergie ein. *Fühlen* Sie ihre Strahlung und Ausdehnung. *Spüren* Sie die warmen Sonnenstrahlen auf dem Gesicht. Erfahren Sie die Klarheit der Sicht, zu der die Sonne Sie befähigt, damit Sie Dinge aus der Entfernung wahrnehmen können. Riechen Sie den *Duft*, den das Herz der Sonne aus der Natur um Sie herum freisetzt, *schmecken* Sie die Sonne. Spüren Sie die *verändernde Kraft* der Sonne – des Feuers. Wie muß es sein, die Sonne zu sein und solche Kraft zu erzeugen? Feuer zu sein? Erfahren Sie das Feuer Ihres spirituellen *Geistes!*

Bitten Sie jetzt das Element des Feuers um Erleuchtung, indem es Sie lehrt, Entscheidungen mit Ihrem spirituellen *Geist* und nicht durch Ihr Ego zu treffen, damit Ihr Leben stärker mit dem Ziel Ihrer Seele harmonieren kann. Schreiben Sie Ihre Erfahrungen auf.

Erkennen Sie, daß auch Sie eine »Sonne« sind. Eine »Sonne« im Mittelpunkt Ihres eigenen »Bewußtseinsuniversums«. Und jetzt treten Sie ins Licht der Erkenntnis, was Sie wirklich sind. Stellen Sie sich viermal die Frage: »Was habe ich noch nicht entdeckt, was zu sein ich gewählt habe?«

Schreiben Sie die Antwort auf.

Ihre Gabe sollte diesmal von Ihnen selbst stammen: ein paar Haare oder vielleicht etwas Spucke.

Danken Sie der Kraft des Ostens und dem Element des Feuers, indem Sie vor Ihrem Weggehen noch eine Weile rasseln.

Denken Sie wieder in den folgenden Tagen über die empfangenen Lehren nach.

❧❧❧❧❧❧❧❧❧❧❧

Die Bereitschaft, Neues zu lernen, kann durch Verbundensein mit der Kraft des Südens erworben werden. Sie bedeutet, für neue Ideen offen zu sein – wie ein Kind neue Erfahrungen als ein aufregendes Abenteuer der Entdeckung zu betrachten. Es bedeutet Leben nahe an der Sonne, deshalb wird der Süden auf dem Medizinrad oft »der Ort nahe an« genannt.

Für die nächste Erfahrung brauchen Sie einen Platz unter freiem Himmel nahe am Wasser – an einem See, Fluß oder Bach. Nehmen Sie Rassel und Schreibzeug mit.

❧❧❧❧❧❧❧❧❧❧❧

21. Erfahrung:
Verbindung mit dem Element des Wassers aufnehmen

Lassen Sie sich von einer Stelle anziehen, wo Sie am Wasser sitzen und nach *Süden* schauen. Rasseln Sie sachte mit der Absicht, durch die Kraft des Südens Aufgeschlossenheit zu erreichen, durch die Sie eine Wahrheit über Ihre eigene Identität verstehen können. Der Süden wird auf dem Medizinrad mit dem Element des *Wassers* verbunden und beeinflußt insbesondere den Energiekörper und die Emotionen. Er wird mit dem Pflanzenreich assoziiert, seine Betonung liegt auf dem Geben.

Sitzen Sie mit Blick aufs Wasser, werden Sie sich des Wasserflusses gewahr. Beobachten Sie seine Bewegung und stimmen Sie sich darauf ein. Beachten Sie, wie es sich auf seine Umgebung einstellt. Betrachten Sie die Form, die es dem es umschließenden Land verleiht. Lauschen Sie auf den heilenden Klang des Wassers und seinen beruhigenden Rhythmus. Stehen Sie auf, tauchen Sie die Hände ins Wasser. Spüren Sie seine Flüssigkeit, seine Beschaffenheit. Sinnen Sie darüber nach, wie sehr die Gegenwart von Wasser erfrischt.

Bitten Sie jetzt den spirituellen *Geist* des Elements des Wassers um eine Belehrung, wie Sie sich, ohne verletzbar zu sein, geben können – wie Sie am besten Ihr wahres Selbst ausdrücken können. Bitten Sie um Einsicht, wie Sie mit Ihren Gefühlen ausgeglichener und harmonischer umgehen können. Schreiben Sie die Erfahrungen auf.

Knien Sie jetzt am Ufer nieder, schauen Sie auf Ihr Spiegelbild im Wasser. Stellen Sie folgende Frage viermal, jedesmal mit einer anderen Betonung, sinnen Sie jeweils über die Antwort nach, ehe Sie erneut fragen: »Wer bin ich?« Notieren Sie die Antwort, streuen Sie eine Gabe ins Wassser und rasseln Sie dem Wasser als Dank, ehe Sie weggehen.

છ🙰છ🙰છ🙰છ🙰છ🙰છ🙰

Wir haben die vier Richtungen durchquert, jetzt müssen wir zum Mittelpunkt zurückkehren, um Kontakt mit dem Innen aufzunehmen. Die letzte Übung in dieser Folge sollte zu Hause durchgeführt werden und dauert etwa eine Stunde. Sie brauchen dazu Kerze, Kerzenhalter, Räucherutensilien, Streichhölzer, eine Rassel und Schreibzeug.

ഇഇഇഇഇഇഇഇഇഇ

22. Erfahrung:
Verbindung mit dem inneren Mittelpunkt aufnehmen

Stellen Sie Kerze und Räucherutensilien vor sich auf. Zünden Sie die Kerze als Zeichen des Wechsels von Alltags- zu Schamanentätigkeit an. Befächeln Sie sich und die unmittelbare Umgebung mit Rauch. Rasseln Sie dann um sich herum und um den Tisch, auf dem die Räucherutensilien stehen.

Die innere Flamme um den Docht innerhalb der »äußeren« Flamme symbolisiert den spirituellen *Geist* im Kern Ihres Seins – die Essenz im Herzen der Flamme. Den spirituellen *Geist* kann man als inneren Geist beschreiben, dessen Erkenntnis nicht durch Folgerungen und Überlegungen erlangt wird, sondern der aus einer Weisheit wirkt, weil er länger als Ihr mentaler Geist besteht und sein Gewahrsein über den Verstand hinausreicht. Meditieren Sie eine Weile darüber.

Rufen Sie sich alle persönlichen Lehren aus Ihrer Arbeit am Medizinrad und dieser Erfahrungsfolge in Erinnerung, bedenken Sie ihren tieferen Sinn. Schreiben Sie neue Erkenntnisse auf.

Rasseln Sie um sich herum, danken Sie für die neuen Lehren. Ehe Sie die Flamme auslöschen, bedenken Sie, daß die Flamme Ihre eigene innere Wirklichkeit verkörpert, daß aber Ihr inneres Licht nie erlischt.

ഇഇഇഇഇഇഇഇഇഇ

Ihre Reise um das Medizinrad hat Sie von Norden nach Westen, über den Mittelpunkt nach Osten und nach Süden geführt und so das Wakan-Tanka-Symbol beschrieben, das als Form manifestierte Energie verkörpert und die unsichtbare Wirklichkeit, das Innen, zur materiellen Wirklichkeit außen werden läßt. Durch die Aufnahme der Verbindung mit dem Mittelpunkt und Ihrem Ausgangspunkt haben Sie eine Acht gezogen – ein Symbol unendlicher Möglichkeiten.

Sie haben nunmehr den Grundstein dafür gelegt, daß Ihre Zukunft voll unendlicher Möglichkeiten ist!

Meine Seele
Ich habe einen Körper ganz offensichtlich
Aber weißt du auch, das allein bin nicht ich
Nicht nur ein Körper mit Haut und Haar
Bin ich noch mehr – innen drin gar
Bin mehr, als was das Auge sieht
Bin mehr, doch dies den meisten flieht
Dies Besond're ist die Seele mein
Lenkt und führt den Körper mein
Was du siehst als mein äuß'res Ich
Nur eine bloße Maske ist!

Von meiner Enkelin Angela im Alter von zwölf Jahren verfaßt

9. Die Wirklichkeit der Seele

Die meisten Menschen beschäftigen sich nur selten mit der Seele. Wenig oder nichts weiß man über sie, was sie ist, warum es sie gibt und zu welchem Ziel. Für viele ist die Seele ein nichtfaßbares »Etwas«, das im Religiösen eine Rolle spielt. Mit anderen Worten, sie ist etwas, woran man eher glaubt, als daß man etwas über sie weiß. Auch die Wissenschaft weiß nichts über sie, da sie sich nur mit der physischen Welt beschäftigt. Lexika definieren die Seele verschwommen als »immateriellen Teil des Menschen« und »eine vom Körper unabhängige Wesenheit«. Seit Jahrtausenden schon spekulieren die Denker der Welt über die Existenz der Seele, ihr Wesen und ihr Ziel. Der griechische Philosoph Plato (429–347 vor Christus) meinte z. B., daß die Seele nicht die Person aus Fleisch und Blut, sondern das »wahre« Individuum sei. Der Athener Philosoph Sokrates (469–399 vor Christus) kam zu dem Schluß, daß die Seele eine unsichtbare Intelligenz sei, die den Körper mit seinem Gefühl der Lebendigkeit ausstatte und vor der menschlichen Gestaltwerdung existiere.

Im Frühchristentum vertrat man die Vorstellung von der Seele als unsterblichem Wesen, das mehrere aufeinanderfolgende Leben durchläuft. Erst 553 wurde dieser Glaube auf dem Konzil von Konstantinopel mit dem Bann belegt; und jene, die weiter daran festhielten, wurden als Häretiker gebrandmarkt!

Der Begriff »Reinkarnation« wurde in der Mitte des 19. Jahrhunderts im Zuge der spiritualistischen Renaissance geprägt. Die Theologie steht auf dem Standpunkt, daß eine Gottheit von außen die Seele schuf, die Seele den mentalen Geist ins Leben rief und der mentale Geist den physischen Körper formte. Dieser Annahme zufolge waren die »Fleischeslust« und die Sehnsüchte des Körpers Hindernisse bei der Wiederkehr der Seele zu ihrem Ursprung – der Gottheit. Die westliche Mystiktradition basiert auf einer ähnlichen Vorstellung von Seele.

Der französische Philosoph René Descartes (1596–1650) setzte den mentalen Geist oder Verstand mit der Seele gleich. Sein Postulat »Ich denke, also bin ich« besagte, daß Denken gleich Existieren sei. Er folgerte, daß die gesamte Natur des Menschen in der *Denk*fähigkeit begründet sei. Anders ausgedrückt, ein menschliches Wesen sei im wesentlichen ein denkendes Wesen! Gegen Ende seines Lebens behauptete Descartes, der Sitz der Seele befände sich in der Zirbeldrüse im Gehirn. Aus dieser Spekulation entwickelte sich die Annahme, wir seien Wesen mit einem Geist, und in uns befände sich eine Seele, nämlich der uns beeinflussende und steuernde mentale Geist. Als Folge dieser Vorstellung verkam die Seele zum Sklaven des Verstandes!

Was ist also die Seele? Ist sie vom Körperlichen und Geistigen getrennt? Oder ein Bestandteil des einen oder anderen oder aller beider? Ist sie eine Art unsichtbarer Dampf oder ein »Geist«, der irgendwie an uns »gebunden« ist?

Unsere Seele ist ganz einfach unser *inneres* Sein. Sie beherbergt unseren eigenen unerschöpflichen schöpferischen Ursprung. Die Seele ist für den spirituellen *Geist*, was die Knochen für den Körper sind – der Haltungsapparat auf spirituell-*geistiger* Ebene. Schöpferkraft kommt von der Seele, nicht vom mentalen Geist. Der Geist ist ein Prozeß, den die Seele nutzt, damit sie ihre Schöpferkraft in physischer Form ausdrücken kann. Wenn Sie schöpferisch sind, kommen Sie in Einklang mit Ihrer Seele und Ihrem eigenen spirituell-*geistigen* Ursprung.

Weit davon entfernt, eine verschwommene nichtfaßbare »Wesenheit« jenseits der Vorstellungskraft zu sein, ist Ihre Seele Ihnen sehr nahe, da sie Ihr inneres Sein ist. Sie hat Gefühle, erlebt Freude und Trauer, Begeisterung und Niedergeschlagenheit, Aufregung und Traumen, denn sie ist die Quelle Ihrer wahren Gefühle. Nicht Ihrer Emotionen, diese sind mit Gedanken verbunden –, sondern Ihrer Gefühle. Der Geist ist die Quelle Ihrer Emotionen, weil Emotionen Bewegungen im Mentalkörper sind. Reines Gefühl hingegen ist eine Qualität des Seelengewahrseins, kein mentaler Zustand, und verfügt über Beständigkeit, die der Emotion abgeht. Ein wahres Gefühl ist auch nicht zu verwechseln mit Glaube. Ein Glaube ist eine intellektuelle Überzeugung – eine Haltung des mentalen Geistes –, wohingegen ein Gefühl eine Erfahrung des »Herzens« und eine Antwort der Seele ist. Am Glauben kann man durch Übung des Verstandes festhalten. Ein Gefühl ist spontaner, fließender, weniger faß- und beschreibbar.

Moderne schamanische Techniken sind die heutige Entsprechung zu dem, was die Indianer den »Weg mit dem Herzen« nannten, was die Richtung, in die die Seele zu gehen trachtet, bedeutet. Das erwähnte Herz ist natürlich nicht das körperliche Herz, sondern das Herz der Seele, das die spirituelle *Geist*-essenz durch unser ganzes Sein kreisen läßt. Das körperliche Herz befindet sich im Mittelpunkt unserer manifesten Sterblichkeit. Das Herz der Seele befindet sich im Mittelpunkt unserer potentiellen Unsterblichkeit. Die Seele verfügt über Identität und Intelligenz – ist sich ihrer eigenen Individualität gewahr. Es ist das Selbst, das die Intelligenz der Seele ausmacht, deshalb könnte man es »Seelen-Selbst« nennen, weil es der höchste, edelste, am weitesten entwickelte, spirituell-*geistigste* Aspekt unseres ganzen Seins ist. Manchmal wird es als Hohes Selbst bezeichnet, nicht nur wegen seines erhöhten Gewahrseins, sondern weil in bezug auf den physischen Körper sein Zentrum des Gewahrseins über dem Kopf lokalisiert ist.

Ihre Seele befaßt sich mit der Richtung Ihres Lebens und Ihren Alltagsgeschäften. Nur wenige Menschen versuchen zu ergründen, was die Seele über eine Situation ihres Lebens oder über ihre Arbeit fühlt. Als nächstes werden Sie die Antwort Ihrer Seele auf einen beliebigen Aspekt Ihres Lebens spüren. Zu diesem Zweck betrachten Sie Ihren Arbeitsplatz oder die Art von Arbeit, der Sie nachgehen sollten, um im Beruf Befriedigung zu finden.

ဆဝဆဝဆဝဆဝဆဝဆဝဆဝဆဝဆဝ

23. Erfahrung:
Die Seelenantwort spüren

Diese Erfahrung findet in einem ruhigen Raum statt. Zünden Sie eine Kerze als Brennpunkt Ihrer Aufmerksamkeit an, halten Sie Schreibzeug bereit.

Betrachten, kontemplieren Sie Ihre Situation am Arbeitsplatz. Wenn Sie arbeitslos sind, denken Sie an die Arbeit, die mit Ihrer Seele harmonieren würde. Diese Technik können Sie auf alle Lebensbereiche anwenden.

Kontemplation stammt vom lateinischen »contemplare«, was soviel wie »mit Aufmerksamkeit schauen« oder »mit Einsicht schauen« bedeutet. Sie streben gerade eine Einsicht in die Seele nach einem Aspekt Ihres Lebens an. Schauen Sie in die

172

Flamme, konzentrieren Sie sich darauf, was Sie angesichts Ihres Arbeitsplatzes fühlen. Oder angesichts der Arbeit, für die Sie sich befähigt halten.

Konzentrieren Sie sich auf das Wesen der Arbeit und die Mühe und Hingabe, die sie erfordert. Welche Gefühle erzeugt diese Kontemplation in Ihnen? Freude, Aufregung, Wärme, Lebendigkeit, das Gefühl, etwas geleistet zu haben? Oder Traurigkeit, Enttäuschung, Widerwillen, Schwermut? Identifizieren Sie jedes Gefühl. Benennen Sie es, schreiben Sie es auf. Denken Sie jetzt nicht darüber nach. Das können Sie später tun. Das Entscheidende bei dieser Übung ist, zu erkennen, welche Gefühle durch die Kontemplation eines bestimmten Aspekts Ihres Lebens in Ihnen aufsteigen.

Obwohl bestimmte Arbeiten vielleicht nicht den Präferenzen des Geistes entsprechen, kann die Antwort der Seele ganz anders ausfallen. Es gibt viele Arbeiten, die manchen Leuten unattraktiv und zu gewöhnlich vorkommen, aber ganz entscheidend zum Wohlergehen einer größeren Gruppe beitragen. Solche Arbeiten sind nicht nur lohnend, sondern können auch »gut für die Seele« sein, und die Seele erkennt ihren Wert für den spirituellen *Geist* an.

Wenn Sie bestimmte Aspekte Ihres Arbeitslebens kontempliert und eine Liste der dabei entstandenen Gefühle geschrieben haben, meditieren Sie über jedes dieser Gefühle. Was sagt Ihnen die Antwort der Seele über die Angemessenheit Ihres Arbeitsplatzes? Stimmt diese Arbeit mit Ihren inneren Gefühlen und Ihrer wahren Entwicklung überein?

෨෨෨෨෨෨෨෨෨෨

173

Der Seelenkörper

Die Seele ist ein »Körper«, der als Mittel dient, um im Universum der Seele zu funktionieren und Ihre individuelle Existenz da zu erfahren, so wie Ihr physischer Körper Sie befähigt, in der physischen Welt Ihre körperliche Existenz zu erfahren. Der Seelenkörper kann auch verletzt werden und Teile von sich verlieren! Die Seele ist eine Datenbank mit den gespeicherten Erinnerungen all dessen, was sie für ihre Weiterentwicklung erfahren hat. Der Seelenkörper funktioniert wie ein riesiges Hologramm – wie auch das vieldimensionale Universum –, was bedeutet, daß in jedem von uns in seiner Eigenschaft als vieldimensionales Sein die Wahrheit des ganzen Universums liegt!

Der Seelenkörper besteht aus einer Substanz, die die Schamanen aller Kulturen als eine wunderbare innere Kraft verstanden, die jedes Lebewesen mit der Fähigkeit zu leben ausstattet. Die Substanz des Seelenkörpers ist mit ebender Energie der Lebenskraft identisch. Im physischen Körper versorgt das Blut jede Zelle mit Lebensenergie, im Mentalkörper halten die Gedanken den Geist lebendig. Auf der Seelenebene macht die Bewegung des Chi die Substanz der Seele aus. Und genau die Bewegung des Chi erzeugt das immaterielle Licht. *Also ist die Seele ein Lichtkörper!*

Der Seelenkörper ist somit ein dynamisches Energiefeld, das in sich die Intelligenz des Seelenselbst in ein paralleles Universum, das Seelenreich des Seins, überträgt. Die Substanz des Seelenkörpers verfügt in dieser Dimension über Strahlung. Wenn wir eine Person als »strahlend« beschreiben, nehmen wir die Substanz des Seelenkörpers dieser Person wahr. Die »Gestalt« des Seelenkörpers kann man als eiförmig beschreiben, doch wo die Integration mit dem Seelenselbst gerade stattfindet, ähnelt sie eher einer Kerzenflamme – ein weiterer Grund, weshalb Kerzen eine so wichtige Rolle in religiösen und mystischen Praktiken spielen, denn sie »erinnern« an das Bedürfnis

174

nach Übereinstimmung zwischen dem seelischen Lichtkörper und dem Seelenselbst! Wo ein Mensch den Kontakt mit dem Seelenselbst verloren hat (und es ihm so an »Bewußtsein« und anderen spirituell-*geistigen* Qualitäten mangelt), ist die Verbindung zum Seelenselbst unterbrochen, wenngleich nicht zerrissen.

Da der Seelenkörper aus »Licht« besteht, kann er sich ausdehnen, wenn sein Licht sich verstärkt, oder bei abnehmender Strahlung zusammenziehen, und er bildet einen Kokon für den physischen und den Energiekörper, bis diese abgeworfen werden, wenn der spirituelle Geist ihnen im Tod sein Leben entzieht. Das »Licht« des Seelenkörpers ist vielfarbig aufgrund der »positiven« Attribute, die hellere oder strahlendere Farben erzeugen, und der »negativen« Tendenzen, die sich in düsteren Farben ausdrücken. Obwohl der Seelenkörper immateriell ist, kann man eine Idee seiner »körperlichen« Ausmaße im Verhältnis zum physischen Körper« bekommen.

ଈ୨ଈ୨ଈ୨ଈ୨ଈ୨ଈ୨ଈ୨ଈ୨

24. Erfahrung:
Den Seelenkörper erforschen

Stehen Sie aufrecht, Füße leicht geöffnet, damit Sie das Gleichgewicht halten, die Arme hängen locker an den Seiten herunter. Strecken Sie die Arme seitwärts und nach oben, wobei die Handflächen so lange nach unten zeigen, bis sich die Mittelfinger etwa einen halben Meter über dem Kopf fast berühren. Dieser Punkt markiert das obere Ende Ihres Seelenkörpers – die »Spitze« seiner »Flammenform«. Bewegen Sie jetzt die Arme auswärts und nach unten, bis sie in Schulterhöhe und parallel zum Boden sind. Dabei erreichen Ihre Finger in etwa den äußeren Umkreis Ihres Seelenkörpers.

Führen Sie die Arme gestreckt, immer noch parallel zum Boden nach vorne, Ihre Finger erreichen mehr oder weniger die vordere Grenze des Seelenkörpers.

Bewegen Sie dann die Arme in einem Halbkreis zur Seite. Stellen Sie sich einen ähnlichen Halbkreis vor, der sich vor und hinter Ihnen sowie unter Ihren Füßen erstreckt, so bekommen Sie eine annähernde Vorstellung der Ausmaße Ihres Seelenkörpers.

Ich betone »annähernd«, denn diese Übung soll Ihnen nur eine allgemeine Vorstellung verleihen. Sie ist jedoch keinesfalls exakt, weil der Seelenkörper sich entsprechend den Eigenschaften der Lebensenergie, aus der er sich zusammensetzt, ausdehnt und zusammenzieht und das ausgestrahlte »Licht« sich ähnlich in seiner Intensität verändert.

ᏸᏤᏸᏤᏸᏤᏸᏤᏸᏤᏸ

Schamanen konnten und können auch heute durch einen Gewahrseinswechsel direkten persönlichen Kontakt mit dem Seelenkörper herstellen. Dieser veränderte Gewahrseinszustand entstammt nicht dem Verstand oder der Phantasie, sondern der Erfahrung einer anderen Wirklichkeit, die durch eine gewöhnlich durch Trommeln oder Rasseln erleichterte Veränderung im bewußten Gewahrsein ermöglicht wird. Der Rasselrhythmus oder das eintönige Schlagen der Trommel führt zu einem entspannten Zustand der Gelassenheit, der für einen Gewahrseinswechsel unerläßlich ist.

Rückholung der Seele

Unter den den Schamanen zugeschriebenen Fähigkeiten befindet sich eine als Zurückholen der Seele beschriebene Technik, die auf dem Wissen beruht, daß die Seele als Folge körperlicher, mentaler oder emotionaler Erschütterungen einen Erschöpfungszustand erleiden kann und daß ein »Fragment« von ihr sich lösen und das Individuum dadurch ein Verlustgefühl erleiden kann. Traumatische Erlebnisse wie Trennung, Tod eines Angehörigen, Vergewaltigung, sexueller Mißbrauch, ein schwerer Unfall, Kriegserlebnisse, ein schwerer Schock und ständige Enttäuschung und Mißerfolge führen zu solchen Verlustgefühlen. Durch einen veränderten Gewahrseinszustand kann der Schamane das abgetrennte Fragment lokalisieren und es für den Klienten zurückholen. Diese Technik nennt man auch »Wiederherstellen« von Lebensenergie. Die Lebensenergie wird durch die Bewegung des Lebens erzeugt – durch die Erfahrung des Lebens. Die Seele setzt sich aus den Bewegungen der Lebensenergie zusammen, die das »Licht« der Seele erzeugt. Anders ausgedrückt, hat das Individuum in einem Schockzustand tatsächlich einen wichtigen Teil seines Lebens verloren, was zu einem Gefühl der Unvollständigkeit und zum Verlust von Seelenstrahlung führt.

Wieder zeigt die Erfahrung, daß es nicht ausreicht, wenn nur jener Teil des individuellen Lebens lokalisiert und zurückgeholt wird. Vielmehr muß er der Person wieder übergeben und vollständig und liebevoll aufgenommen werden, so daß er wieder ganz integriert werden kann. Lebensenergieverlust kann sich in chronischer Depression, Gedächtnisverlust, Krankheit, Schmerz ohne medizinische Ursache, Gefühlstumulten und einem Gefühl der Unvollständigkeit äußern.

Zum Zurückholen von Lebensenergie muß sich der Schamane in eine nichtgewöhnliche Wirklichkeit wagen, um die »Erfahrung« zu lokalisieren, während der die Lebensenergie verlorenging. Bei dieser Arbeit ist der Intellekt nicht beteiligt. Nicht der Verstand, sondern das Gewahrsein »reist« in die nichtgewöhnliche Wirklichkeit der Seele, sucht jenen Lebensteil, identifiziert ihn, holt ihn zurück und gibt ihn dem Menschen wieder. Dieser Teil des »Seelen-Lichts« enthält das Aussehen des Individuums zu dem Zeitpunkt in der gewöhnlichen Wirklichkeit, an dem die Lebensenergie verlorenging. Das kann schon Monate oder Jahre zurückliegen.

Also wird der Schamane womöglich nicht mit dem Aussehen des Erwachsenen, sondern mit dem des Kindes oder Heranwachsenden konfrontiert. Wenn der Schamane den Teil identifiziert und Verbindung mit ihm aufgenommen hat, lädt er ihn ein, mit ihm zurückzukehren, um der Person übergeben zu werden. Schamanen auf dem Pfad der Liebe und Harmonie greifen nicht auf gewaltsame oder manipulierende Methoden zurück. Es gibt keine Überredung. Mehrere Jahre lang haben meine Frau und ich an fachkundig geleiteten Rückholungsseminaren teilgenommen, und in allen Fällen wollte dieser Lebensteil nicht nur zurückgeführt werden, sondern schien sogar darauf gewartet zu haben, als wüßte er im voraus, daß die Gelegenheit für das Zurückholen und die Integration gekommen ist.

Obwohl ich in diesem Kapitel auf die Grundprinzipien des Rückholens von Lebensenergie eingehe, muß betont werden, daß diese Technik nicht durch ein Buch gelehrt werden sollte. Diese Art Arbeit sollte meines Erachtens nur nach beträchtlicher Erfahrung nichtgewöhnlicher Wirklichkeiten unternommen werden – und selbst dann nur unter der sorgsamen Anleitung und Führung eines erfahrenen Schamanen. Auch sollte man sich damit nicht leichtfertig und nicht aus bloßer Neugierde beschäftigen.

Dennoch sollen jetzt einige Beispiele folgen, damit Sie diese Arbeit in ihrem Wesen besser verstehen und den Unterschied zu anderen »Therapien« erkennen können. Diese Beispiele ereigneten sich in Seminaren, also in Anwesenheit mehrerer Personen, die die vorgeführte Technik beobachteten und die Authentizität der Erfahrung bezeugten. Natürlich wird diese Art Arbeit gewöhnlich nur zu zweit und immer unter strenger Vertraulichkeit durchgeführt.

Die geschilderten Fälle ereigneten sich innerhalb eines Zeitraums von drei Jahren mit verschiedenen Seminarteilnehmern. Jedesmal wurden Freiwillige aus der Gruppe eingeladen, sich als Klient für die Lebensenergiezurückholung zur Verfügung zu stellen. Die einzige Bedingung dafür war das Gefühl, daß etwas Nichtidentifizierbares in ihrem Leben fehlte. Es wurde vorher nichts abgesprochen und nicht analytisch gearbeitet, um das fehlende Element zu bestimmen. In allen Fällen holte meine Frau, Beryl, den Teil dem Klienten zurück und übergab ihn ihm wieder, ich überwachte die Vorgänge. Nie hatten wir vorher um Informationen über das persönliche Leben der Freiwilligen gebeten. Es handelt sich bei dieser Arbeit weder um Hellseherei noch um eine Art Hypnose. Der Schamane ist jederzeit im Vollbesitz seines Willens und nimmt bei vollem Bewußtsein die Vorgänge wahr, desgleichen der Klient. Lediglich das Gewahrsein des Schamanen wird angeregt – der Verstand wird in einen Zustand passiver Neutralität versetzt.

In einem Seminar wird die restliche Gruppe zur Unterstützung eingeladen, wie es auch in Stammesgruppen der Fall war, wenn der Schamane von der Familie eines »Klienten« unterstützt wurde, in manchen Fällen sogar von der ganzen Gemeinschaft. Unter meiner Anleitung wird durch Trommeln und Rasseln physischer Beistand geleistet. Beryl und der »Klient« legen sich Seite an Seite in der Mitte des Teilnehmerkreises hin, wobei sich Schultern, Hüften und Knöchel berühren. Der körperliche Kontakt ist nötig, da der Körper als Transformator dient. Beide müssen völlig ruhig und entspannt sein und tragen Augenbinden, um sich vor visueller Ablenkung zu schützen.

Beryl spricht laut aus, was sie gerade erfährt, so daß der »Klient« die »Reise miterleben« kann und im Seminar auch die Teilnehmer die Geschehnisse noch während des Ablaufs erfahren. Beryl gibt mir ein Zeichen, wenn sie erkennt, daß die »Reise« in die nichtgewöhnliche Wirklichkeit beginnt. Sie setzt sich dann auf und beschreibt den Startpunkt, ehe sie Seite an Seite mit dem »Klienten« weiterreist. Im folgenden Fall wurde aus Datenschutzgründen der Name verändert.

Sandra, eine junge Frau
Mitte Zwanzig

Beryl wurde gewahr, sich auf einer Landstraße zu befinden, hörte Pferde zu einem Feld traben, wo man eine Sportveranstaltung vorbereitete. Hier sollte sie ihre schamanische Reise beginnen.

Beryls Aufmerksamkeit wurde von einer an der Sportveranstaltung beteiligten Familie angezogen. Während die anderen die Pferde versorgten, entfernte sich ein drei- oder vierjähriges Mädchen links vom Feld. Sie beschrieb das Mädchen als glückliches, selbstsicheres kleines Kind, dem es überhaupt nichts ausmachte, daß es allein war.

Dann bemerkte Beryl fließendes Wasser. Sie beschrieb einen Fluß und eine Schleuse und spürte, daß das Kind ins Wasser gefallen und herausgezogen worden war. Beryl sprach mit dem Kind, fragte es, ob es Sandra heiße, und sagte ihm, daß Sandra jetzt erwachsen sei und es zurückhaben wolle.

An diesem Punkt löste sich das Mädchen in Luft auf, und Beryl übergab sie ihrer Klientin mit einer speziellen schamanischen Technik wieder. Sandra selbst war durch diese Erfahrung sehr bewegt und erzählte folgendes. In ihrer Familie waren alle Pferdenarren und hatten während ihrer Kindheit Reitveranstaltungen besucht. Sie erinnerte sich tatsächlich verschwommen daran, in früher Kindheit einmal ins Wasser gefallen zu sein. Am allermeisten aber beeindruckte sie Beryls Äußerung, das Kind sei so selbstsicher und glücklich über ihr Alleinsein gewesen, wohingegen sie, Sandra, viele Jahre lang an Agoraphobie gelitten habe und sich sehr vor dem Alleinsein fürchte. Sie erkannte, daß ihr ein Teil von ihr, der sich nicht vor dem Alleinsein und vor offenen Plätzen fürchtete, wieder zurückgebracht worden war.

Ein paar Tage später meldete sich Sandras Mutter bei uns und schilderte uns, wie sehr sich der Zustand ihrer Tochter gebessert hatte. Sie bestätigte, daß Sandra als Kleinkind bei einer Sportveranstaltung beinahe ertrunken sei.

Dieses Beispiel zeigt, daß das, was der Person zurückgebracht wird, eine einst vorhandene oder gar vorherrschende Qualität – oder mehrere – war, aber als Folge eines »Verlusts« von Lebensenergie verlorenging. In diesem Fall war der Verlust eine Folge einer todnahen Erfahrung.

Die Seelen- und Lebenserfahrung

Die Seele ist ein weiteres Mittel, durch das wir das Leben als Individuen erfahren. Dank des Körpers können wir das Leben durch das erfahren, was wir sehen, hören, berühren, schmecken und riechen. Dank des Mentalkörpers können wir das Leben durch unsere Gedanken, Ideen, Meinungen, Vergleiche, Urteile und Schlußfolgerungen, die allesamt unsere Sicht des Lebens färben, erfahren. Die Seele befähigt uns, das Leben durch das, was wir uns mit unserer Lebensenergie schaffen, zu erfahren. Somit läßt sich folgender Kreislauf beschreiben:

Die Seele erschafft und »weiß«.
Der mentale Geist denkt, formt und gliedert die erhaltenen Informationen.
Der Körper verleiht Gestalt.
Der spirituelle *Geist* wählt als Folge des im Erschaffen, Gliedern und Gestaltgeben Erfahrenen und Gelernten.

Ihre Seele bildet Ihren Kontakt mit dem vieldimensionalen Universum, den kosmischen Gesetzen und universellen Wahrheiten – den Prinzipien, nach denen das Universum funktioniert – und mit einer höheren Intelligenz und Weisheit.

Es gibt sowohl in unserem Leben wie in der Natur und im ganzen Universum einen Zufallsfaktor. Ungewißheit gehört somit zu unserem Leben, unserer Lebendigkeit. Wir müssen auf das Unerwartete als wesentliches Merkmal des Lebens gefaßt sein, denn unsere Reaktion auf diesen Zufallsfaktor hilft uns, Charakterstärke zu entwickeln, und bringt das Beste oder das Schlechteste in uns zum Vorschein.

Das Universum ist die Fülle selbst. Es enthält jede Möglichkeit überhaupt, ist also der »Ort der Erfüllung«. Auch wir sind die Fülle! Aufgrund unserer Konditionierung sind wir jedoch davon überzeugt, von Beschränkungen umgeben zu sein, die uns die ersehnte Fülle und Erfüllung versagen. Deshalb glauben wir auch, daß wir nur durch Kampf und Wettstreit sowie glücklichen Zufall etwas erreichen können. Diese Konditionierung entstand durch unsere Ängste, Verletzungen und Enttäuschungen.

Manchmal macht sich Ihr Seelenselbst durch eine »leise innere Stimme« bemerkbar, die manche »Gewissen« nennen. Das Gewissen regt sich nur bei Menschen mit zumindest gelegentlichem Seelenkontakt, denn allein die Seele äußert Bedenken über mögliche Auswirkungen von Entscheidungen und Handlungen auf andere. Darin liegt die wahre Bedeutung des Begriffs »verlorene Seele« – die Verbindungskanäle zu ihr sind blockiert, aber nicht durchtrennt, sonst würde der Mensch nicht mehr leben.

Man kann mit seinem Seelenaspekt bewußt Kontakt aufnehmen und ihn aktiv in das Alltagsleben einbeziehen. Dabei beginnen die Mentalmuster, die aus falschen, für wahr gehaltenen Gedanken gebildet sind, sich zu zerstreuen und werden durch Seelenmuster ersetzt, die frei von mentalen Konditionierungen und statt dessen Bilder von Ganzheit und harmonischer Ausgewogenheit sind. Ein Weg dazu führt über das Empfangen direkter persönlicher Lehren vom Seelenselbst – durch schamanische Reisen –, aber dies erfordert eine gewisse Vertrautheit mit nichtgewöhnlichen Wirklichkeiten und vorausgegangene Erfahrungen veränderter Gewahrseinszustände. Ein anderer Weg führt über das Erwecken des inneren Seelenpotentials. Da Sie eine einzigartige Spiegelung des Universums

182

sind, erhält die Kraft, die das Universum befähigt und erhält, auch Sie. Und da das Universum aus seinem Inneren alles für sein Wohlergehen Wichtige in Fülle erschaffen kann, können auch Sie durch Erweckung Ihres Seelenpotentials befähigt werden, es in der physischen Welt auszudrücken, weil dieselben Kräfte des Universums auch in *Ihnen* wirken.

Die folgende meditative Erfahrung wird Sie befähigen, in Ihre Seele zu schauen und eine persönliche Lehre zu erhalten. Suzanne Beflerive aus Woodland Park hat mir erlaubt, sie an Sie weiterzugeben. Sie brauchen dazu einen Handspiegel, Schreibzeug und eine halbe Stunde, in der Sie nicht gestört werden.

ꚛꚛꚛꚛꚛꚛꚛꚛꚛꚛ

25. Erfahrung:
In die eigene Seele blicken

Schauen Sie in den Spiegel. Was sehen Sie? Einen Spiegel, der einen Spiegel spiegelt. Licht reflektierende Teilchen. Licht reflektierende Farben. Farben reflektierende Töne. Gegenstand werdende Töne. Dinge, die gespiegelt werden ... werden staubig ... werden Staub ... Licht reflektierender Staub ...

Schauen Sie sich im Spiegel in die Augen. Schauen Sie in die Augen im Spiegel, die Sie anschauen. Sie sehen die Augen. Aber was sehen die Augen? Notieren Sie, was sie sehen.

Berühren Sie Ihre Hand. Spüren Sie, wie Ihre Hand Ihre Hand berührt. Spüren Sie, was die berührte Hand fühlt. Schreiben Sie die Empfindung auf.

Lecken Sie sich die Lippen. Spüren Sie Ihre Zunge auf den Lippen. Was schmecken Sie? Beschreiben Sie den Geschmack schriftlich.

Atmen Sie tief ein. Die Luft bringt Ihnen bei jedem Atemzug Ihren eigenen Geruch. Was riechen Sie? Schreiben Sie es auf.

183

Flüstern Sie sanft Ihren Namen. Lauschen Sie dem Klang der einzelnen Buchstaben. Hören Sie Ihre Stimme die Buchstaben sagen. Was hören Sie? Was sagt Ihnen Ihr Name über sich selbst? Notieren Sie es.

Schauen Sie wieder in den Spiegel. Schauen Sie sich in die Augen – in Ihre Augen. Berühren Sie Ihre Hand. Schmecken Sie Ihre Lippen. Riechen Sie sich selbst. Erforschen Sie Ihren Namen.

Sie sind Sehvermögen, Berührung, Geschmack, Geruch und Klang des Universums, wenn Sie Ihr All nutzen. Beobachten Sie Ihr All sorgsam, denn wenn Sie Ihr All nutzen, werden Sie das All finden und das All, das ist, verstehen lernen.

ഇഇഇഇഇഇഇഇഇ

Die Seele drückt ihr Wesen durch den physischen Körper und den Geist aus, und als Ergebnis der durch Körper und Geist gemachten Erfahrungen des Erdenlebens empfängt die Seele Eindrücke, die ihr eigenes individuelles Wesen fördern. Das durch Erderfahrungen Gelernte hinterläßt auf der Seele einen Eindruck und wird dem spirituellen *Geist* aufgeprägt.

Entdecken des Seelenziels

Ein wesentliches Lebensziel liegt darin, zu gedeihen und zu überdauern – d. h. zu wachsen, sich zu entwickeln und individuelle Lebendigkeit zu erfahren. Wachstum und Entwicklung sind organisch, also natürlich, und dienen der Wahrnehmung der jenseits der Erscheinungen liegenden Wirklichkeit und dem Lernprozeß, weise Entscheidungen zu fällen. Es gibt auch für Ihr gegenwärtiges Leben ein bestimmtes Ziel – warum Sie jetzt, hier und unter diesen Umständen leben. Haben Sie es erst einmal entdeckt, gewinnt Ihr Leben an Bedeutung, und Sie werden vieles, was Sie heute erstaunt, verstehen können.

Um ihre besondere Lebensaufgabe zu entdecken, unterzogen sich die Indianer der sogenannten Visionssuche. Sie gingen drei oder vier Tage allein in die Natur und fasteten während dieser Zeit. Dadurch hofften sie durch eine Vision zu erhaschen, was in diesem Leben zu erreichen für sie beabsichtigt war. Ein anderer Weg zu solcher Erleuchtung ist die schamanische Reise, die direkten Zugang zur Seele gewährt. Das Seelenselbst wird dann das Ziel enthüllen. Es kennt das Ziel, weil ebendas Seelenselbst vor Ihrer physischen Geburt in der Seelendimension existierte. Es bestimmte die Eigenschaften, mit denen Ihr physisches »Ich« für diese besondere Erdenmission ausgestattet werden sollte, den Wahrnehmungspunkt, der mit Ihrer Geburt auf dem Medizinrad übereinstimmen würde, und Ihr Geschlecht. Ihre Eltern lieferten die Grundlage für Ihre körperliche Gestalt.

Ein erfahrener Schamane wird durch Besuche der Oberen Welt Führung für sein eigenes Seelenziel erlangen. Die folgende Erfahrung kann Ihnen lediglich gewisse *Hinweise* geben. Sie brauchen Kerze, Kerzenständer, Streichhölzer, Räucherbündel bzw. -mischung, Räuchergefäß und Schreibzeug.

బ్రబ్రబ్రబ్రబ్రబ్రబ్రబ్ర

26. Erfahrung:
Hinweise auf Ihr Seelenziel

Räuchern Sie zuerst das Zimmer und sich selbst. Dann setzen Sie sich bequem an den Tisch, auf dem Kerze und Schreibzeug stehen.

Zünden Sie die Kerze an, nutzen Sie sie als Brennpunkt und als Symbol für den Blick in das Licht Ihres spirituellen *Geistes*. Denken Sie über Ihr bisheriges Leben nach. Welche Begabungen und Fähigkeiten kamen zum Vorschein? Schreiben Sie sie auf.

Welche Aktivitäten haben Sie am meisten befriedigt? Schreiben Sie sie auf.

Welche Erfahrungen in Ihrem Leben haben Ihnen die größte Freude geschenkt? Beschreiben Sie sie.

Jetzt untersuchen Sie unvoreingenommen wie ein Fremder alle Antworten. Welches Muster liegt ihnen zugrunde? Wenn das Niedergeschriebene von einer anderen Person stammte, wofür wäre diese Person Ihrer Meinung nach im Leben am besten gerüstet? Zu welcher Richtung im Leben würden Sie ihr raten? Was sollte sie tun, um Erfüllung zu finden?

Gut. Also *handeln* Sie danach. Leben Sie von jetzt an gemäß diesen Erkenntnissen. Sie haben jetzt einige Hinweise erhalten, wie Sie Ihr Leben leben sollten, damit Sie Befriedigung und Sinn finden.

Löschen Sie die Kerze aus, seien Sie dankbar, daß Sie sich in Ihrer Selbstentwicklung ein wenig vorwärtsbewegt haben.

అ×అ×అ×అ×అ×అ×అ×అ×అ×అ

Selbstentwicklung ist die Vervollkommnung des spirituellen Geistes durch die Integration des physischen Körpers, des mentalen *Geistes* und der Seele mit dem spirituellen *Geist*. Sie ist auch die Vereinigung des zusammengesetzten komplexen Selbst, das die Ganzheit Ihres Seins ausmacht. Wenn wir etwas zu vervollkommnen suchen, machen wir es nicht fehlerfrei, sondern bringen es auf eine höhere Entwicklungsstufe und zu größerer Vollständigkeit.

Das Ego, das kleine Selbst, gibt vor, das einzige Selbst zu sein,
und spricht so laut, daß die leise, verhaltene Stimme des größeren
Selbst, dessen Flüstern aus dem Seeleninnern kommt,
selten vernommen wird – wenn wir nicht lernen zuzuhören.

10. Die Wirklichkeit des spirituellen Geistes

Die Wörter »Seele« und spiritueller »*Geist*« werden in theologischen, metaphysischen und philosophischen Schriften oft synonym gebraucht, aber sie bedeuten nicht das gleiche, denn die Seele verdankt ihre Existenz dem spirituellen *Geist*.

Der spirituelle *Geist* ist die ursprüngliche Existenz eines Individuums vor der Gestaltwerdung. Der spirituelle *Geist* ist eine Essenz, die Form aus ihrer eigenen Substanz aufbaut – aus spirituellem *Geist!* Das Leben gehört dem spirituellen *Geist*, nicht der Gestalt. Nur die Gestalt »stirbt« – oder wird vielmehr verändert –, weil der Wandel die Natur der Gestalt ausmacht, da die Materie sich in einem Prozeß der Rückwandlung zur Urenergie befindet. Aus diesem Grund kann der spirituelle *Geist* auch nicht mit wissenschaftlichen Methoden entdeckt werden.

Die Wissenschaft untersucht die Gestalt, also eine Kombination von Äußerlichkeiten. Äußerlichkeiten sind lediglich Einzelheiten der Gestalt und betreffen nur die Erscheinung, nicht die Wirklichkeit. Die Erscheinung verändert sich, die Gestalt mag vergehen, aber der spirituelle *Geist* bleibt, weil *das Leben im spirituellen Geist ist* und von innen aus seiner unerschöpflichen Quelle fließt.

Ihr *Geist* ist also Ihre wahre Wirklichkeit – das wahre Ich! Spirituelle *Geist*-Substanz ist unsichtbar, denn sie bewegt sich schneller als Licht. Wir könnten sie mit einem Speichenrad vergleichen. Im Ruhezustand können wir alle Speichen deutlich sehen und sie zählen. Bei der Drehung »verschwinden« die Speichen ab einer bestimmten Geschwindigkeit. Wir sehen nur mehr den Radkranz und die Nabe, aber nichts, was beides verbindet und zusammenhält. *Ebender spirituelle Geist verbindet und hält die Dinge kraft seiner großen Bindekraft zusammen!*

Woher kommt diese unsichtbare Bindekraft? Aus welchem Ursprung?

Den mündlichen Überlieferungen einiger indianischer Schamanen zufolge wurde der Ursprung aller Dinge das Große Geheimnis genannt, weil man es nicht benennen konnte. Chinesische Schamanen nannten es Tao. Das Große Geheimnis, Tao oder wie immer wir das Namenlose bezeichnen wollen, war solch eine Fülle, daß es mit seiner eigenen ungeheuren Größe überströmte, um die Essenz seines wahren Seins, die die Indianer Großer *Geist* nannten, zu teilen.

Dieses Überströmende, diese Essenz, ist Liebe. Deshalb wird im Christentum Gott als *Geist* (Johannes, 4, 24) und als Liebe (1 Johannes, 4,16) beschrieben. Er hat nicht Liebe, fühlt nicht Liebe, zeigt nicht Liebe, sondern ist Liebe selbst. Da der individualisierte spirituelle *Geist* von einer größeren Quelle stammt, folgt daraus, daß wir von Liebe herstammen – von ebender spirituellen *Geist*-Substanz, die selbst Liebe ist. Leider werden heute dem Wort Liebe Nebenbedeutungen gegeben, die ihm viel von seiner wahren Bedeutung nehmen. Liebe wird oft synonym mit sexueller Befriedigung gebraucht. Wir begrenzen Liebe, wenn wir sie nur als sinnliches Vergnügen oder als Emotion oder sogar als Qualität von Leben betrachten. Wie Licht, das sowohl über Masse (die Sonne) wie auch über Strahlung verfügt, verfügt auch die Liebe über Substanz – die Substanz des spirituellen *Geistes*. Liebe ist also das, woraus der größere spirituelle *Geist* besteht. Liebe ist, was Sie in

Ihrem innersten Sein sind. Liebe ist, woraus der spirituelle Geist besteht, weil der spirituelle *Geist* vom *Ursprung der Liebe herrührt.*

Liebe – wahre Liebe – ist das Teilen seiner wahren Essenz mit anderen. Sie ist ein absichtliches, vollständiges, bedingungsloses Verschmelzen. Sie ist eine Bindung, die treu bleibt und als eine Einheit komplementärer Gegensätze und selbst verschiedener Arten zusammenhält. Sie ist das, was Bande erschafft, also ist sie selbst eine große Bindekraft. Liebe kann man somit nicht anderen geben, auch nicht selber bekommen. Liebe ist, denn sie hat ihre eigene Wirklichkeit. Eine spirituell-*geistige* Wirklichkeit, denn sie ist das Wesen des reinen *Geistes!* Wenn Sie lieben, erfahren Sie das Versinken in der Essenz im wahren Grunde Ihres Seins. Sie erfahren den spirituellen *Geist!*

Der spirituelle *Geist* arbeitet von innen und auf der Innenseite, und er nährt sich von der Substanz seines eigenen Seins, also von Liebe. Was ist dann ein sogenannter »böser« spiritueller *Geist?* Ein *Geist*, dem es an der Lebensenergie der Liebe mangelt. Ihm ist die Substanz entzogen, die seine wahre Essenz ausmacht. Durch das Abwenden von der Liebe haben »böse« *Geister* sich auf einen devolutionären Pfad mit verzerrtem Sinn für die Schöpferkraft begeben. Ein böser *Geist* hat sich durch Leugnen der Liebe in Chaos, Unordnung und Devolution statt in Harmonie und Evolution begeben und so Energien erzeugt, die Lebewesen vom Rest des Universums trennen und sie in Opposition bringen. Solche spirituellen *Geister* sind böswillig und zerstörerisch. Übelwollende *Geister* darf man nicht mit den sogenannten »verlorenen« Seelen verwechseln. Eine »verlorene« Seele ist ein Mensch, der mit der göttlichen Essenz, der Liebe, in seinem Innern den Kontakt verloren hat und deshalb keinen Sinn in seinem Leben sieht. Aber er kann sie wiedergewinnen.

Die Liebe des spirituellen *Geistes* ist bedingungslos. Sie schenkt dem Geliebten völlige Freiheit. Freiheit, das zu sein, was Sie sind. Freiheit, anzunehmen, abzulehnen, zu wählen. Die Freiheit, sich für einen Beitrag zum Wohlergehen des

Ganzen zu entscheiden und so Ihre wahre Essenz auf harmonische Weise auszudrücken, aber auch die Freiheit, das Ego zu befriedigen, sogar auf Kosten anderer.

Ein Grund für das beständige Streben selbstsüchtiger Menschen nach Befriedigung liegt darin, daß sie an einem dauerhaften Zustand der Leere leiden, weil es ihnen an der Lebenskraft der Liebe des spirituellen *Geistes* mangelt. Lebenskraft wird definiert als Fähigkeit, Leben zu erhalten und seine Funktionen auszuführen. Im spirituellen Sinn versteht man unter Lebenskraft die Fähigkeit, Liebe zu nähren und Bindungen zu stiften.

Der *Geist* erweckte die Seele zum Leben, die Seele den physischen Körper. Durch die Gestaltwerdung des Körpers konnte der menschliche mentale Geist nach dem Bild der Seele und als Ausdehnung des spirituellen *Geistes* erschaffen werden. Von Natur aus ist der mentale Geist oder Verstand der Diener des spirituellen *Geistes*.

Wenn wir die verschiedenen Gewahrseinsebenen betrachten und sie wissend um unsere Existenz als vieldimensionales Sein und in ihrer Beziehung zu den Kräften der Elemente untersuchen, gewinnen wir größere Einsicht in den spirituellen Geist und ein besseres Verständnis unserer selbst.

Das *Seelen*gewahrsein ist mit dem Element des Feuers verbunden, weil die Seele unser Lichtkörper ist. Von der Seelendimension empfangen wir Erleuchtung, Erhellung und Strahlung (Wärme – reines Gefühl).

Das *Mental*gewahrsein ist mit dem Element der Luft verbunden, denn in der Mentaldimension findet Bewegung der Gedanken statt. Hier empfangen wir Eindrücke, erzeugen Ideen und Vorstellungen und bilden unsere Meinungen.

Das *Körper*gewahrsein ist mit dem Element des *Wassers* verbunden, weil Wandel das einzig Beständige physischer Existenz ist. In der Körperdimension liefern uns die Empfindungen ein stoffliches Bewußtsein, damit wir unsere physische Wirklichkeit erfahren können.

Das *Geist*gewahrsein ist verbunden mit dem Element der Erde, weil die Erde still ist, sich nicht bewegt, »erdet« und harmonisiert.

Seele, mentaler Geist und Körper sind – wie Feuer, Luft und Wasser – allesamt aktive Faktoren in der Ganzheit unseres Seins. Der spirituelle *Geist* ist, wie Erde, ein »passiver« Faktor. Daraus folgt, daß niemand wahrhaft spirituell sein kann, ohne irdisch und ohne sterblich zu sein! Die Erdenerfahrung ist wesentlich für die Entwicklung des spirituellen *Geistes!* Seele, Körper, mentaler Geist und spiritueller *Geist* vereinen sich bei unserem ersten Atemzug, aber erst in der Pubertät findet eine weitergehende Integration statt, und wir werden für unsere Taten verantwortlich. Obwohl ich mich bisher auf Körper, mentalen Geist, Seele und spirituellen *Geist*, Energie und Gestalt, Materie und Nichtmaterie, Sichtbares und Unsichtbares gesondert bezogen habe, sind sie alle nicht wirklich »getrennt«, sondern Aspekte des einen Ganzen. Ich habe sie nur getrennt erörtert, um sie zu untersuchen. Genauso verhält es sich mit dem, was ich nichtalltägliche »Wirklichkeiten« nannte. Es gibt nur eine vollständige Wirklichkeit, sie wird aber vielfältig wahrgenommen. Was sie so komplex macht, ist die Tatsache, daß sie auf unzählig viele Arten wahrgenommen wird, von denen jede fälschlich als die einzige Wirklichkeit angesehen werden kann.

Körper, mentaler Geist, Seele und spiritueller *Geist* sind nur integrale Teile eines einzigen, zusammengesetzten Seins und funktionieren jeweils auf einer anderen Ebene von Wirklichkeit, sie offenbaren jeweils eine unterschiedliche Art, die vieldimensionale Wirklichkeit zu erfahren.

Eine der größten Unwahrheiten besteht in dem konditionierten Glauben, daß das Physische dem Spirituell-*Geistigen* unterlegen sei – daß der Körper wie die Natur, die physische Umgebung und die Erde selber dazu da seien, erobert und unterworfen zu werden. Tatsache ist aber, daß das Spirituell-*Geistige* durch den Körper erfahren wird – und das Körperliche durch das Spirituell-*Geistige*, denn das *Geistige* und das Körperliche sind lediglich zwei Aspekte der einen Wirklichkeit. Der spirituelle *Geist* ist der Lebensfunke, die Seele das Licht des Lebens, der Verstand der Modellbauer und der Körper die Gestalt des Lebens. Jedes ist ein komplementärer Teil eines vielfacettierten Ganzen.

Wie in Kap. 9 erwähnt, symbolisiert die Kerzenflamme seit jeher den spirituellen Geist. Man kann sie mit der Substanz der Seele vergleichen. Der spirituelle *Geist* selbst befindet sich innerhalb des »Lichts« der Seele, ist also das Herz der den spirituellen Geist symbolisierenden Flamme. Die Kontemplation einer einzigen Kerzenflamme kann den Anstoß zur Erleuchtung über unseren individualisierten spirituellen *Geist* geben.

Für die folgende Erfahrung benötigen Sie Kerze, Kerzenleuchter, Streichhölzer, Rassel, Schreibzeug. Der Raum sollte am besten verdunkelt sein.

ട്ടൈട്ടൈട്ടൈട്ടൈട്ടൈ

27. Erfahrung:
Emanationen des spirituellen *Geistes*

Stellen Sie die Kerze unmittelbar vor sich auf den Tisch. Setzen Sie sich bequem hin.

Schwingen Sie ein paar Minuten die Rassel, um Ihren »Raum« klanglich vorzubereiten, sich zu entspannen und einzustimmen.

Zünden Sie die Kerze an, schauen Sie in die Flamme. Seien Sie der Flamme gewahr. Denken Sie nicht darüber nach. Lassen Sie es nur zu, fühlen Sie ihre Existenz.

Nach einer Weile senken Sie die Lider, bis Sie der Lichtstrahlen gewahr werden, die aus der Flamme in alle Richtungen – nach oben, unten, nach links, rechts, direkt auf Sie zu, anscheinend in Sie hinein – dringen.

Schauen Sie all die hellen Strahlen an. Schätzen Sie, wie viele es sind. Schließen Sie die Augen noch mehr, beobachten Sie, wie diese Lichtfasern sich verändern und neue dazukommen.

Identifizieren Sie sich mit einer dieser Lichtfasern, die geradewegs zu Ihnen kommen und Sie unmittelbar mit der Flamme verbinden. Sinnen Sie über ihre Einzigartigkeit nach. Sie ist da. Nehmen Sie ihre Existenz als einen Energieausdruck der Kerzenflamme selbst wahr.

Vergleichen Sie sie mit Ihrem spirituellen *Geist* als Emanation einer größeren Quelle. Vielleicht als einen Gedanken im spirituellen *Geist* des Großen *Geistes?* Als *Sie selbst* – befähigt zu Ihrem eigenen unabhängigen Ausdruck. Meditieren Sie ein wenig darüber. Notieren Sie Ihre Eingebungen.

Schauen Sie wieder auf die Flamme. Betrachten Sie diesmal die Flamme als Ihren spirituellen *Geist* – als Ihr wahres Ich. Schließen Sie wieder halb die Augen, um diese Lichtfasern zu erzeugen, identifizieren Sie sich mit einer. Vergleichen Sie sie jetzt mit einer Emanation der Quelle, die Ihr *Geist* ist.

Betrachten Sie den einzelnen Strahl – diese Emanation – als das körperliche »Ich«, das mit Ihrem physischen Körper identifizierte Ich. Sinnen Sie darüber nach.

Dann wählen Sie eine andere Lichtfaser. Betrachten Sie sie als eine weitere Emanation der »Flamme«, die Ihre spirituelle »Quelle« ist. Identifizieren Sie sie mit Ihrem Mentalkörper. Sinnen Sie darüber nach.

Wählen Sie wieder einen Lichtstrahl. Identifizieren Sie ihn als Ihren Seelenkörper, als eine weitere Emanation Ihres spirituellen *Geistes*. Sinnen Sie darüber nach. Zum Schluß meditieren Sie darüber, daß jeder Lichtstrahl, jeder »Körper« nur eine Emanation des einen spirituellen *Geistes* ist. Nicht getrennt von ihm, sondern ein Ausdruck von ihm. Notieren Sie Ihre Erkenntnisse. Löschen Sie die Kerze, atmen Sie ein paarmal tief durch, strecken und räkeln Sie sich, trinken Sie etwas Warmes, ehe Sie sich wieder Ihren Alltagsgeschäften widmen.

కాకాకాకాకాకాకాకాకా

193

Ihr Leben in dieser physischen Seinsdimension prägt Ihren spirituellen *Geist*. Aber diese Prägung besteht nicht bloß seit Ihrer Geburt aus aneinandergereihten Ereignissen oder persönlichen Erinnerungen und Gefühlen. Viel wichtiger als das, was wir tun, ist für den spirituellen *Geist* die Art, wie wir unser Leben führen. Es kommt darauf an, wie wir die uns zur Verfügung stehenden Energien lenken und nutzen, dies veredelt den spirituellen *Geist* und befähigt ihn, seinen Beitrag zu dem Ganzen, aus dem er kommt, zu leisten, oder stößt ihn in einen devolutionären Kreislauf.

Der individuelle spirituelle *Geist* verfügt über inhärente Intelligenz, weil er aus einer Quelle, die selbst Intelligenz ist, stammt. Er erbte den freien Willen. Ihr spiritueller *Geist* – der *Geist*, der Ihr Ich ausmacht – wählte seine jetzige Erdenerfahrung als Teil seines Selbstbestimmungs- und Entwicklungsprozesses. Aus diesem Grund gibt es Sie.

Die Seele wurde vom spirituellen *Geist* geschaffen, so daß das »Ich« seiner selbst gewahr werden konnte. Das Seelenselbst ist somit die Summe der in allen vergangenen wie im gegenwärtigen Leben gesammelten Erfahrungen. In der Kahuna-Tradition nannte man dies »Aumakua« – das »elterliche« Selbst, das »höhere Selbst« der Seele. In manchen schamanischen Traditionen hieß dasselbe Seelenselbst »Das Eine, das kennt«. Der *Geist* ist das Ich, das aus dem unendlichen Kreislauf hervorkam, aus dem »Nichts« der Quelle – aus dem größeren spirituellen *Geist*.

Der spirituelle *Geist* besitzt Lebendigkeit – das heißt Gewahrsein seiner individuellen Existenz, weil Leben spiritueller *Geist* und spiritueller *Geist* Leben ist. Er ist auch intelligent – d. h., er ist fähig, Aktivität zu registrieren und selbst zu erzeugen, auf Aktivität zu reagieren und im Hinblick auf sie eine Wahl zu treffen. Das wahre Ich ist also ein inneres »Ich« – ein inneres Auge. Der innere Beobachter, der im inneren Heiligtum der Seele wohnt.

Wenn der individualisierte spirituelle *Geist* die Seelendimension betritt, entsteht ein bindendes Muster, um einen Seelenkörper von der Substanz dieser Dimension zu nähren. Indem er sich mit der Aura der Männer und Frauen, zu denen er sich hingezogen fühlt, verbindet, kann ein für den spirituellen Geist geeigneter physischer Körper entstehen. Daher stammt der Glaube einiger Naturvölker, daß Nachkommen künftige Inkarnationen garantieren. Seele und spiritueller *Geist* sind jedoch von den physischen Eltern unabhängig. Der physische Körper aktiviert durch das ihm von der Seele gegebene Muster den Geist. Spiritualität bedeutet demnach nicht die Konzentration auf theologische Vorstellungen, religiöse Rituale oder Bibeltreue, sondern eine Integration aller Aspekte des vollständigen, zusammengesetzten Seins, damit Gedanken, Handlungen und Gefühle kongruent werden.

Wir betreten die physische Wirklichkeit, um den Prozeß des wechselseitigen und ineinander verwobenen Austauschs unserer wesentlichen Energien mit anderen und dem Universum erfahren zu lernen. Jedes Organ des physischen Körpers ist nicht nur ein »Teil« einer lebenden »Maschine«, sondern dient als Transformationsprozeß, um uns mit dem physischen Universum auf unsere individuelle Weise zu verbinden, denn keiner von uns ist vom Universum »getrennt«. Jede Wahrnehmung von Getrenntsein beruht auf Täuschung.

Daher ist jeder Aspekt unseres komplexen Seins wichtig und muß in Beziehung mit den anderen und nicht isoliert von den anderen entwickelt werden, damit alle in völliger Harmonie zusammenwirken können. Körper, Mentalkräfte, Seele und spiritueller *Geist* sind alle untrennbar miteinander verbunden:

Der physische Körper ist eine Spiegelung der Mentalkräfte.
Die Mentalkräfte sind ein Spiegel der Seele.
Die Seele ist das Licht des spirituellen *Geistes*.
Der spirituelle *Geist* ist das Leben in ihnen allen.

Indianische Schamanen drücken diese Wahrheit kurz und bündig aus: »Gehe deine Rede!« Handle, wie du denkst, wie du fühlst, wie du *bist*.

Die taoistischen Schamanen stellten die Seele als goldene Lotusblume dar – deren sonnengleiche Strahlen den inneren spirituellen *Geist* umgaben – das Juwel im Lotus. Wie Blütenblätter die Qualitäten der Essenz der Pflanze selbst ausdrücken, so zeigen die Blütenblätter des symbolischen Lotus die gleichen Qualitäten oder Energien, die sich in der Seele miteinander verbinden, um einen Ausdruck der Essenz des spirituellen *Geistes* zu formen. Somit drückt der spirituelle *Geist* seine Essenz durch die Seele aus.

Die Seele ist durch einen dünnen Silberfaden, an dem perlenähnliche »Samen« – wie bei einer Perlenkette – hängen, mit dem Geist verbunden. Jeder Samen trägt im Inneren das Potential seiner Entwicklungsmöglichkeiten. Jeder enthält ein Muster, das sich von allen anderen unterscheidet und die Einzigartigkeit des spirituellen *Geistes* als Ausdruck seiner ursprünglichen Quelle vervollständigt. Der spirituelle Ceist hat seinen eigenen »Klang«, eine Kombination aus allen Einzel-»Noten« jeder Saat. Jeder Samen drückt den spirituellen *Geist* in einer ganz bestimmten Dimension aus. So vitalisiert jeder Samen einen »Körper« – ist eine Facette des ganzen zusammengesetzten Seins in einer Dimension seiner vieldimensionalen Existenz. Darin besteht das Wunder *Ihrer Individualität!*

Das Geschenk der Liebe

Beim Auftauchen gleich einer Energieknospe
Erhalten wir ein einziges Geschenk
Das Geschenk der Liebe.

Im Überstehen zeitloser Reisen und unzähliger Leben
Werden unsere Wurzeln von einer einzigen
Lichtquelle gestärkt
Dem Licht der Liebe.

Durch Teilen, Sorgen, Geben und Empfangen
Wird unsere Energie zu einer edleren Essenz entwickelt
Der reinen Essenz der Liebe.

Wenn wir aufblühen, um unsere Herzen zu öffnen
und das Strahlen und die Tiefe unserer Liebe zu enthüllen
Haben wir nur ein Ziel
Das Geschenk der Liebe.

Mit freundlicher Erlaubnis von Michael R. Warwick, Kalifornien, USA

11. Ihre verschiedenen »Selbsts«

Die christlichen Missionare auf Hawaii verwarfen im frühen 19. Jahrhundert das Wissen der Kahuna-Schamanen, demzufolge Menschen sich aus verschiedenen Intelligenzen – »Selbsts« oder spirituellen »*Geistern*« – zusammensetzen, von denen jede auf einer anderen Existenzebene wirkt. Die Missionare erkannten offenbar nicht die Ähnlichkeit mit der von ihnen verkündeten christlichen Lehre von der Dreifaltigkeit

Gottes – ein Dogma, das sie zwar nicht erklären konnten, von dem sie aber verlangten, daß man daran glaubte! Die Kahuna-Lehre hingegen konnte nicht nur erklärt, sondern auch erfahren werden. Dennoch wurde sie als Gotteslästerung und Dämonenglaube verdammt. Die Kahuna selbst wurden – wie die Schamanen anderer Kulturen – verfolgt und praktisch ausgerottet, weil sie weiter ihre Überzeugung lebten.

Erst nach der erbitterten Kontroverse über Darwins Theorie – daß sich die Lebewesen durch einen langen natürlichen Ausleseprozeß entwickelten – begann sich Ende des 19. Jahrhunderts eine tolerantere Einstellung gegenüber anderen Wahrnehmungsweisen von Wirklichkeit durchzusetzen. Der britische Naturforscher Darwin hatte erkannt, daß sich alle Lebewesen einschließlich des Menschen über einen großen Zeitraum hinweg entwickelt hatten. Diese Behauptung stand im Widerspruch zur buchstabengetreuen Auslegung der biblischen Schöpfungsgeschichte. Sigmund Freud (1856–1939) und der Schweizer Psychiater C. G. Jung (1875–1961) gingen weiter. Mit ihnen setzte sich die Anschauung durch, daß es verschiedene Aspekte des menschlichen Geistes (Bewußtsein, Unbewußtes und Unterbewußtsein) gibt.

Wie Schamanen anderer Kulturen in Zeiten religiöser Verfolgung hielten die Kahunas ihre alte Weisheit durch mündliche Überlieferungen am Leben, einiges davon war in den Allegorien ihrer Mythen, Sagen und Gesänge »verborgen«. Einiges wurde in der Bilderschrift auf Kleidung aus Tapa – einem pergamentähnlichen Stoff aus Baumrinde – erhalten, in der jeder Strich, jede Kurve und jedes Zeichen eine geheime Bedeutung trug. Das hawaiische Wort »Tapa« bedeutete ursprünglich »Einfriedung aus Holz«; später bezeichnete es Kleidung, weil das herkömmliche Kleidungsmaterial aus gemusterter Baumrinde hergestellt wurde, so daß die Beziehung gewahrt blieb, da Baumrinde von innen geprägte Maserungen aufweist. Die Hawaiianer glaubten, daß wir unseren spirituellen *Geist* mit den Mustern kleiden, die wir ihm im Verlauf unseres Erdenlebens aufprägen, und daß auch wir Menschen wie die Bäume organisch »wachsen«. Das Tragen eines aus Tapa gefertigten Gewandes und die Zurschaustellung seiner einzigartigen Muster zeigte nur die Ähnlichkeit mit dem spirituellen *Geist*, der die Muster der ihm aufgeprägten Erderfahrung »trägt«.

Ehe wir die Kahuna-Weisheit der »Selbsts« genauer untersuchen, wollen wir durch eine besinnliche Erfahrung ein wenig mehr Einblick in uns selbst gewinnen. Sie benötigen Kerze, Kerzenhalter, Schreibzeug.

๛๛๛๛๛๛๛๛๛๛

28. Erfahrung:
Wie viele Personen sind Sie?

Zünden Sie an Ihrem gewohnten ruhigen Platz zu Hause die Kerze an, betrachten Sie diese Handlung als ein »Umschalten«, als Symbol für einen Übergang von weltlicher zu schamanischer Handlung.

Sie haben sich vielleicht nie bewußtgemacht, daß Sie nicht für jeden, dem Sie begegnen, dieselbe Person sind. Jeder nimmt Sie anders wahr als Sie sich selbst. Obwohl eine einzige Wesenheit, füllen Sie viele Rollen aus, sind Sie für verschiedene Menschen eine andere Person, während Sie immer das gleiche »Ich« bleiben.

Für Ihre Eltern sind Sie z. B. Sohn oder Tochter. Sie sind vielleicht auch Ehepartner/in, Lebensgefährte/in, Bruder, Schwester, Freund/in, Kollege/in, Schüler/in, Student/in oder als was auch immer Sie arbeiten. Und so könnte die Liste immer weitergehen ...

Untersuchen Sie alle Ihre Lebensbereiche, schreiben Sie Ihre Rollen auf: Wer sind Sie für die Menschen, denen Sie begegnen?

Wenn Sie sie weitgehend erschöpfend aufgelistet haben, zählen Sie sie zusammen. Ihre Liste zeigt die kleinste Zahl von Individuen, die Sie in Ihrem Alltagsleben anderen Menschen gegenüber verkörpern. Betrachten Sie all diese verschiedenen Personen, die Sie sind. Erkennen Sie Ihre ungeheure Vielseitigkeit.

Die Erkenntnis, daß es in der Ganzheit Ihres Seins vier »Selbsts« gibt, dürfte Ihnen jetzt nicht mehr so unglaublich erscheinen.

ഔഔഔഔഔഔഔഔഔഔ

Das Ego-Selbst – A-Uhane

Das uns vertrauteste »Selbst« – für die meisten Menschen das einzig bekannte »Selbst« – ist das Ego-Selbst oder, wie die Kahuna sagen, A-Uhane. A-U bedeutet »Ich« oder »Selbst« oder »spiritueller *Geist*«, Hane »Leben und spirituellen *Geist* geben« und »sprechen«. A-Uhane ist also das »Ich – der spirituelle *Geist* –, der spricht«! Aber die Stimme dieses sprechenden Selbst ist nicht die Stimme des spirituellen *Geistes* an der Quelle Ihres Seins – Ihres größeren spirituellen *Geistes*. Ihr Ego teilt Ihnen seine Wünsche zur Befriedigung seiner unersättlichen Bedürfnisse mit. Es erinnert Sie unablässig an Unzulänglichkeiten und Einengungen und veranlaßt Sie zu Vergleichen und Urteilen. Das Ego-Selbst ist das »kleine«, sich aufplusternde Selbst, das mit seinem lauten Geplapper die verhaltene, von innen kommende Stimme Ihres spirituellen *Geistes* übertönt. Leicht identifiziert man sich mit dem Ego-Selbst, weil es das Selbst unserer alltäglichen körperlichen und geistigen Aktivitäten ist. Durch diesen Aspekt unseres Seins, der in der Alltagswirklichkeit Entscheidungen fällt, drückt sich unsere Persönlichkeit aus. Es ist das »Selbst«,

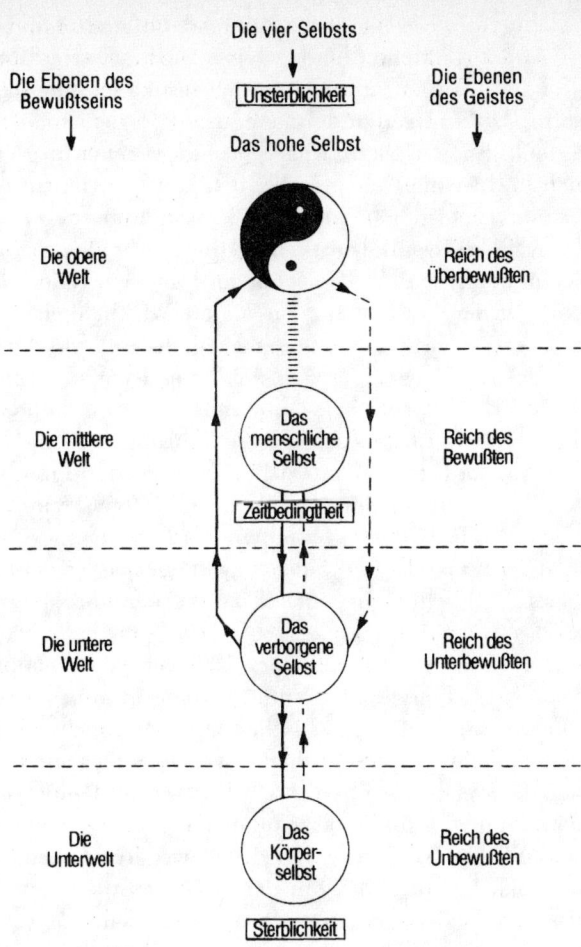

Abb. 31: Die vier »Selbsts« in Bezug zu den Ebenen des Bewußtseins und des Geistes.

dessen Geburtstag Sie feiern, das zur Schule ging, eine bestimmte Arbeit verrichtet und gewisse Eigenschaften aufweist. Es hat Vorlieben und Abneigungen, Träume und Sehnsüchte, Hoffnungen und Ängste.

Obwohl das Ego-Selbst im Körper wohnt, wirkt es im Mentalbereich und ist die treibende Kraft hinter dem Bewußten und unserem trügerischen Sinn von Selbstidentität: trügerisch deshalb, weil es das Bewußtsein auf Äußerlichkeiten beschränkt und den mentalen Geist auf das Physische fixiert, als gäbe es außer der stofflichen keine andere Wirklichkeit. Das Ego legt uns die Schranken lateralen Denkens auf, und durch die durch das Ego eingeengte Wahrnehmung der Wirklichkeit werden wir auf die körperliche Dimension beschränkt und an in die Tiefe unseres Lebens gehenden Erfahrungen gehindert.

Wissen über das Ego kann uns zu besserem Verständnis über die Natur dieses »sprechenden spirituellen *Geistes*«, der unsere menschliche Natur bedingt, verhelfen. Der Begriff »Ego« beschreibt in der Psychoanalyse einen Aspekt des Geistes, der mit der äußeren Wirklichkeit in engem Kontakt steht und rational arbeitet.

Die Psychoanalyse entstammt der modernen Psychologie. Der Begriff »Psychologie« lockt uns jedoch auf eine falsche Fährte; er entstammt den griechischen Wörtern »psyche«, also »Seele«, und »logos«, also »Weisheit«, und bedeutet somit »die Lehre von der Weisheit der Seele«. Die Psychologie befaßt sich aber nicht mit der Seele, sondern mit dem mentalen Geist und dem menschlichen Verhalten, mit den Beweggründen hinter dem Bewußtsein und dem Sinn der Selbstidentität, der im Mentalen existiert. Sie befaßt sich also mit dem mentalen »Selbst« – dem Ego-Selbst, das durch die kulturellen, familiären, religiösen und anderen auferlegten Überzeugungen geprägt ist und das äußere Einflüsse mit seinen scheinbaren eigenen Interessen in Übereinstimmung bringen möchte.

Das Bewußtsein dieses mentalen »Selbst«, das logisch denkt, analysiert, theoretisiert, Überzeugungen bildet, Meinungen vertritt sowie Urteile fällt und Vergleiche trifft, befindet sich anscheinend hinter der Stirn, zwischen den Augen auf Nasenbrückenhöhe. Dieses Zentrum des Bewußtseins, wo sich das denkende Ich anscheinend befindet, sitzt da, wo Informationen der beiden Gehirnhälften empfangen werden. Im Körperreich werden Informationen in Form elektrischer und chemischer Impulse an den mentalen Geist als sinnliche Erfahrung weitergegeben. Die Informationen des Mentalreichs werden als Gedanken und Ideen dem Körper vermittelt. Die linke Gehirnhälfte ist für verbale Fähigkeiten und die logischen, rationalen Aspekte unseres Wesens zuständig. Aufgrund ihrer Konditionierung durch die aufgenommenen Informationen ist die linke Gehirnhälfte im allgemeinen dominanter als die rechte. Meditation und einige andere mentale Techniken können den inneren Gedankenstrom in der linken Gehirnhälfte zum Schweigen bringen, so daß das Ego-Selbst der Aktivität der rechten Gehirnhälfte lauschen kann, die für unsere intuitiven Seiten zuständig ist und heute von vielen fast gar nicht bemerkt wird.

Die linke Gehirnhälfte steuert die rechte Körperhälfte, die mit den als maskulin oder Yang bezeichneten bzw. aktiven Attributen in Verbindung steht. Naturvölker z. B. betrachten die rechte Hand, die ein Werkzeug oder eine Waffe hält, als die »tuende« oder »angreifende« Hand, deshalb wird sie mit dem Yang oder der Maskulinität in Verbindung gebracht. Die linke Hand wird als eher passive und verteidigende, als die »empfangende« Hand gesehen und so mit dem Femininen bzw. dem Yin des Körpers assoziiert.

Die Aktivität der linken Gehirnhälfte verläuft linear und logisch, so daß die Dinge geradlinig wahrgenommen werden; Vergangenheit, Gegenwart und Zukunft, Anfang, Mitte und Ende. Diese Gehirnhälfte drückt den Willen aus und möchte die Dinge in die einzelnen Bestandteile zerlegen, so daß man sie isoliert untersuchen kann. Die rechte Gehirnhälfte fügt die Dinge zusammen und nimmt sie als vereintes Ganzes wahr. Sie steuert die linke Körperseite sowie die intuitive, schöpferische, empfangende, nährende Seite unseres Wesens. Sie bestimmt das Muster des Aufgenommenen, damit der Wille ausgeübt werden und Handlung folgen kann.

Die Kraft des Willens besteht darin, sich auf die Steuerung von Energie in einer vorbestimmten Richtung und zu einem bestimmten Ziel zu konzentrieren. Der Wille treibt die Energie in dieser Richtung voran. Fehlschläge treten auf, weil wir darauf konditioniert sind, den Willen eher mit dem Verstand als mit dem spirituellen *Geist* zu verbinden. So wird der Wille nach den Wünschen des Ego-Selbst gelenkt, nicht nach den Bedürfnissen des spirituellen *Geistes* zum Wohlergehen des Ganzen.

Wenn das A-Uhane in bewußten Kontakt mit den anderen Intelligenzen – mit den anderen Selbsts – unseres ganzen Seins treten kann, erweitern sich die Fähigkeiten beider Gehirnhälften. Wenn die beiden Gehirnhälften gleichberechtigt funktionieren und sich gegenseitig unterstützen, werden die Informationen jeder Gehirnhälfte in das Ganze integriert und das Potential erhöht.

Um bewußte Wahrnehmung der verschiedenen Selbstaspekte unseres ganzen Seins zu erfahren und sie mit unserer eigenen vieldimensionalen Wirklichkeit zu verbinden, müssen wir die Ego-Energie durchbrechen.

Das verborgene Selbst – Unihipili

Das zweite »Selbst« arbeitet still und unauffällig »unter der Oberfläche« der bewußten Aktivität, deshalb tritt es nicht so sehr in Erscheinung. Kahuna-Schamanen nannten diese zweite Intelligenz A-Unihipili, was so viel heißt wie »das Ich bzw. Selbst oder der spirituelle Geist, der anhaftet«. Es hängt wie ein Schatten am A-Uhane bzw. Ego-Selbst. Es ist eine dienstbare Intelligenz mit vertrauensvollem Wesen und der inhärenten Bereitschaft zu gehorchen. Es reagiert auf von ihm als solche verstandene Belehrungen und Befehle, sofern die Belehrung mit dem Erinnerungsmuster von Überzeugungen und Haltungen, die ihm vom A-Uhane-Selbst auferlegt werden, übereinstimmen. Bei fehlender Übereinstimmung reagiert es entweder nicht auf die Forderung oder signalisiert Widersprüchlichkeit.

In einigen Kulturen nennt man das Äquivalent zum Unihipili wegen seiner kindlichen Haltung »das Kind im Innern«, weil es nicht zwischen Glauben und Tatsache, Phantasie und Wirklichkeit, real und irreal unterscheiden kann. Wenn Sie einem Kind die Geschichte vom Christkind erzählen, das allen Kindern auf der Welt an Weihnachten Geschenke bringt, glaubt es Ihnen, da Sie für das Kind als Erwachsener Autorität und Weisheit verkörpern. Ähnlich akzeptiert auch das Unihipili Ihre Überzeugungen als Tatsachen und wird sich entsprechend verhalten, weil es das A-Uhane, das Ego-Selbst, nicht nur als Autorität, sondern als seinen »Gott« betrachtet, da es in einer anderen Dimension als seiner eigenen existiert.

In der Kindheit wird unser Verhalten weitgehend von Eltern, Lehrern und dem wachsenden Einfluß des Fernsehens geprägt, in der Jugend von Sportidolen und Stars, im Erwachsenenalter von den »Göttern«, die Verehrung fordern – heutzutage also weitgehend von säkularen Dingen wie Geld, Immobilien, Karriere, Autos und anderen Besitztümern, auf die das Ego-Selbst seine Energien lenkt.

Das verborgene unbewußte Selbst verfügt über wenig Logik, doch über Erinnerungsvermögen und lernt durch Wiederholung oder Befehl. Es erlebt Emotionen, weil Emotionen ein durch Gedanken und Assoziationen angeregter Energiefluß sind und selber Handlungen stimulieren. Doch obwohl es durch die Kraft der Emotion beeinflußt wird, besteht die Sprache des Unihipili hauptsächlich aus Bildern und Eindrücken, nicht aus Wörtern.

205

In manchen schamanischen Traditionen nennt man das Unihipili das »Tier-Selbst«, weil es über auch bei manchen Tieren zu beobachtende Eigenschaften verfügt und auf bestimmte Situationen instinktiv statt logisch reagiert. Ich vermute, daß manche Schamanen dieses stille, dienstbare Selbst als das wesentliche Krafttier des Menschen betrachten.

Was ist ein Krafttier? *Kein* äußeres Wesen, daß irgendwie von einem Besitz ergreift. Man besitzt es, denn es ist ein inneres Energiemuster, das ähnliche Eigenschaften wie die entsprechende dargestellte Tierart besitzt. Wir wollen nun das Wort »Krafttier« genauer untersuchen. Das Wort »Kraft« kann man als »energetisierende Kraft« definieren. Kraft kann aber auch »Autorität« bedeuten. Letztere Definition trifft auf die Krafttiere und die Schamanen zu. Kraft – schamanische Kraft – bedeutet, eine bestimmte Arbeit ausführen zu können! »Tier« bedeutet »ein intelligentes Geschöpf, das lebt, spürt und sich aus eigenem Antrieb bewegt«. Daraus ergibt sich folgende Definition von Krafttier: »Ein Krafttier ist ein in tierischer Gestalt auftretendes Energiemuster, das Empfindungen sowie die Kraft der Bewegung aus eigenem Antrieb besitzt, um die ihm inhärente Fähigkeit, eine bestimmte Arbeit, die es charakterisiert, auszuführen.« *Ein Krafttier ist das Energiemuster einer oder mehrerer Fähigkeiten, die die Tierart charakterisiert!*

Nach schamanischem Verständnis haben wir alle mehrere Krafttiere, denn sie bilden die Muster unserer inhärenten natürlichen Fähigkeiten und Potentiale. Ein Hauptkrafttier ist eines, das hervorsticht. Unihipili spiegelt etwas von seiner Natur wider, nicht nur durch den Ausdruck der tiefverwurzelten, unbewußten Verhaltensweisen, sondern auch bis zu einem gewissen Grad durch Körpermerkmale. Aus Spaß wird manchmal behauptet, daß Leute mit starker Zuneigung zu ihren Haustieren diesen äußerlich ähneln. Genauso scheint dies auch mit einem Hauptkrafttier zu sein, das Unihipili widerspiegelt. Wir können daher auf das Unihipili einer Person schließen, wenn wir das in ihrer körperlichen Erscheinung »verborgene« Tier entdecken (der scharfe, durchdringende Adlerblick, ein habichtsgleicher Gesichtsausdruck, das ruhige, abwesende Eulengesicht, die Elefantenohren, die engzusammenstehenden Wieselaugen usw.).

Wenn Sie ein Tiercharakteristikum entdeckt haben, beobachten Sie das Verhalten der Tierart, und Sie werden verstehen, wie sich das zugrundeliegende Unihipili verhält und in bestimmten Situationen reagiert.

Unihipili nutzt den unter der Ebene des Wachbewußtseins liegenden Aspekt des mentalen Geistes. Wie bereits beschrieben, ist der mentale Geist ein Prozeß, kein Ding. Also nutzt Unihipili einen unter der Gewahrseinsoberfläche verborgenen Prozeß, der nicht logisch und analytisch, sondern buchstaben- und tatsachengetreu ist. Es nimmt das Ego ganz genau beim Wort und verarbeitet Sprache, Wörter und verbalisierte Gedanken zu bildlichen Mustern und speichert sie. Da es nicht zwischen Annahmen und Fakten unterscheiden kann, muß jede Neuinformation mit bereits Gespeichertem kompatibel sein. So erinnert es sich an vergangene Konditionierungen – Tabus, Verbote, Einschränkungen. Es weigert sich, neue, nicht zu dem Gespeicherten »passende« Informationen anzunehmen. Ihr Unihipili ist geprägt von der Art, wie es seit Ihrer Kindheit arbeitet, Ihren Gewohnheiten und den festen Erwartungen Ihres Ego-Selbst, Ihren Einstellungen, Wertvorstellungen, Urteilen, Ideen und Überzeugungen. Es hat Ihre innersten Überzeugungen akzeptiert, lehnt das ab, was Sie im Innersten ablehnen, mißtraut dem, dem Sie innerlich mißtrauen. Denn das Unihipili ist das tief in Ihnen verborgene »Ich«, verborgen, dennoch bemerkbar.

Unihipili ist das Selbst, das alle auf einem nacheinanderfolgenden Handlungsmuster basierenden Fertigkeiten ausführt, bei denen eine Handlung die folgende auslöst, wie Schreiben oder Autofahren. Früher diente das Ritual zur Kommunikation mit dem Unihipili, um zu einem gewünschten Ergebnis zu gelangen. Es sollte das Unihipili lehren, was es anzustreben galt; und in seiner Eigenschaft als dienstbares Selbst reagierte das Unihipili auf die ihm symbolisch im Ritual vermittelten Anweisungen. Die Absicht wurde in eine Reihe rituellen Handlungen eingefügt, durch den Wunsch energetisiert und vom Willen gesteuert.

Im Lauf der Zeit verwechselten viele durch Unkenntnis des wesentlichen Ritualziels das Ritual als eigenes Ziel. Ein nur des Brauchtums wegen ausgeführtes Ritual, in dem lediglich Handlungen aneinandergereiht und mit ein wenig Spiritualität verbrämt werden, kann nichts bewirken, weil es keine »Botschaft« enthält und weil es ihm an energetisierender Kraft mangelt. Es ist kraft- und bedeutungslos, also beachtet das Unihipili es nicht.

Das Wesen Ihres Unihipili stimmt mit einem universellen Gesetz überein: »größtmögliche Wirkung bei geringstmöglicher Anstrengung«, also erledigt es seine Arbeit als Ihr dienstbares Selbst ohne viel Aufhebens und mühelos.

Obwohl das Unihipili denselben physischen Körper wie das A-Uhane bewohnt, wirkt es im Energiekörper als schattenhafte Substanz, die in Kap. 2 beschrieben ist. Es ist Ihr Partner*geist* in dem ganzen *Ich*, das sich mit Ihnen entwickelt und bei seiner Entwicklung genauso von Ihnen abhängt wie Sie von ihm. Erkennen Sie es an. Akzeptieren Sie es als Ihren unbedingt notwendigen Teampartner. Lernen Sie es als das Kind in Ihnen lieben. Sie können mit dem Kind in sich leichter beständigen Kontakt pflegen, wenn Sie ihm einen Namen geben. Nicht irgendeinen Namen, schon gar keinen Kosenamen, sondern einen ehrerbietigen Namen. Da viele Menschen nur schwer einen Namen für etwas, wofür Ihnen weitere Assoziationen fehlen, finden können, schlage ich Ihnen das hawaiische Wort Unihipili vor. Es klingt musikalisch und freundlich und kann mit keinem anderen Namen verwechselt werden.

Für das Unihipili sind aufgrund seiner Bildersprache Symbole so bedeutsam, da auch sie zur hintergründigen Sprache des »verborgenen« Selbst gehören. Doch müssen Rituale, um wirken zu können, über eine bloße, wenn auch bedeutsame Handlungsabfolge hinausgehen. Sie müssen mit Gefühl befeuert sein, damit sie dorthin gelangen, wo sie entschlüsselt und ihre Botschaft vom Unihipili verstanden werden kann. Die Handlungen kommunizieren den Wunsch, tragen also eine Botschaft. Die Botschaft muß klar sein. Das zu ermöglichen ist die Aufgabe des Unihipili. Und diese Botschaft muß durch echtes Gefühl befeuert werden. In der Tat muß die Botschaft erfahren, nicht bloß klar gedacht werden, obwohl auch das von Bedeutung ist. Die Botschaft sollte so intensiv wie eine körperliche Empfindung gespürt werden.

Alle schamanischen Rituale dienen somit dazu, eine klare Botschaft an das Unihipili weiterzuleiten, und »wirksame« Rituale wirken nur deshalb, weil die Botschaft ankommt und dann entsprechend gehandelt wird. Bei »unwirksamen« Ritualen kommt keine Botschaft an, oder wenn sie durchkommt, ist sie aufgrund der vergangenen Konditionierungen des Unihipili unannehmbar. Wirksame Rituale enthalten oft Wiederholungen, weil das Unihipili sie braucht, um die Echtheit einer Botschaft zu bestätigen. Unihipili fungiert als schützender Zensor, der sich mit einer ungeheuren Informationsmenge beschäftigt und die von ihm als nicht erforderlich oder als unannehmbar eingestuften Informationen aussortiert.

Einige der in diesem Buch aufgelisteten Erfahrungen, insbesondere in Kap. 8, enthalten einfache rituelle oder wiederkehrende Handlungen, die die Absicht Ihrer Botschaft dem Unihipili vermitteln sollen. Sie können sich Ihre eigenen entwerfen, indem Sie meine Ausführungen zu Rate ziehen. Unihipili stellt ein Mittel dar, Zugang zu unseren anderen »Selbsts« zu finden – zum Körperselbst, das die biologische Intelligenz des physischen Körpers ist, und zum Hohen oder »größeren« Selbst, das durch die Seele arbeitet. Unihipili agiert jedoch nicht als Vermittler oder Schiedsrichter, sondern zeigt den Weg und schützt ihn. Unihipili ist das Bindeglied zwischen dem Mentalen und dem Physischen (Geist und Materie) und zwischen dem Physischen und dem Spirituellen (Materie und spiritueller *Geist*, Körper und Seele); es öffnet somit den Weg zu anderen Wirklichkeiten und schließt auch die Tür zum Wissen auf, indem es dem Mentalen die Verbindung mit dem spirituellen *Geist* ermöglicht.

Das Körperselbst

Während die Kahuna-Schamanen das Unihipili auch als die biologische Intelligenz des physischen Körpers ansahen, waren Schamanen anderer Kulturen überzeugt, daß es zusätzlich eine instinktive Intelligenz gibt, die ich das Körperselbst nenne. Das Körperselbst funktioniert auf unbewußten Ebenen der Aktivität, um den physischen Körper, der sein Körper ist, zu kontrollieren, zu erhalten, wiederherzustellen und zu erneuern. Ihr Körperselbst reguliert Ihren Herzschlag und die Körpertemperatur, überwacht Verdauungsfunktionen, Hormonproduktion und die Ausscheidung der Abfallprodukte. Zudem steuert es Ihr körpereigenes Kommunikations- und Selbstwiederherstellungssystem.

Das Körperselbst heilt auch. Medikamente, Heilmittel, Behandlungen, Therapien und Chirurgie unterstützen die Heilung nur, die im Grunde von der spirituell-*geistigen* Intelligenz des menschlichen Körpers bewirkt wird. Ein Schamane nennt sich nicht »Heiler«, denn er weiß, daß wahre Heilung im zu Heilenden stattfindet. Eine andere Person kann dem Kranken bei diesem inneren Prozeß nur Beistand leisten. Ein Schamane dient nur als Katalysator, durch den die regenerierende Wandlung stattfindet, um der Person zu innerer Ganzheit zu verhelfen. Schamanisches Heilen erfolgt durch die Zusammenarbeit mit dem Körperselbst des Kranken, um die Ursache des Ungleichgewichts in der Lebensführung herauszufinden und zu entdecken, was der Kranke noch lernen muß – vielleicht die Bereitschaft, gewisse Aspekte der Lebensführung, die die Krankheit verursacht haben, zu verändern.

Aus schamanischer Sicht gibt es zwei Hauptursachen einer Krankheit. Erstens etwas im Inneren, das es nicht geben sollte. Zweitens etwas, das es im Inneren geben müßte, das aber nicht vorhanden ist. Beim ersten handelt es sich um fehlplazierte Energie, die sich eingeschlichen hat und nicht dahingehört, beim zweiten um einen Verlust an Lebensenergie. Fehlplazierte Energie entsteht durch Angst, seelische Belastungen, Furcht und Verletzbarkeit, die durch Lebensgewohnheiten verursacht werden, die das Energiesystem schwächen und es aus dem Gleichgewicht werfen, sowie durch mediale Übergriffe. Die spezielle schamanische Arbeit, um dies zu korrigieren, heißt *Abstraktion*. Der Verlust von Lebensenergie wird durch Rückholung von Energie korrigiert.

Eine der Hauptursachen von Krankheit ist ein Gefühl des Getrenntseins – des Alleinseins, der Unvollständigkeit. Schamanisches »Heilen« bewirkt im wesentlichen eine Wiederbelebung des »Dazugehörigkeitsgefühls«. Deshalb führten Schamanen in Stammesgruppen Heilungen häufig unter aktiver Teilnahme der Familienmitglieder und Freunde durch, manchmal sogar der ganzen Gemeinschaft. Dabei sollte durch kollektives Mitgefühl und Unterstützung ein Gefühl der »Zugehörigkeit« wiederbelebt werden. Schamanisches Heilen hängt nicht von sogenannten übernatürlichen Kräften, Medien oder der Erfordernis, einen Glauben zu praktizieren, ab. Doch bedarf es dazu der Fähigkeit, mit der Intelligenz des Körperselbst, des Hilfesuchenden in Verbindung zu treten und auf sie einzugehen.

Das Körperselbst ist der Versorger, Beschützer, Wächter und Verteidiger des Körpers. Es reagiert auf Furcht – eine Emotion, die nach Auslösung durch das Unihipili verstärkt Adrenalin ausschüttet –, weil es in erster Linie für das körperliche Überleben zuständig ist. Es will am Leben bleiben, weil es ein sterbliches Selbst ist und stirbt, wenn das Leben den Körper verläßt. Es befindet sich in einem dauernden Wachzustand und funktioniert instinktiv. Seine Sprache beruht auf elektrochemischen Impulsen. Es gehört dem Körperreich an und steht in Verbindung mit den Unbewußten.

Das Körperselbst erkennt das Zuträgliche und Schädliche in der Ernährung und Pflege des menschlichen Körpers. Schließlich ist es die Intelligenz, die ihn am Leben hält. Wir wissen nur nichts von dem, was es weiß, weil wir nicht danach fragen. Nicht, daß wir nicht wüßten, wie. Wir wissen nicht einmal, daß wir überhaupt fragen können. Wir kennen uns überhaupt nicht. Das Körperselbst weiß besser als jeder Ernährungsfachmann, welche Nahrungsmittel dem Körper guttun, welche ihm schaden, welche ihn am besten im Gleichgewicht halten. Sie müssen nur danach fragen!

Die Wahl der Speisen trifft aber das Ego-Selbst. Also essen Sie, was Ihren Geist anspricht, nicht so sehr, was Ihren Körper nährt. Das Essen riecht, schmeckt und sieht gut aus, also denkt das Ego-Selbst, es müsse auch gut sein. Aber für den Körper muß das nicht zutreffen. Durch ein Gespräch mit Ihrem Körper mit Hilfe des Unihipili werden Sie das für Sie tatsächlich beste Essen auswählen können, z. B. auch bei Gewichtsproblemen. Diätpläne hingegen werden immer durch das Ego-Selbst der Person, die sie aufstellt, beeinflußt.

Das Pendel als schamanisches Hilfsmittel

Ein wirksames Mittel zur Kommunikation mit dem Körperselbst durch das Unihipili stellt das Pendel dar. Mit seiner Hilfe kann das Unihipili sein Gewahrsein des Körperselbst Ihrem bewußten Selbst (A-Uhane) mitteilen. Dazu benutzt es Energieimpulse wie einen binären Code, weil die Sprache des Körperselbst auf elektrochemischen Impulsen beruht. 0–1, positiv, neutral und negativ oder anders ausgedrückt: »ja«, »weiß nicht«, »vielleicht«, »nein«. Unter der Voraussetzung, daß Sie Ihre Fragen neutral und so formulieren, daß Ja/nein/vielleicht/weiß-nicht-Antworten

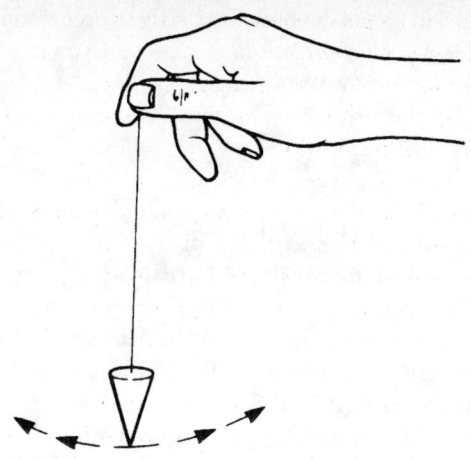

Abb. 32: Der Gebrauch des Pendels. Die Pendelschnur sollte etwa sieben bis zehn Zentimeter über dem Gewicht zwischen Daumen und Zeigefinger und knapp über einer glatten Oberfläche gehalten werden.

möglich sind, können Sie eine aufschlußreiche Unterhaltung führen.

Ein Pendel besteht aus einem kleinen Gewicht (Holz, Kristall, Material, das sich beim Schwingen ausgleicht), das an einem Faden, einer Kordel oder Kette hängt. Der Faden wird etwa sieben bis zehn Zentimeter über dem Gewicht mit Daumen und Zeigefinger gehalten. Das Pendel schwingt entweder vor und zurück, von Seite zu Seite oder dreht sich im oder gegen den Uhrzeigersinn. Diese Bewegungen können mit den vier Antworten »ja«, »nein«, »weiß nicht«, »vielleicht« in Verbindung gebracht werden. Sie selbst legen fest, welche Richtung für welche Antwort stehen soll. Es gibt aufgrund des sehr persönlichen Charakters schamanischer Arbeit keine verbindliche Regel für alle.

Erwerben Sie ein Sie ansprechendes Pendel und befolgen Sie die in der folgenden Erfahrung angegebenen Anweisungen, um es als Kommunikationshilfsmittel vorzubereiten.

శ్రారారారారారారారా

29. Erfahrung:
Vorbereiten Ihres Pendels

Setzen Sie sich zu Hause an Ihrem ruhigen Platz bequem an einen Tisch mit ebener, fester Oberfläche. Halten Sie das Pendel mit Daumen und Zeigefinger der rechten Hand (linke Hand bei Linkshändern) etwa sieben bis zehn Zentimeter über dem Gewicht. Stellen Sie den Ellbogen auf, damit das Gewicht frei über dem Tisch hängen kann, Ihnen aber nicht die Hand zittert. »Verbinden« Sie sich mental durch das Unihipili mit Ihrem Körperselbst – allein durch die Absicht dazu. Ihre reine Absicht ist es, bewußten Kontakt herzustellen, seien Sie also gewahr, wie diese Verbundenheit als Folge der Absicht entsteht. Dies ist eine absolut wichtige und entscheidende Bedingung.

Wenn das Pendel völlig still steht, erlauben Sie Ihrem Geist zu entspannen und fragen Sie: »Was ist die Richtung für ›Ja‹?« Versuchen Sie nicht, das Pendel zu bewegen. Lassen Sie Ihren Geist einfach passiv sein und die Bewegung geschehen. Wenn das Pendel sich zu bewegen beginnt, lassen Sie es seine eigene Richtung oder Bewegung entwickeln. Kreist es? Im oder gegen den Uhrzeigersinn? Bewegt es sich senkrecht oder seitlich? Oder vor und zurück? Merken Sie sich die Richtung.

Wiederholen Sie das Ganze für die nächste Frage: »Was ist die Richtung für ›Vielleicht‹?« Dann: »Was ist die Richtung für ›Nein‹?« Zum Schluß fragen Sie: »Was ist die Richtung für ›Weiß nicht‹?«

Sollte bei den Antworten irgendeine Unstimmigkeit auftauchen, wiederholen Sie die ganze Prozedur, bis sie beseitigt ist.

Wenn z.B. die Antwort auf die erste Frage in einer vertikalen Oszillation wie ein Kopfnicken besteht, suchen Sie folgendermaßen nach Bestätigung: »Wenn eine vertikale Bewegung ›Ja‹ bedeutet, schwinge zur Bestätigung vor und zurück.« Anschließend können Sie die anderen Antworten ähnlich überprüfen.

ഇ෩ഇ෩ഇ෩ഇ෩ഇ෩ഇ෩ഇ෩ഇ෩ഇ෩ഇ

Die Pendelbewegungen und der dabei festgelegte Code sind nichts Okkultes, sondern wurden in Ihrem Innern, nicht außen erzeugt und bilden einen Aspekt Ihres Seins, der unter der Ebene des bewußten Gewahrseins wirkt. Dank der Empfindsamkeit des Pendels für Hochfrequenzimpulse, die durch Ihr Nervensystem übertragen werden, und des von Ihnen mit einer inneren Intelligenz festgelegten Codes ist jetzt ein Dialog möglich. Als nächstes müssen Sie lernen, klar formulierte Fragen zu stellen.

Ihr Körperselbst ist die Ihren Körper steuernde, erhaltende und nährende Intelligenz, deshalb kennt es die Bedürfnisse Ihres Körpers und was ihm nützt bzw. schadet. Z. B. wirken nicht alle an sich guten Nahrungsmittel sich auch für den einzelnen günstig aus, oder eine Kombination verschiedener eigentlich gesunder Bestandteile kann dem Körper schaden. Durch ein Gespräch mit Ihrem Körperselbst mit Hilfe des Pendels können Sie jederzeit Eignung und Frische eines Nahrungsmittels herausfinden.

ഇഇഇഇഇഇഇഇഇഇ

30. Erfahrung:
Auspendeln, welches Essen
gut für Sie ist

Halten Sie das Pendel über das betreffende Essen und fragen Sie zuerst: »Ist das gutes Essen?« oder bei Früchten und Gemüse: »Ist dieses Essen frisch?« Bei »Ja« fragen Sie weiter: »Ist dieses Essen gut für mich?«

Manche Speisen tun Ihnen vielleicht nicht gut, weil sie zu verfeinert sind, ungeeignete Zusätze, zuviel Fett, Salz oder Zucker enthalten. Durch das Aufzeigen, daß irgendein Nahrungsmittel, obgleich an sich gesund und frisch, für Sie ungeeignet ist, weist das Körperselbst vielleicht darauf hin, daß es sich nicht gut mit anderen Nahrungsmitteln verträgt oder der Körper es jetzt nicht braucht. Es könnte zu einem anderen Zeitpunkt durchaus für Sie verträglich sein, verstehen Sie ein »Nein« also nicht als generelles Verbot für Sie.

Diese einfache Technik kann man auch auf Rezepte in Kochbüchern oder Diätempfehlungen anwenden. Auf diese Weise können Sie sich bei Gewichtsproblemen eine auf Sie, Ihren Körper und Stoffwechsel exakt passende Diät zusammenstellen.

ഇഇഇഇഇഇഇഇഇഇ

Sie können natürlich auch Fragen zu anderen Lebensbereichen stellen. Aber stellen Sie keine in die Zukunft gerichteten Fragen. Das Körperselbst und das Unihipili sagen nicht die Zukunft voraus. Sie können allerdings Führung erhalten, ob eine bestimmte Handlung Ihnen helfen könnte oder eher Probleme mit sich bringt.

Das größere Selbst – Aumakua

Es gibt noch ein anderes »Selbst« – eine andere Intelligenz – Ihres zusammengesetzten Seins, das ist der weiter entwickelte Aspekt Ihrer Ganzheit. Es ist das größere »Selbst« der Seele. Dieses größere »Selbst« trägt viele Namen. In einigen mystischen Traditionen wurde es das »höhere Bewußtsein« genannt, weil es anscheinend über überbewußte Fähigkeiten verfügt, oder das »unsterbliche Selbst«, weil man es für unsterblich hielt, oder sogar das »göttliche Selbst«, weil einige seiner Eigenschaften mit dem Göttlichen assoziiert werden. In meinen früheren Schriften nannte ich es das »Hohe Selbst«, weil wir dieses »Selbst« in unserem zusammengesetzten Sein anstreben und von ihm inspiriert werden.

Dieses »Höhere Selbst« wirkt im Seelenkörper. Sein Sitz des Bewußtseins in bezug zum physischen Körper befindet sich über dem Kopf. Die auf religiösen Gemälden abgebildeten Heiligenscheine symbolisieren dies. Seine Seinsdimension ist jene der Seele, deren Substanz spirituelles Licht ist. Das »Hohe Selbst« schuf Ihren Körper, weil es vor Ihrer physischen Existenz lebte und auch Ihren körperlichen Tod überdauern wird.

Kahuna-Schamanen nannten dieses größere Selbst »Aumakua«. »Au« bedeutet »Ich«, »Selbst« oder »Geist«; »makua« »Eltern« oder auch »Vater«. Also bedeutet Aumakua »Ich-Eltern«, »Ich-Vater« oder »unser Vater« der spirituellen *Geister* oder Intelligenzen, die unser komplexes Sein ausmachen. »Ma« bedeutet zudem »hindurchfließen«; »Ku« »Ähnlichkeit« und »Kua« »Joch« oder »das, was zusammenhält«. Es kann auch »erzeugen« oder »Generationen« heißen. Also ist der Mensch nach dem Aumakua geformt, das seine Inkarnation durch eine Eltern-Kind-ähnliche Beziehung beschloß. Dies liegt auch den religiösen Schriften zugrunde, denen zufolge der Mensch nach Gottes Bild geformt ist – nach Aumakua.

Bemerkenswerterweise heißt »Königreich« auf hawaiisch »au puni«, »au« heißt »ich«, »puni« »Platz«, also bedeutet »au puni« soviel wie »Reich unseres Vaters« oder der »Platz des Ich«. Es ist der Ort, wo das »Ich« im Reich der Seele »oben« ist, der in religiöser Terminologie Himmel heißt.

Die Definition »Ich-Eltern« weist darauhin, daß Aumakua eine Dualität ist – ein Elternpaar mit maskulinen und femininen Zügen –, dessen Betonung auf ewigen Werten, weniger auf materiellen oder geistigen Betrachtungen liegt. Somit erzeugte der Vater-Aspekt ein Samenmuster der Information in der Seelendimension, das Ihre Gestalt bestimmte, und der Mutter-Aspekt lieferte die Substanz, durch die sich die Form manifestierte. Dieses Prinzip liegt allem Physischen zugrunde und wurde von den Taoisten im Tai-Chi-Symbol dargestellt.

Wie alle uralten Symbole weist das Tai Chi viele Bedeutungsfacetten auf. Es verkörpert die große Einheit der Yang-Yin-Integration und das Prinzip der komplementären Gegenstücke. Es zeigt die Lebensbewegung an, und man hat auch eine meditative Bewegungskunst danach genannt. Man kann es auch als manifest werdendes Potential verstehen. Taoistische Schamanen betrachteten es zudem als Symbol für das größere Selbst.

Das chinesische Schriftzeichen für »Ich« ist eine Kombination aus den Symbolen für Sonne und Mond und ihren wechselseitigen und komplementären Eigenschaften – eine Kombination von Yin und Yang. Der antreibende Yang-Aspekt erzeugt das Samenmuster für alles, und der empfangende, nährende weibliche Aspekt schafft die Substanz gemäß eines kosmischen Gesetzes: »Alles wird aus der Frau geboren.« Das Verschmelzen des Männlichen und Weiblichen verewigt das Leben und schafft neue Formen, in denen sich der spirituelle Geist ausdrücken und erfahren kann.

Aumakua – Ihr Seelenselbst – verfügt über größere Weisheit als Ihr Ego-Selbst, weil es seine Erfahrung in vielen Lebzeiten sammeln konnte. Von der Seelendimension aus kann es jederzeit unsere menschliche Lebenssituation überblicken. Es sieht klar in alle Richtungen – in Vergangenheit, Gegenwart, Zukunft – und kann erkennen, wo sich alle Einzelteile Ihres Lebens wie ein Puzzle zusammenfügen. Ihre Zukunft ist nicht vorherbestimmt, sondern eine Kristallisation Ihrer vergangenen Entscheidungen und Handlungen und Ihrer gegenwärtigen Gedanken und Taten. Das Größere Selbst kann in der Seelendimension in Formwerdung begriffene Muster wahrnehmen, ehe sie sich manifestieren. Das erhörte Gebet ist die Folge von Veränderungen jener Muster, ehe sie sich in der stofflichen Welt manifestieren.

Kommunikation mit der Seele

Ihr größeres Selbst stellt keine Forderungen an Sie, zwingt Sie selbst bei Fehlern nicht zu Handlungen, weil Sie sich nur durch das Lernen aus den Folgen Ihrer und Ihrer Mitmenschen Entscheidungen und Handlungen entwickeln können. Aber wie liebende Eltern ist das Aumakua immer anwesend, um Sie zu führen, wenn es gerufen wird, immer hilfsbereit, mischt sich nie ein, will nur Ihr Bestes für Ihr letztendliches Wohlergehen, weil es Sie *trotz Ihrer selbst* vorbehaltlos liebt. Sie müssen es lediglich anerkennen und in Ihr Alltagsleben integrieren.

Was man heute manchmal »Channelling« nennt – höheres Wissen durch direkten Zugang zu einer »höheren Quelle« ins Bewußtsein bringen –, ist in manchen Fällen nicht medial, sondern einfach ein persönlicher Dialog zwischen einem Individuum und seinem höheren Selbst. Viele Channelling-Erfahrungen sind somit Unterhaltungen mit einem Aspekt des eigenen vieldimensionalen Seins des Channellers – mit seinem eigenen größeren Selbst in einer anderen Dimension. Das größere Selbst ergreift nicht vom Körper und Geist Besitz, um die Stimmbänder zu einer Botschaftsäußerung zu manipulieren, wie das bei Medien der Fall ist, die man über die Ereignisse während des Geschehens in Unwissenheit läßt. Der Channeller oder Schamane behält die volle Kontrolle über seinen freien Willen und ist während der ganzen Erfahrung bei Bewußtsein, wenngleich in einem veränderten Gewahrseinszustand.

Schamanische »Reisen« in einen anderen Gewahrseinszustand verlaufen sanft, sicher und unter behutsamer Führung, da der Trommelklang einen veränderten Bewußtseinszustand von der normalen zu einer anderen Wirklichkeit induziert und am Ende der Erfahrung die Person auch wieder in die alltägliche Wirklichkeit zurückbringt.

Um auf diese Weise mit dem größeren Selbst in Kontakt zu kommen, verlegt der Schamane das Gewahrsein auf die üblicherweise als »Obere Welt« bezeichnete Ebene, die in Mythen und Sagen als Himmel »über den Wolken« beschrieben wird, weil sie ein »höheres« oder »himmlisches« Reich ist. Hier erscheint das »höhere« Selbst vielleicht als Lehrer. Dabei handelt es sich nicht um eine Projektion von außen, sondern um ein Nach-innen-Gehen auf eine innere Ebene. Nur im Bezug zum physischen Körper befindet sich das Größere Selbst über dem Kopf, allerdings in einer anderen Dimension.

Die Begegnung mit einem Lehrer auf den inneren Ebenen kann man nur als ekstatische und absolut personale Erfahrung bezeichnen. Durch den inneren Lehrer kann man in eine in der Seele befindliche Schatzkammer der Erfahrung und Weisheit gelangen.

Zum bewußten Kontakt mit der Ökologie der Seele kann man also durch eine schamanische Reise ohne Gebrauch halluzinogener Drogen gelangen. Bestimmte Drogen können einen veränderten Mentalzustand bewirken und zu einem ekstatischen Rausch führen, doch beruht dies lediglich auf chemischen Veränderungen im Gehirn und kann zerstörerisch wirken und süchtig machen. Drogen sind keinesfalls ein Weg der Kontaktaufnahme mit der höheren Natur.

Man kann durch eine andere schamanische Technik zur

Seele durchkommen und die Unterstützung ihrer höheren Kräfte erlangen – durch telepathischen Dialog. Im religiösen Zusammenhang heißt das Gebet, obwohl viele sogenannte Gebete bloße Worte und manchmal selbst der Person, die sie spricht, unverständlich sind. Wirksame Gebete sind Energiemuster mit einer kraftvollen Botschaft; ihr wahres Ziel ist es, eine »höhere« Intelligenz in einen schöpferischen Akt einzubeziehen. Die meisten religiösen Gebete werden deshalb nicht erhört, weil sie nie zu der »höheren« Intelligenz durchkommen – nur zu verständlich, wenn der Betende überhaupt nichts von dieser Intelligenz weiß! Unwirksame Gebete haben keine Absicht, oder es mangelt ihnen an Energie, die Kraft in eine andere Dimension zu projizieren. Ihnen fehlt Leben – Chi. Hingegen ist telepathische Kommunikation mit der Seele ein spontanes Unterfangen, bei dem Ego-Selbst, Körperselbst, Unihipili und Aumakua gleichermaßen beteiligt sind.

Wie kann diese Kommunikation stattfinden? Zuerst müssen Sie Ihre Konditionierungen überwinden und erkennen, daß Sie innerlich mit einer schöpferischen, jenseits von Zeit und Raum existierenden Intelligenz verbunden sind. Zweitens müssen Sie die Kommunikation mit dieser Intelligenz wünschen, weil sie trotz ihrer Besorgtheit um Ihr letztendliches Wohlergehen und ihrer Hilfs- und Führungsbereitschaft nur dann direkt antworten kann, wenn Sie sie darum bitten. Man soll sich ihm nur mit einer kindlich vertrauensvollen und unschuldigen, d.h. zweifels- und zynismusfreien Haltung nähern, also mit dem Geist von Unihipili! Unihipili, das innere Kind, kann Sie zu Ihrem »elterlichen« Selbst führen, damit Ihr Leben erfüllender und schöpferischer wird. Zu dem Kanal, der Ihren physischen Körper via Energiekörper mit Ihrem Seelenkörper verbindet, gelangt man über das Unihipili, so wie Ihr Unbewußtes nur über das Unterbewußte erreicht werden kann. Unihipili bewacht somit den Eingang zur Seele. Darin besteht eine seiner wesentlichen Aufgaben. Was auch immer Sie Ihrer Seele mitteilen wollen, es muß Ihrem Unihipili verständlich sein. *Kindliche Schlichtheit, kindliches Vertrauen und kindliche Erwartung sind somit Voraussetzungen für das schamanische Gebet!*

Man sollte sich dem Größeren Selbst achtungsvoll, aber nicht unterwürfig nähern. Sie sind nicht sein Sklave, sondern haben eine enge, liebende Beziehung zu ihm. Nur Menschen, deren Ego sie zu Macht über andere anhält, fordern Unterwürfigkeit und müssen deshalb nach hochtrabenden Worten und Titeln streben. Wir müssen uns von der Last solcher Konditionierungen befreien und erkennen, daß es auf die Qualität des Übermittelten ankommt.

ဆာဆာဆာဆာဆာဆာဆာ

31. Erfahrung:
Schamanischer Dialog

Sie können diese Übung zu Hause, aber auch im Freien an einem passenden Kraftort ausführen. Sie brauchen, wie üblich, Schreibzeug.

Werfen Sie alle Vorstellungen, mit *wem* Sie nun sprechen werden, über Bord. Sie müssen sich keine Person, keine Gottheit vorstellen. Alle Bilder und Vorstellungen sind nur Ideen dessen, der sie schuf. Sie verköpern lediglich eine Ego-Aktivität eines anderen, keine Wirklichkeit, und sind eine Projektion der Konditionierung, die Ihnen Ihr Leben lang den Zugang zu überbewußten Erfahrungen verwehrt hat. Sie müssen unbedingt schon am Anfang eine klare Absicht hegen. Und zwar die, in einer Situation, in der Sie nicht weiterkommen, eine Änderung herbeizuführen. Die beabsichtigte Veränderung muß mit Ihrem Seelenziel und Ihrem spirituellen *Geist* harmonieren.

Bitten Sie das Unihipili, Ihnen den Weg zum Aumakua zu öffnen. Visualisieren Sie, wie eine Tür aufgeht oder ein Vorhang sachte zur Seite geschoben wird.

Das Ansprechen Ihres Seelenselbst als Aumakua identifiziert es ehrerbietig sowohl als Mentor und Liebender und Sie – A-Uhane – als geliebtes Wesen, wodurch eine wahre Beziehung entsteht. Sie umfaßt sowohl Geben wie Nehmen – einen wechselseitigen Energieaustausch – aus liebevoller Sorge und gegenseitiger Achtung und Wertschätzung.

Der Name Aumakua klingt schön. Versuchen Sie, ihn so auszusprechen, als sei es der Name einer geliebten und geschätzten Person. Verhalten Sie sich natürlich. Sagen Sie dem Aumakua, daß Sie es lieben und mit ihm gerne etwas teilen möchten. Dann schildern Sie gefühlvoll Ihr Problem. Bitten Sie um Hilfe und Führung, damit alles zu einem günstigen Ausgang kommt.

Schreiben Sie die wichtigsten Punkte des Gesagten auf. Dann bleiben Sie ruhig auf Empfangen eingestellt sitzen. Versuchen Sie nicht, sich im Kopf eine Antwort auszudenken. Sie müssen nichts logisch durchdenken. Seien Sie wachsam, und warten Sie geduldig auf Antwort.

Diese muß nicht in Form von Wörtern kommen. Vielleicht wird Ihre Aufmerksamkeit auf etwas gelenkt, das sich in Ihrem Gewahrseinskreis abspielt. Das Wehen des Vorhangs am offenen Fenster, Blätterrascheln im Wind, das Summen eines Insekts, eine Form, eine Farbe oder auch ein Gefühl in Ihrem Innern. Irgend etwas, das Ihnen in den Sinn kommt.

Was immer es ist, benennen Sie es, schreiben Sie es auf. Wenn es ein Symbol zu sein scheint, interpretieren Sie es nicht. Sie bemerken lediglich eine Aktivität, die Ihnen plötzlich und unerwartet kommt. Erklären Sie nichts.

Dann unterhalten Sie sich mit dem Aumakua über Ihre soeben erlebten Erfahrungen. Wenn Sie etwas nicht verstehen, bitten Sie das Aumakua um Erklärung. Notieren Sie die Frage, warten Sie auf Antwort. Warten Sie auch diesmal wachsam, geduldig und auf Empfang eingestellt auf Antwort, ohne sich etwas auszudenken.

Wenn eine Antwort kommt, schreiben Sie sie auf. Bei Unklarheiten *fragen* Sie nach. Schreiben Sie in diesem Fall Frage und Antwort auf. Seien Sie aufmerksam, die Antwort kann sehr verschiedenartig ausfallen. Was wird Ihnen gerade gezeigt?

Fahren Sie fort, schreiben Sie die Fragen auf, dadurch wird das Unihipili leichter auf Sie aufmerksam, und die Konzentration auf die Absicht wird erleichtert!

Beim Warten auf die Antwort müssen Sie lernen, der Stille zu lauschen. Die Antwort kommt aus der Stille. Vielleicht lautet die Antwort, daß Sie warten müssen, bis Ihnen etwas gezeigt wird. Dann kommt die Antwort möglicherweise unerwartet durch einen scheinbaren Zufall, eine unvorhergesehene Begegnung, ein unerwartetes Ereignis.

Schamanischer Dialog wird Ihnen Antworten auf Verwirrendes wie auf Situationen, in denen Sie Hilfe suchen, geben.

Erhörte Gebete werden nicht durch positives Denken oder irgendeine göttliche Intervention erlangt, sondern durch die Kraft der Schöpfung, durch die vier Selbsts Ihres zusammengesetzten Seins, die in einem Schöpfungsakt zusammenarbeiten.

ఏ౦ఏ౦ఏ౦ఏ౦ఏ౦ఏ౦ఏ౦ఏ౦ఏ౦ఏ౦

Schamanische Divination

Eine andere Kommunikationsmöglichkeit mit dem größeren Selbst besteht in der Divination, einer uralten Kunst, die nicht mit Wahrsagerei oder Gedankenlesen identisch ist. »Divination« bedeutet »göttliche Führung«, ist also ein Weg, eine »höhere« Intelligenz mit überlegenem Wissen um Rat zu fragen. In der schamanischen Divination befragt man das überlegene Wissen des größeren Selbst des Fragestellers. Tatsächlich betrifft Divination nicht die Zukunft, sondern die Gegenwart. Da die meisten Probleme in unserem Leben selbstauferlegt sind – d. h. vom Ego-Selbst auferlegt werden –, kann man mit Hilfe der Divination über die vom Ego-Selbst auferlegten Barrieren hinübersehen und durch entsprechende Handlungen den wahrscheinlichen Ausgang anders gestalten.

Schamanische Divination ist eher telepathisch und intuitiv als imaginativ und analytisch, weil sie im wesentlichen eine Aktivität des spirituellen *Geistes* ist. Wie bereits betont, kann man das Seelenselbst nicht unmittelbar über das Ego-Selbst durch den Verstand erreichen. Dieser Weg führt lediglich zu einem Abgrund, der den Zugang zu höheren Gewahrseinsebenen versperrt.

Aufgrund des sehr subjektiven Charakters der Divination entwickelt jeder Schamane seine eigenen Methoden. Ein Grundprinzip besteht darin, daß der Schamane sein eigenes größeres Selbst kontaktiert und darum bittet, mit dem größeren Selbst des Klienten verbunden zu werden. Dies ist jedoch nur möglich, wenn die Seelenselbsts beider Beteiligten dies wünschen.

Ferner ist es wichtig, daß der Raum, den jedes lebende Wesen einnimmt, geachtet wird. Ein Schamane wird nicht absichtlich ohne Erlaubnis oder Duldung den Raum einer anderen Person betreten, und dies gewinnt bei der Arbeit auf höheren Schwingungsebenen noch an Bedeutung.

Es gibt eine Reihe von wirksamen Divinationssystemen, die Informationen aus einem höheren Bewußtsein herbeiholen können. Folgende Systeme möchte ich Ihnen kurz vorstellen:

I-Ging

Das I-Ging (Buch der Wandlungen) entstand vor Tausenden von Jahren im alten China und ist wahrscheinlich das älteste bekannte Orakelsystem. Es basiert auf den Umwandlungsmustern, die jeden Lebensaspekt steuern, und kann dem Fragenden Hilfestellung geben, wie er mit einem Problem am besten umgeht, um zu einem harmonischen Ergebnis zu kommen. Beim I-Ging muß man Stäbchen, Münzen oder Karten werfen, damit ein Hexagramm entstehen kann, das in sich sowohl das Problem wie auch die Lösung birgt. Mit Offenheit und ehrlicher Zielrichtung angewendet, verbindet das I-Ging den Fragenden mit einer höheren Bewußtseinsebene, auf der praktische Weisheit zur Lösung eines Problems angewendet wird.

Runen

Runen sind mehr als Winkelsymbole mit »verborgener« Bedeutung, sondern dienten als wesentliches Hilfsmittel der Schamanen in Nord-und Mitteleuropa. Runen stellen Muster von Energiekräften dar, die sowohl in »innerer« wie »äußerer« Ökologie wirken, um das Wissen zu übermitteln, daß das scheinbar »außen« Stattfindende nur eine Spiegelung der »inneren« Ereignisse ist. Runen helfen bei der persönlichen Entwicklung und der Veredelung des spirituellen *Geistes.*

Wie auch andere Divinationssysteme wurden Runen zur Zukunftsvorhersage mißbraucht und mit okkulten und dunklen Kräften in Verbindung gebracht – nicht allein durch religiöse Bigotterie, sondern auch durch Zauberer und solche, die Machtausübung über andere anstreben.

Die von Schamanen praktizierte Divination hängt nicht von einer Fähigkeit ab, eine Rune entsprechend der von anderen Menschen der Rune zugeschriebenen Bedeutung auszulegen, sie ist vielmehr die Fähigkeit, den Energiefluß zu erfahren, der durch eine Kombination von Runenkräften und der in ihnen enthaltenen telepathischen Botschaften gezeigt wird.

Karten des Heiligen Pfads

Diese wurden vor wenigen Jahren von Jamie Sams, deren indianischer Name »*Hancooka Olowampi*« »Mitternachtslied« bedeutet, entworfen. Die Karten verkörpern die alte Weisheit mehrerer indianischer Stämme und bilden somit eine Synthese indianischer Spiritualität. Sie eignen sich sehr gut für Menschen, die mit dem Medizinrad und der indianischen Kosmologie vertraut sind. Dank der dadurch erhaltenen Führung kann der Fragende die Schritte seiner persönlichen Entwicklung erkennen und Einsicht in gegenwärtige Probleme und die darin enthaltenen Lehren gewinnen.

Tarot

Obwohl Tarot-Karten mit mittelalterlicher Mystik verbunden werden, sind sie schon wesentlich älter, denn man hat Analogien mit der hebräischen Kabbala, chaldäischen Mysterienschulen und den spirituellen Traditionen des alten Ägypten gefunden. Als Hilfsmittel zur Erforschung der Weisheit der Seele ist das Tarot weit von seinem heute sehr beliebten Gebrauch als Zukunftsvorhersage entfernt. Es gibt viele verschiedene Tarotkartenspiele mit einer Vielzahl verschiedener Designs und Konnotationen. Doch sind nicht die Bilder und auch nicht die dadurch symbolisierten Philosophien für den Schamanen von entscheidender Bedeutung, sondern die Art, wie die Bilder und Symbole den Schamanen *persönlich* berühren, nachdem er die Verbindung mit dem höheren Selbst des Fragenden hergestellt hat.

Pendel

Zusätzlich zu dem bereits beschriebenen Gebrauch kann man das Pendel auch zum direkten Kontakt mit der *Seele* und zur Beantwortung von Ja-/Nein-Fragen verwenden. Diese Methode ist aber nur dann wirksam, wenn das Seelenselbst des Fragenden in seinem Körper integriert und eine sofortige Verbindung möglich ist.

Integration der
vier »Selbsts«

Die Perspektive Ihrer Seele unterscheidet sich von der Ihres Ego-Selbst, die physische Wirklichkeit erfährt sie allein über Ihre körperlichen Sinne. Sie nimmt sich selbst nicht separat, sondern als Teil eines größeren Ganzen wahr, behält jedoch ihre individuelle Identität und ihren einzigartigen Ausdruck. Ihr Seelenselbst verfügt also über größeres Wissen über die Letztendliche Quelle. Die Seele ist auch der »dauerhafteste« Aspekt Ihres ganzen Seins, hat vor Ihrem Körper existiert und wird auch nach dessen Tod weiterleben. Nur die physische Form, durch die sie sich ausdrückt und durch die sie Materie erfährt – der physische Körper –, verändert sich.

Das Körper-Selbst steuert den physischen Körper. Das Verborgene Selbst (Unihipili) steuert den Energiekörper, das Ego-Selbst (A-Uhane) den Mentalkörper. Das größere Selbst (Aumakua) steuert den Seelenkörper. Unihipili bildet die Verbindung zwischen dem Körper-Selbst und A-Uhane und zwischen A-Uhane und Aumakua. Der spirituelle *Geist* ist das ursprüngliche Sein – der göttliche Funke, das »Ich« oder die Essenz, die sich ihrer eigenen Lebendigkeit in jeder Seinsdimension bewußt ist – und ist somit ein selbstbewußtes »Ich-bin«, das die Letztendliche Quelle zur Erfahrung seiner selbst befähigt! Wenn wir unser Größeres Selbst zur aktiven Teilnahme an unserem Alltagsleben veranlassen können, wird unsere Beziehung mit der Göttlichkeit von einer Idee im Kopf – einem mentalen Bild eines übernatürlichen Wesens, das in irgendeinem nebulösen »Himmel« existiert – zu einer bodenständigen praktischen Wirklichkeit im Hier und Jetzt.

Indem wir mit den Naturkräften – Wasser, Wind, Erde, Sonne, Mond, Sterne, Bäume, Pflanzen und Steine – in Verbindung treten, bringen wir jene Energien direkt in uns. Und sie unterstützen unser persönliches Wachstum und unsere evolutionäre Entwicklung auf höhere Bewußtseinszustände und verfeinertere Wahrnehmungsebenen sowie die Veredelung des spirituellen *Geistes*.

Schamanismus, wie ich ihn praktiziere, verbindet uns deshalb mit dem Universum, dessen Substanz aus Energien besteht, und allen Aspekten unserer selbst. Wir können uns dadurch leichter von unserem Bedürfnis nach Kontrolle, Ausbeutung und Manipulation lösen, denn durch die Verbindung mit unserer eigenen Quelle erhalten wir Kraft, die aus uns selber kommt. Mit dieser inneren Stärke können wir unsere schlechten Gewohnheiten durchschauen und unsere Anspannungen lösen.

Indem wir die Herausforderungen unseres Menschseins meistern, unsere Konditionierungen über Bord werfen und das Ego-Selbst auf die höheren Ziele der Seele einstimmen, werden nicht nur unsere »Selbsts« zu einer Einheit der spirituellen »Geister« mit dem Einen spirituellen *Geist* integriert, sondern auch das Licht der Seele wird heller und stärker.

Wenn in den alten Mysterienschulen einem Neuen geraten wurde, sich »selbst zu erfahren«, ging das weit über ein tieferes Verständnis des Ego-Selbst hinaus. Vielmehr sollte er sein ganzes zusammengesetztes Sein erkennen und die »Selbsts« auf den verschiedenen Ebenen zu einer gutfunktionierenden Partnerschaft harmonisieren, die ihm die Erfüllung des wahren Lebensziels – des Seelenziels – und seine Inkarnationsaufgabe schenken würde.

Unerschöpflich und unendlich ist die Quelle,
aus der wir stammen.

12. Der Pfad der Liebe
und Harmonie

Laotse, der chinesische Weise, der etwa im 5. Jahrhundert v. Chr. lebte und viel altes schamanisches Wissen verkündete, meinte etwas anderes als Rechtschaffenheit und moralische Vortrefflichkeit, als er in seinem Klassiker Tao Te King, der heute von vielen als ebenbürtig mit anderen heiligen Schriften anderer Kulturen verehrt wird, über einen »Weg der Tugend« schrieb. Laotse bezog sich nicht auf die Art Tugend, die mit Moral verbunden wird, und auch nicht auf ethisches Verhalten, sondern auf eine Eigenschaft, die mentale Veränderung mit sich bringt und zuläßt, daß die wahre spirituelle Natur eines Menschen sich im Alltagsleben ausdrücken kann. Laotse gab in seinen Schriften die Essenz dessen weiter, was damals, vor 2500 Jahren, als altes Wissen galt, und drückte es so aus, daß die Menschen, die damals an der Schwelle zu einem neuen Zeitalter standen, es verstehen konnten. Das alte Wissen, auf das er sich bezog, stammte von den taoistischen Schamanen, deren obgleich universelles Wissen bis zu Laotses Zeit nur durch einige Auserwählte mündlich überliefert worden war.

Ego und Konditionierungen

Laotse betonte, daß Tugend eine Manifestation der wahren spirituellen Natur eines Menschen sei und sich in seiner Lebensweise zeige. Die Redensart »In der Tugend liegt der Lohn« bedeutet, daß die Belohnung eine unmittelbare Lebenserfahrung auf tugendhafte Weise ist – nicht das, was man von einer äußeren Autorität nach dem Tod erhält! Wenn das Ego aufgefordert wird, seine natürliche Rolle als Diener des ganzen Seins zu erfüllen, und der spirituelle *Geist* zur Vorherrschaft ermutigt wird, können sich Tugenden im Reich des physischen Seins manifestieren. Wenn jedoch dem Ego die Kontrolle zugestanden wird, schreit es nach ausschließlichen Seinsrechten. Es absorbiert unsere ganze Aufmerksamkeit und hält uns innerhalb der von ihm gezogenen Grenzen des physischen und mentalen Reiches.

Die Umwandlung des Geistes geschieht durch die Befreiung des Mentalen von seinen Konditionierungen. Konditionierungen sind im Grunde eine Energieform. Konditionierte Energien sind hauptsächlich Ego-Energien. Wenn dem Ego Entscheidungsfreiheit zugestanden wird, wählt es immer das, wodurch es die Kontrolle behält und von unseren anderen Seinsaspekten getrennt bleibt. Es trachtet nach *seiner* Befriedigung, *seiner* Ausdehnung, *seiner* Erhöhung und macht uns glauben, es sei die Ganzheit unseres Seins.

Im Hinblick auf unser ganzes zusammengesetztes Sein ist das Ego ein Gegenspieler, eine innere Kraft, die uns an der Erfahrung unserer wesentlichen Ganzheit hindert und uns in einem Zustand der Getrenntheit hält. Das Ego-Selbst hindert uns an der Erfahrung nicht nur unserer Nähe zur Natur, sondern an unserem tatsächlichen Einssein mit ihr. Es errichtet Barrieren vor unserem Wissen, weil es den Vorrang vor unserem natürlichen spirituellen *geistigen* Selbst anstrebt. Es will nicht dessen Diener, sondern dessen Meister sein und versucht den spirituellen *Geist* zu verdunkeln, indem es uns zu der Annahme bringt, er existiere gar nicht, oder indem es die Stelle des spirituellen *Geistes* einnimmt und so der Bestimmer wird. Es kann uns sogar in der Verkleidung als spiritueller *Geist* täuschen. In der Rolle des Meisters nährt das Ego seine Eitelkeit

231

und arbeitet dem zusammengesetzten Sein zuwider, wo es doch Tugend manifestieren sollte, indem es den *Geist* sich durch das Ego ausdrücken läßt. Darin liegt sein wahres Ziel – dem spirituellen *Geist* zu dienen und dadurch Tugend zu entwickeln. Darin liegt der natürliche Weg. Darauf bezog sich Laotse in seinen Schriften. Hier liegt die verborgene Wahrheit aller Mythen, Sagen, Märchen aller Kulturen und Traditionen, aller heiligen Schriften!

Unsere konditionierten Sinne sagen uns, daß wir getrennt seien, obwohl wir doch Teil eines größeren Ganzen sind, daß unser physischer Körper fest sei, obwohl er sich aus Atomen zusammensetzt, die hauptsächlich aus leerem Raum bestehen. Unsere konditionierten Sinne sagen, wir stünden still, wo sich doch der Boden unter unseren Füßen mit mehr als 530 Kilometern pro Stunde bewegt und die Erde auf ihrem Weg um die Sonne unglaublich schnell durchs All saust. Sie sagen uns, wir hätten nur einen Körper, wo wir doch mehrere, jeweils aus unterschiedlichen »Substanzen« bestehende haben.

Konditionierung blockiert den Ausdruck unserer Essenz und verändert den Energieausdruck des spirituellen *Geistes* und somit auch uns und unsere Potentiale. So werden wir daran gehindert, unsere schöpferischsten Aspekte zu manifestieren, weshalb unser Leben weitgehend unerfüllt bleibt. Unsere spirituell-*geistige* Substanz ist die Quelle und Grundlage unserer Kraft – unserer »Medizin«. Vieldimensionale Entwicklung schenkt uns die Erkenntnis des Wesens der spirituellen Essenz und befähigt uns so zu individuellem Wachstum, zu größerer Erfüllung unseres Potentials. Persönliche Entwicklung bedeutet nicht einfach die Verbesserung der Persönlichkeit, denn die Persönlichkeit ist nicht das »Ich«, sondern etwas, das Sie als Mittel zum Ausdruck Ihrer einzigartigen Identität besitzen. Sie ist das »Gesicht«, das das wahre *Ich* trägt, um sich in der physischen Welt zu zeigen.

Das Ego-Selbst unterliegt somit als Gegenspieler unseren Gedanken und Emotionen und versklavt uns von innen her, indem es uns in einem dauernden Kreislauf von Beschränkungen und Ängsten hält und uns von dem Wissen, was wir sind, warum wir hier sind und was unser wesentliches Ziel ist, abhält. Es zieht oberflächliche Vergleiche und schiebt die Verantwortung auf äußere Einflüsse, indem es die Schuld für seine eigenen Mängel auf andere abwälzt. In besonders widrigen Zeiten schiebt das Ego-Selbst die Verantwortung sogar auf eine äußere Gottheit ab und gibt ihr die Schuld, daß sie so schlimme Ereignisse zuläßt.

Das Ego-Selbst erzeugt negative Energien, die viel Not, Unglück und Unzufriedenheit in der Welt verursachen. Die heutige Medizin weist diesen negativen Einfluß dem Unbewußten zu. Die Psychotherapie will diese negativen und zerstörerischen Energien durch Verdrängung und Zerstreuung unter Kontrolle bringen – durch Medikamente und positives Denken. Die Religion begegnet dem negativen Einfluß durch Glaubensausübung. Doch verlagert religiöser Glaube die Verantwortung weg vom Individuum hin nach außen – zu einer personalen Gottheit. Glaube ist eine Mischung der Energien von Glauben und Vertrauen, keine Tugend an sich, sondern eine Kraft, die sowohl für günstige und harmonische wie auch für schädliche Zwecke dienen kann. Glaube braucht also Weisheit zur Führung. Glaube führt, wie die Geschichte zeigt, oft zu Verfolgung und Zerstörung derer, die an seiner Blindheit nicht teilnehmen wollen. Nur jene, die blind sind, müssen glauben. Man muß nicht an die Sonne, den Mond, die Erde glauben, oder an Berge, Täler, Flüsse, Seen, das Gras unter unseren Füßen. Das alles ist *da*. Wir nehmen all dies wahr, weil uns das Licht dies sehen läßt. Nur ein Blinder muß glauben, daß es so etwas wie Licht gibt. Somit kann Glaube sogar spirituelles Wissen *behindern*, weil er die Intelligenz daran hindern kann, ihren Handlungen Richtung zu geben, und wird dadurch selber zu »konditionierter« Energie.

Konditionierte Energie kann nicht in einem Schwebezustand fortbestehen. Sie muß irgendwohin fließen, oft in den physischen Körper, wo sie sich anhäuft und sich als gesundheitliche Störung manifestiert. Eine Anhäufung dieser konditionierten Energie beschleunigt den Alterungsprozeß, führt zu einem Ungleichgewicht der Organe und letztendlich zu Problemen von Herz, Nieren, Lungen usw. Diese konditionierten Energien verursachen Erschöpfungszustände, lebensbedrohliche Krankheiten sowie psychische und emotionale Störungen.

Zerstreuung
konditionierter Energien

Die erworbene Konditionierung kann nur zerstreut werden, wenn wir aus einer Position der Stärke, die aus unserer eigenen Energiequelle stammt, handeln. Schamanismus hilft uns, uns unmittelbar mit diesen Energien durch das Erzeugen von Chi – der inneren Kraft, die belebt, erhöht und sich absolut harmonisch mit den positiven Energien von Körper, Geist und Seele mischt – zu befassen. Es gibt vier Hauptquellen von Chi – Luft, Sonne, Wasser und Erde.

Das Chi aus der Luft nehmen wir durch Atmen auf, es erfrischt und regt an.

Das Chi der Sonne (Feuer) stärkt und dehnt aus.

Das Chi des Wassers ist mit Sonnenenergie geladen, es beruhigt und heilt.

Das Chi der Erde nehmen wir durch die Fußsohlen und durch die von der Erde stammende Nahrung auf.

Bäume und Pflanzen nehmen Chi aus Luft, Sonne, Wasser und Erde auf und geben es in großer Menge wieder ab. Deshalb erquickt der Aufenthalt unter Bäumen so sehr. Wie erzeugen wir Menschen Chi? Durch das Motiv und die Absicht. Die bloße Absicht, Energien der Harmonie zu erzeugen, läßt schon Chi fließen. Aber wir müssen uns zuerst für die Richtung der Liebe und Harmonie entscheiden und die konditionierten, im Körper angesammelten Energien vernichten. Je stärker und tiefer die Absicht, um so größer ist der Chi-Fluß, der Nachteiliges auswäscht, Konditionierungen abbaut und sie durch Harmonie ersetzt.

Die Natur unterstützt jene, die sich für Liebe und Harmonie entscheiden. Heute führt die Trennung von der Natur zu verstärkten seelischen Belastungen, Angst und Furcht. Durch die unmittelbare Verbindung mit den Energien der Natur – mit Wasser, Wind, Erde, Sonne, Mond, Sternen, Bäumen, Pflanzen, Gestein – bringen wir diese Energien unmittelbar in unseren Körper, und sie unterstützen den Verbindungsprozeß mit dem innersten Ich in uns. Das Medizinrad hilft uns, uns mit jenen stützenden Kräften zu verbinden und Konditionierungen abzubauen.

Der Fetisch

Viele Naturvölker verfügten über ein mächtiges Mittel zur Zerstreuung konditionierter Energien – den Fetisch, eine weithin falsch verstandene, durch Unwissenheit und Aberglaube verleumdete Technik. Ein Fetisch ist einfach ein Gegenstand aus Naturmaterialien, dem menschliche Form gegeben wird. Er dient als Brennpunkt für konditionierte Energien während seiner Herstellung und symbolisiert diese Energien bei seiner feierlichen Verbrennung in einem Ritual. Er besitzt selbst keine Macht. Das Verbrennen symbolisiert den Übergang dieser konditionierten Energien in positive Qualitäten, die aus ihrer Asche emporsteigen können.

Dieses Feuerritual soll durch seine kraftvollen Symbole eine klare Botschaft an das Unterbewußte (Unihipili) übermitteln. In diesem Fall wird der Konditionierung, die als Ursache von Schmerz, Kummer, Leiden, Begrenzungen und Mangel erkannt wurde, durch den Fetisch Form verliehen. Er wird in einem Zeremoniell verbrannt, um ihre Bannung und Umwandlung zu zeigen. Es ist ein Weg, das Ego beiseite zu schieben, damit der spirituelle *Geist* hindurchscheinen kann; denn damit der *Geist* wachsen kann, muß das Ego schrumpfen.

Die Materialien für einen Fetisch sammelt man am besten während meditativer Spaziergänge. Wichtig ist dabei ist die Absicht, Gegenstände zu sammeln, die an bestimmte Merkmale, Bedingungen, Situationen und Ereignisse erinnern, die zu den jetzt von Ihnen zu bannenden Konditionierungen führten: etwa Zweige, Tannenzapfen, Eicheln, Gräser, Blätter, Blumen, Beeren, Federn, Tierhaarbüschel. Ein Stück abgebrochener Ast kann als »Rückgrat« dienen, um das der Körper und die Merkmale gebunden werden. Passen Sie beim Sammeln auf, daß Sie keine Pflanze, keinen Baum beschädigen. Im Schamanismus achtet man die Natur und schützt die natürliche Umgebung.

Das Medizinradmandala dient dazu, die Konditionierungen zu identifizieren, so daß man sich beim Gestalten des Fetischs und dessen letztendlicher Übergabe ans Feuer mit ihnen wirkungsvoll auseinandersetzen kann. Die folgende Erfahrung kann an einem Tag oder falls nötig in zwei Tagen abgeschlossen werden.

∞∞∞∞∞∞∞∞∞∞

32. Erfahrung:
Konditionierungen bannen

Machen Sie einen meditativen Waldspaziergang. Nehmen Sie einen Kompaß und eine Tasche für die zu sammelnden Materialien mit. Wie bei jeder Übung sollten Sie entspannt und nicht in Eile sein. Lassen Sie die Dinge einfach geschehen.

Suchen Sie zuerst nach einem geeigneten Rückgrat für Ihren Fetisch, etwa ein kleines abgebrochenes Aststück. Danach können Sie mit der Richtungsarbeit beginnen.

Beginnen wir im Osten, der auf dem Medizinrad mit der Erleuchtung assoziiert ist, die die wunderbaren energetisierenden Kräfte anregt, die bei jeder Morgendämmerung hervorbrechen. Im Jahreslauf verkörpert der Osten die zur

Frühlings-Tagundnachtgleiche und zusammen mit dem schnellen Wachstum einsetzende Frühlingsfrische. Er umfaßt die bahnbrechende, an neuen Projekten beteiligte Energie und die jedem Neuanfang innewohnende Belebung. Im Lebenslauf verkörpert der Frühling die Kindheit und schnelles Lernen.

Auf Ihrem meditativen Gang nach Osten erinnern Sie sich an Ihre Kindheit: Erkennen Sie die negativen Konditionierungen durch Eltern, Lehrer und andere Menschen mit Einfluß auf Ihre Erziehung. Wurden Sie benachteiligt – und wie? Für welche Dinge haben Sie die Schuld Ihren Eltern zugeschoben – für welche Taten, für welche Unterlassungen? Welche Erfahrungen in Ihren prägenden Jahren, die Sie negativ beeinflußt haben, können Sie als Fehler Ihrer Eltern, Lehrer oder anderer damals für Sie wichtiger Menschen erkennen? Beschreiben Sie die Konditionierung. Dann halten Sie nach etwas Ausschau, das diesen Aspekt Ihres Lebens symbolisieren kann. Etwa die Form eines Zweiges am Boden, die Beschaffenheit eines Blattes, ein Grasbüschel, die Farbe einer Blume, der bedrohliche Dorn einer Rose. Sammeln Sie alle Ihnen bedeutsam erscheinenden Gegenstände, die jene negativen Kindheitsaspekte verkörpern können, von denen Sie sich jetzt befreien möchten.

Als nächstes unternehmen Sie einen meditativen Gang nach Süden, denn wir durchqueren das Medizinrad in einer Kreisbewegung der Sonne zu.

Der Süden wird auf dem Medizinrad mit der Tageszeit assoziiert, zu der die Sonne am stärksten strahlt, so können wir ihn vergleichen mit der Ausführung von Arbeit und der besten Zeit für die Ausübung unserer Energien, die Entwicklung unserer Stärken und Belohnung unserer Mühen. Im Jahreslauf steht der Süden für den Sommer, der mit der Sommersonnwende beginnt, und für die Blütezeit. Im Lebenslauf verkörpert er das frühe Erwachsenenalter, wenn sich das Lebensmuster herausschält. Er ist die Zeit für das Fruchtbarwerden von Plänen und Zielen, das Schmieden der Partnerschaft, für Heirat und Kinder.

Sinnen Sie während Ihres Spaziergangs über Ihre Träume bezüglich Ihrer Arbeit, Ihrer privaten Beziehungen und Lebensbedingungen nach. Was hat Ihre Erwartungen enttäuscht, Ihre Pläne an der Erfüllung gehindert? Was hat Ihnen Probleme im Privaten bereitet, Ihnen Gefühlstumulte verursacht?

Suchen Sie wieder in der Natur nach Gegenständen, die Sie mit den Ursachen für die negativen Konditionierungen in Ihrem Leben identifizieren können.

Gehen Sie dann nach Westen, der auf dem Medizinrad mit der Reife verbunden wird, die aus der durch persönliche Erfahrung erworbenen inneren Stärke entsteht. Der Westen steht für den Abend im Tageslauf, den Herbst im Jahreslauf, der mit der Herbst-Tagundnachtgleiche beginnt – für Zeiten, zu denen man sich an den Früchten seiner Arbeit erfreut. Im Lebenslauf verkörpert er die Zeit der Verdichtung.

Der Westen betont die stofflichen und körperlichen Aspekte des Lebens. Konzentrieren Sie sich also bei Ihrem Gang nach Westen auf die Dinge, die Sie materiell behindert und körperlich eingeschränkt, Sie von Veränderungen in Ihrem Leben abgehalten haben. Sinnen Sie über die Bedingungen, Umstände und Dinge nach, die Ihnen noch immer anhängen und Sie jetzt behindern, nachdem sie ihren Zweck längst erfüllt haben. Benennen Sie diese Bedingungen, die Sie in lähmender Untätigkeit halten. Suchen Sie Gegenstände, die diese Konditionierungen verkörpern.

Jetzt zum Norden, der auf dem Medizinrad mit der Klarheit des Denkens, klarer Voraussicht und mit der aus der praktischen Erfahrung kommenden Weisheit assoziiert wird. Er steht für die Nacht, die Ruhe- und Erfrischungsphase im Tageslauf, für den zur Wintersonnwende einsetzenden Winter im Jahreslauf und für die Zeit des Sichzurückziehens und der Erneuerung im Lebenslauf.

Der Norden steht für Gedanken, Ideen, für den Intellekt und die Regeln, durch die wir uns unsere Bedingungen schaffen. Im Norden können wir unsere mentalen Konditionierungen untersuchen und erkennen, welche Begrenzungen wir uns in welchen Bereichen selbst auferlegt haben. Was hat Sie daran gehindert, die Dinge so zu sehen, wie sie wirklich sind? Identifizieren Sie diese Konditionierungen und suchen Sie die dazu passenden Gegenstände für einen Fetisch.

Die Mitte erarbeiten Sie am besten zu Hause an Ihrem ruhigen Platz. In der Mitte betrachten Sie die aus den vier Richtungen gesammelten Gegenstände und formen, bilden und vollenden daraus Ihren Fetisch.

In der Mitte all Ihrer Konditionierungen befinden sich Ihre Ängste. Erkennen Sie, daß Ihre Ängste, worin auch immer sie bestehen mögen, zum großen Teil nur auf Einbildungen beruhen. Eingebildete Ängste kann man als akute und häufig emotional schmerzvolle Sorgen über etwas, das noch nicht eingetreten ist, definieren. Obwohl sehr quälend, entstammen sie mentalen Konditionierungen. Reale Furcht hingegen entsteht in lebensgefährlichen Situationen. Eingebildete Ängste existieren im Kopf und schaffen sich ihre eigene schwächende Wirklichkeit, können uns zur Hilflosigkeit und zur Verzweiflung treiben.

Der erste Schritt zur Bannung dieser Ängste besteht darin, sie als das, was sie sind, zu erkennen: Angst, nicht gemocht zu werden? Angst, jemanden zu verärgern? Angst, die Wahrheit zu sagen? Angst vor dem Alleinsein? Angst vor Einkommensverlust? Angst, überflüssig zu sein?

Vergegenwärtigen Sie sich diese Ängste. Erkennen und identifizieren Sie sie. Jetzt haben Sie die Kraft, sie zu bannen, weil Sie den Mut aufbringen, ihnen zu begegnen. Die Kraft ist in Ihnen, weil in Ihnen eine unerschöpfliche Quelle sprudelt – die Kraft des spirituellen *Geistes*, der Sie in vielen Nöten gesehen und Sie befähigt hat, vielen, vielen Ängsten zu begegnen. Sie sind noch immer hier. Am Leben. Entfernen Sie Ihre Ängste aus Ihrem Leben, arbeiten Sie sie in Ihren Fetisch ein. Lassen Sie den Fetisch Ihre Sorgen aufnehmen.

Vergeben Sie allen, die Ihnen vielleicht Unrecht zugefügt

haben. Vergeben Sie ihnen, denn die Vergebung befreit Sie aus der Gewalt, die diese Menschen möglicherweise noch über Sie besitzen. Vergeben Sie auch das, was andere an Ihnen unterlassen haben.

Dann vergeben Sie *sich selbst*. Das fällt manchmal schwerer, als anderen zu vergeben. Lassen Sie die Fesseln, die Sie gefangenhielten, fallen. Damals wußten Sie nicht, was Sie heute wissen. Jetzt ist die Zeit Ihrer Erneuerung, Ihrer Enthüllung, damit Sie das werden, was Sie wirklich sind.

Gleich beobachten Sie, wie Ihre Ängste vor Ihren Augen aufgezehrt und in mögliche neue Stärken umgewandelt werden – und deshalb nicht mehr zum Fürchten sind, weil sie keine Macht mehr über Sie haben. Sie sind jetzt Herr über diese Ängste.

Gestalten Sie den Fetisch ganz nach Ihren Bedürfnissen, schön oder häßlich, einfach oder kunstvoll. Zeigen Sie ihn keiner anderen Person. Er bedeutet nur Ihnen, der Sie ihn hergestellt haben, etwas. Er verkörpert die Gesamtheit der von Ihnen in sich erkannten Konditionierungen, die Sie jetzt aus Ihrem Leben bannen wollen, so daß aus der Asche neue Kraft aufsteigen kann, nachdem er von der Flamme verzehrt wurde, die für Sie das Feuer des spirituellen *Geistes* symbolisiert.

Nach Fertigstellung des Fetischs verbrennen Sie ihn, entweder zu Hause, wenn Sie eine offene Feuerstelle haben, oder im Freien an einer abgeschiedenen Stelle, wo Sie nicht die Aufmerksamkeit anderer auf sich ziehen.

Beobachten Sie Ihren verbrennenden Fetisch aufmerksam. Spüren Sie, wie alle Ihre identifizierten Konditionierungen verwandelt werden, weil Sie sich bewußt darauf vorbereitet haben, sie aufzugeben. Sehen Sie zu, wie diese Konditionierungen durch diese symbolische Handlung vor Ihren Augen verschwinden.

ཀ‌ཀ‌ཀ‌ཀ‌ཀ‌ཀ‌ཀ‌ཀ‌ཀ‌ཀ

Die Kraft der Liebe

Die Entkonditionierung befreit uns von dem Bedürfnis nach Manipulation und Ausbeutung zu Zwecken der Kontrollausübung und hilft uns, uns mit einer wesentlichen Kraft zu verbinden, die selbst nicht erfaßt und manipuliert werden kann – der Kraft der Liebe, die man nur innen finden kann. Dies ist die wahre Liebe – nicht körperliches Verlangen oder emotionale Selbstverwöhnung in der Verkleidung von Liebe, die nur nach der Befriedigung der körperlichen Sinne trachten. Diese Parodien von Liebe rauben dem spirituellen *Geist* die Integrität – also seine wahre Natur –, so daß er nicht weiterentwickelt werden kann. Die Natur der *wahren* Liebe ist die schöpferische Energie in Ihnen und dem Universum! Sie ist die Bindekraft, die das Magnetfeld zwischen Elektronen und Protonen bewirkt, damit sie die Materie zusammenhalten! Sie ermöglicht die Schwerkraft und hält so Erde, Planeten und Sterne in ihren Bahnen im All. Somit ist wahre Liebe nicht die Verzärtelung der körperlichen Sinne zum Zweck der Befriedigung – was im besten Fall nur ein Energieaustausch ist –, sondern ein uneingeschränktes Geben von sich, ein völliges Verschmelzen mit dem Geliebten. Sie, als spiritueller *Geist*, entstanden als Folge der völligen Verschmelzung der universellen Yang- und Yin-Aspekte. Wir sind von unserem Ursprung her Kinder Gottes, nicht aufgrund irgendeiner religiösen Initiation. Darin liegt die Wahrheit unseres ursprünglichen Seins. Wir haben in der Liebe unseren Ursprung und können nur durch Liebe Erfüllung finden. Liebe bedeutet, sich völlig zu schenken. Wenn Sie weder Geld noch sonst etwas besäßen, was könnten Sie dann einem geliebten Menschen geben? Nichts außer sich selbst! Sich selbst zu schenken, allein darin drückt sich wirkliche Liebe aus. Dennoch schenken wir Menschen uns nur selten. Wir geben Geld her, Geschenke, Dinge, die uns »gehören« und die wir schätzen, also bedeutet das Geben ein »Opfer«, aber die meisten schrecken vor dem *Sich-*

241

selber-Geben zurück. Und wie oft knüpfen wir an das Geben Vorbehalte? Liebe stellt keine Bedingungen an das Verhalten des Geliebten. Liebe ist bedingungslos. Der Geliebte darf der sein, der er ist. Diese »ursprüngliche« Liebe gab uns unsere Individualität, die Freiheit unseres eigenen »Raums« und die Freiheit, unser Schicksal selbst zu bestimmen. Wir alle tragen die Kraft der Liebe in uns.

Seinsdimensionen

Nur durch das Nach-innen-Wenden können wir allmählich unsere vieldimensionale Natur und die des Universums erfahren. Als körperliche Wesen leben wir in drei Dimensionen, die uns zur Erfahrung der »Festheit« materieller Dinge befähigen, weil diese über Länge, Breite, Höhe oder Tiefe verfügen. Die erste Dimension ist die der Länge oder Distanz. Sie besitzt weder Breite noch Höhe, sondern ist eine unendliche Linie ohne Anfang und Ende. Die zweite Dimension weist Länge und Breite auf, aber keine Tiefe oder Höhe. Sie wird manchmal Ebene genannt. Ein Spiegelbild ist eine zweidimensionale Spiegelung eines dreidimensionalen Körpers, ebenso der Schatten. Beide können nicht die Fülle Ihres Körpers reproduzieren, es mangelt ihnen auch an unabhängiger Bewegung. Keins von beiden kann sich bewegen, wenn sich nicht das dreidimensionale »Ich« bewegt. Die dritte Dimension ist Höhe und Tiefe, die zusammen mit Länge und Breite einen Anschein von Festigkeit erweckt. Dadurch können wir uns und die materiellen Dinge um uns als »feste« Wesen und Gegenstände wahrnehmen.

Aber es gibt einen vierten Faktor, der uns zur Wahrnehmung der Dinge um uns befähigt. Wir können Zeit in der Tat als vierte Dimension betrachten. In dieser Zeitdimension nehmen wir nur das in der Gegenwart Ablaufende wahr. Wir kennen nicht die Zukunft und können auch nicht in die Vergangenheit zurückkehren und sie ändern. Nur unsere *Reaktion* auf Vergangenes können wir ändern. Wenn wir aus der Zeit in eine andere Dimension – eine fünfte Dimension – gelangen könnten, könnten wir uns »insgesamt« ohne Spaltung in Vergangenheit, Gegenwart und Zukunft sehen. Wir würden die ganze Gestalt unseres Lebens einschließlich aller unserer Leben, die wir lebten, als Ganzheit sehen!

Jedes unserer vielen Leben ist wie ein Edelstein einer Kette aus unbestimmt vielen Juwelen. Der »Faden« der Kette ist die Lebenslinie, von der ein Leben nach dem andern kam. Jedes dieser Leben ist als ein individueller Ausdruck der einen Quelle der Kette hinzugefügt und spiegelt in sich eine Facette des Ganzen wider.

Wir erfahren eine Folge von Leben; in jedem werden Erfahrungen gesammelt und Potentiale entwickelt. Keines dieser Leben hört mit dem Tod auf, sondern wird lediglich einem Umwandlungsprozeß unterworfen. Unsterblichkeit selbst ist ein natürlicher beständiger Prozeß der Veränderung, der Umwandlung von Energien. Jedes Leben lebt weiter, um von innen das folgende Leben zu »lenken«. Somit sind wir unsere eigenen Vorfahren, und jene Vorfahren sind allesamt in unserem Energiesystem inhärent, denn jeder hat zu dem, was wir heute sind, beigetragen. Die Natur hilft uns, dies zu begreifen. Wenn Wasser verdampft und unsichtbar wird, ist es durchaus noch vorhanden, und es wird unter den dafür nötigen Bedingungen wieder sichtbar.

Genauso verhält es sich auch mit dem Tod. Der Tod bedeutet nicht Auslöschung, sondern ist ein Teil eines schöpferischen Kreislaufs des Lebens. Der spirituelle *Geist* zieht sein Leben aus der körperlichen Wirklichkeit zurück und kehrt in die stoffliche Wirklichkeit zurück, wenn die Bedingungen für seine Weiterentwicklung gegeben sind. Er nimmt eine andere körperliche Gestalt an und trägt vielleicht eine andere Persönlichkeits-»Maske«. Ein anderer Edelstein der Kette. Ein anderer Ausdruck des »Ich«, das immer »Ich« bleibt. Kein Leben – wie groß oder bescheiden auch immer – ist bedeutender oder geringer als das andere. Jedes trägt zur Schönheit des Ganzen seinen Teil bei. Ein Nachteil oder eine Behinderung im Leben ist nicht wegen irgendeiner Missetat in einem früheren Leben auferlegt. Auch ist Erbe oder Klassenzugehörigkeit keine Belohnung für frühere Leistungen.

Ehe das kosmische Gesetz von Ursache und Wirkung – Karma – in einen religiösen Zusammenhang gestellt wurde, verstand man es als die Erfahrungen, die der spirituelle *Geist* wählt, um seine eigene Entwicklung, manchmal auch die anderer, zu fördern. Karma meint also die Lektionen, die wir – aus der Sichtweise der Seele – gewählt haben, um uns selbst zu lehren und vielleicht anderen zu nützen! Viele mit einer Behinderung Geborene sind voller Liebe und Mitgefühl und tragen unschätzbar Gutes durch ihr Leben bei. Und viele in bescheidene Verhältnisse Geborene haben durch ihre Energie, ihren Schwung und ihre Kreativität sich in Stellungen erhoben, wo sie anderen nutzen konnten, und uns allen so eine Lehre erteilt. Wenn die Essenz der vergangenen Leben in uns ist, muß es möglich sein, zu diesen Potentialen Zugang zu bekommen. Das In-Erinnerung-Rufen vergangener Leben ist eine schamanische Technik, die Verbindung mit der Essenz eines früheren Lebens, das unmittelbare Bedeutung für das jetzige Leben hat, ermöglicht. Diese »Verbindung« ist möglich, weil die Essenz eines früheren Lebens in der Seele gespeichert und daher Teil dessen, was wir jetzt sind, ist. Eine solche Verbindung kann uns helfen, mit den sich uns stellenden Herausforderungen und Konflikten besser umzugehen und eine innere Begabung oder »natürliche« Fähigkeit zu entwickeln, weil die Essenz dieser Energie schon »vorhanden« ist.

Auch diese schamanische Technik arbeitet weder mit Hypnose noch mit Tranceregression oder mit Medien und will auch keine traumatischen Vorfälle als Erklärung gegenwärtigen Unglücks aufdecken. Sie beruht vielmehr auf einer Empfindsamkeit gegenüber feinen, aus der Vergangenheit ererbten Essenzen, die in der Seele gespeichert und daher zugänglich sind.

Diese Information gelangt in das bewußte Gewahrsein sowohl des Schamanen wie auch desjenigen, dem die schamanische Arbeit dienen soll, und wird in einer positiven und erhebenden Atmosphäre erreicht. Auch diese Technik kann jedoch nicht durch ein Buch erlernt werden.

Die fünfte Dimension ist eine innere Wirklichkeit von erstaunlicher Größe, die, einmal betreten, uns zu der Wahrnehmung befähigt, daß unser Universum von Raum und Zeit nur ein äußerer Ausdruck – eine körperliche Manifestation – einer inneren und größeren Wirklichkeit ist. Das Äußere und das Innere – Sichtbare und Unsichtbare – sind nicht getrennt, sondern eins. Zum Wissen um die »äußere« Wirklichkeit gelangt man nur durch Erfahrung der »inneren« Wirklichkeit, die zur physischen Existenz gebracht wird und ihre schöpferische Aktivität beibehält.

Die sechste Dimension ist eine moralische Dimension, wo man sowohl das »Innen« wie das »Außen« wahrnehmen kann. Man kann sie auch als »Dimension der *Wahl*« beschreiben. Daraus folgt, daß unsere innere und äußere Wirklichkeit nicht voneinander getrennt sind und daß unsere Erfahrungen in der »Außenwelt« der normalen Wirklichkeit nur Ausdrucksformen unserer »Innen«-Welt sind. Das Geschehen in der einen wirkt sich auf die andere Wirklichkeit aus.

Die letzte Übung dieses Buchs spielt sich deshalb im Inneren ab.

Auf dem Medizinrad werden alle Energien im Mittelpunkt ins Gleichgewicht gebracht. Der Mittelpunkt ist da, wo das »Innen« und das »Außen« in Einklang gebracht werden können. Ebenhier kann das, was Sie auf verschiedenen Ebenen oder auf verschiedenen Dimensionen über sich lernen, am Ursprung aufgenommen werden, der in uns ist. Ebenhier werden Sie mit dem All, das ist, verbunden. Ebenhier ist Ihr »Ort der Potentiale«. Ebenhier liegt Ihre Befähigung.

Ebenhier können Sie sich mit Ihrer unerschöpflichen Quelle verbinden.

Die Betonung liegt im Mittelpunkt auf der Ganzheit des vieldimensionalen Seins – auf dem Ganzwerden und Ganzsein. Die Betonung hier liegt auf der Wirklichkeit des »Ich« im Kern Ihres Seins – der Wirklichkeit Ihres spirituellen *Geistes!*

Diese Erfahrung sollten Sie an Ihrem ruhigen Platz zu Hause durchführen. Sie brauchen Kerze, Kerzenständer, Streichhölzer, Rassel, Räucherbündel und -gefäß sowie Schreibzeug und eine halbe Stunde Zeit.

ჽ ჽ ჽ ჽ ჽ ჽ ჽ ჽ ჽ ჽ ჽ

33. Erfahrung:
Kontakt mit der inneren Quelle
aufnehmen

Zünden Sie die Kerze als ein Symbol für den Übergang von alltäglicher zu schamanischer Aktivität an. Die Flamme symbolisiert auch den spirituellen *Geist* in der Seele, der Docht das Mentale, das Wachs das Fleisch des physischen Körpers.

Sinnen Sie über diese Symbole nach.

Zünden Sie jetzt das Räucherbündel an und fächeln Sie den Rauch zu sich und Ihrer Umgebung. Erinnern Sie sich, daß das Räuchern einen Akt der Reinigung und Läuterung darstellt, der Negatives zerstreut und harmonische und wohltuende Schwingungen anzieht. Atmen Sie den Rauch ein, damit Sie sich der inneren und äußeren Reinigung bewußt werden.

Danach löschen Sie das Räucherbündel, vergewissern Sie sich, daß nichts mehr glimmt und Sie dadurch ablenken kann.

Setzen Sie sich bequem hin, schwingen Sie die Rassel. Die Absicht liegt darin, sich mit dem Seelenselbst zu verbinden und es in das bewußte Gewahrsein zu bringen und mit den anderen »Selbsts« zu integrieren. Seien Sie offen und empfänglich für jede zu Ihnen kommende Lehre. Rasseln Sie über Ihrem Kopf, vor und um sich herum; halten Sie die Augen geschlossen, damit Ihr Gewahrsein ganz im Rasseln ruht. Lassen Sie sich die Zeit, die es braucht. Sie spüren, wann Sie aufhören müssen.

Dann legen Sie die Rassel hin, notieren Sie sich die Erkenntnis, die Ihnen beim Rasseln kam.

Jetzt konzentrieren Sie sich auf die Flamme – das Symbol Ihres eigenen spirituellen *Geistes* und des Lichts in Ihnen. Legen Sie sich die Handflächen auf den Nabel – den Mittelpunkt Ihres physischen Körpers – und lassen Sie Ihr Gewahrsein in Ihrem eigenen inneren Mittelpunkt sein.

Jetzt werden Sie alle Ihre Aspekte vereinen, einschließlich jedweder Essenz von Ihnen, die vielleicht versehentlich verlorenging oder weggegeben oder Ihnen genommen wurde. Sprechen Sie folgende Worte laut, legen Sie echtes Gefühl hinein:

Ich rufe in mein Selbst zurück,
jedwede Essenz,
die ich versehentlich oder willentlich
weggegeben habe oder die mir genommen wurde
irgendwann, irgendwo,
in irgendeiner Dimension meines Seins.
Ich rufe sie *jetzt* in mich zurück.
Damit ich ganz sein möge:
völlig wiederhergestellt,
völlig ausgeglichen,
völlig harmonisch,
völlig befähigt, vereint und ganz mein Selbst.
Ich rufe sie *jetzt* in mein Selbst zurück!

Schweigen Sie jetzt und warten Sie still auf eine Antwort, die Ihnen Erleuchtung über Ihr vereintes Selbst schenkt. Notieren Sie Ihre Erfahrung.

Jetzt bestätigen Sie die Wahrheiten über sich, die Sie während der praktischen »Arbeit« mit dem Medizinrad gewonnen haben.

Stehen Sie auf, drehen Sie sich nacheinander in alle vier Haupthimmelsrichtungen und wiederholen Sie viermal laut, gefühlvoll und betont die betreffende Affirmation.

Zuerst nach Norden, wo Sie sich mit Luft verbinden:
»Ich bin ein größeres Wesen, als ich zu sein glaube.«

Dann nach Westen, wo Sie sich mit Erde verbinden:
»Ich bin hier, um das, was ich bin, zu manifestieren.«

Jetzt nach Osten, wo Sie sich mit Feuer verbinden:
»Ich trage ein Licht in mir, das mir den Weg zeigt.«

Dann nach Süden, wo Sie sich mit Wasser verbinden:
»Ich bin das, was zu sein ich gewählt habe.«

Zum Schluß richten Sie Ihre Aufmerksamkeit auf Ihre Mitte und das Innen, und sagen Sie diese Affirmation: Ich entscheide mich, von jetzt an wahrhaftig zu meinem spirituellen *Geist* zu sein, der mein wahres Selbst ist.

Warten Sie still auf Antwort. Notieren Sie sie. Setzen Sie sich wieder, lesen Sie sich Ihre Notizen der Sitzung durch und sinnen Sie über ihre Bedeutung nach.

Löschen Sie die Flamme, womit Sie wieder von der schamanischen zur Alltagsaktivität zurückkehren.

ഉരുഉരുഉരുഉരുഉരു

Die Kraft der Wahl

Dank der vorangegangenen Übung verstehen Sie leichter den größten Unterschied zwischen menschlichen und anderen Lebensformen der Erde, den tierischen, mineralischen oder pflanzlichen. Trotz der enormen Unterschiedlichkeit der Erscheinungsformen bestehen sie alle aus den gleichen Grundmaterialien der Erde. Worin nun unterscheiden sie sich? Viele würden auf den Geist oder Verstand schließen. Doch übertrifft

248

denn die menschliche Mentalkraft, die Kunstwerke schafft und solch wundervolle Maschinen wie Autos, Flugzeuge, Schiffe, Computer, Fernseher, Radios und Weltraumraketen erfindet, etwa den Geist einer Pflanze, der eine wunderschöne Blüte und einzigartigen Duft erzeugt?

Der wesentliche Unterschied zwischen menschlichem, tierischem, pflanzlichem und mineralischem Leben besteht in der *Wahl*. Wir Menschen verfügen über den freien Willen – über unbeschränkte Wahlmöglichkeit. Die Minerale im Boden können nur auf ihre ganz bestimmte Art agieren. Bäume und Pflanzen wachsen und blühen, ohne dies zu wählen. Und obwohl Tiere unter bestimmten Umständen sich scheinbar entscheiden, handeln sie doch im wesentlichen instinktiv. Nur der Mensch kann sich auf Erden frei entscheiden. Und in der Wahlmöglichkeit liegt unerhörte Kraft.

Ihr spiritueller *Geist* erfährt körperliche Existenz, um sowohl ein allgemeines wie ein besonderes Ziel zu erfüllen. Ersteres liegt im Wachsen und Gedeihen, also im Wachstum zu einem Gewahrsein des innersten »Ich« und zur Ganzheit seines Seins, und im Weitererfahren seiner Lebendigkeit. Das besondere Ziel liegt im Grund der Seele für ihre gegenwärtige Inkarnation, für die Sie bestimmte Eigenschaften und Möglichkeiten besitzen, die erweckt werden und als Lernerfahrungen für weitere Entwicklung und die Veredelung des spirituellen *Geistes* dienen sollen. Dieses besondere Ziel soll auch der Essenz Ihres Energieausdrucks erlauben, in Harmonie mit anderen Wesen zu strahlen.

Sie haben eine Aufgabe im Leben. Alle Geschehnisse in Ihrem Leben dienen als Lernerfahrung, damit Sie Ihrer wahren Identität und Potentiale besser gewahr werden. Das Leben auf Erden ist also eine Erfahrung des *Empfangens* neuen Wachstums. Und auch eine Lektion im *Geben*, damit auch andere dank Ihnen wachsen können.

Wir müssen alle uns selbst geben, nicht etwa Besitz, und müssen lernen, daß das, was wir anderen gewaltsam aus egoistischen Gründen wegnehmen, nur uns selbst etwas viel Wertvolleren beraubt.

Die Kraft der Wahl ist die Fähigkeit, die Richtung Ihres Lebens und Ihr Schicksal zu bestimmen – Ihre eigene Zukunft. Das erfordert ungeheure Verantwortung. Verantwortung heißt nicht nur, »für seine Taten zur Rechenschaft gezogen zu werden«, sondern auch auf die eigenen Entscheidungen und ihre Folgen reagieren zu können. Wir tragen Verantwortung dafür, wie wir unsere Macht ausüben, wie wir unsere eigene »Medizin« benutzen und anwenden – ob wir Verantwortung geistig akzeptieren oder nicht.

Sie allein leben Ihr Leben, niemand anderer. Letztendlich tragen Sie allein die Verantwortung dafür, was Sie daraus gemacht haben. Das »Jüngste Gericht« findet auf Seelenebene statt. Das irdische Leben ist eine Lernerfahrung dessen, was gelernt werden muß. Wir Menschen entwickeln uns jedoch nicht alle im gleichen Tempo vorwärts oder auch zurück, sondern befinden uns auf unterschiedlichen Entwicklungsstufen. Doch ist alles, was in unserem Leben passiert, eine Erfahrung des Gebens und Empfangens. Wir können uns also entscheiden, die Gelegenheit zu mißbrauchen und das Empfangen zum Nehmen machen, das Geben zum Bekommen, doch schaden wir dadurch nicht nur anderen, wir türmen zudem unsere Hindernisse auf unserem Schicksalspfad selber auf.

Der Weg mit dem Herzen

»Shamanics« oder meine moderne Form des Schamanismus ist ein praktischer Weg, unserer eigenen vieldimensionalen Wirklichkeit gewahr zu werden und dadurch den spirituellen *Geist* zu verstehen, zu veredeln und zu verfeinern. Ein »Weg« oder »Pfad« darf nicht verwechselt werden mit einer mystischen Methode oder einer mentalen oder physischen Disziplin. Ein »Weg« ist eine Reiserichtung: Er bringt nicht den Widerstand gegen lockende Versuchungen mit sich oder die Aufrechterhaltung von »Überzeugungen« auf einer mit zu meisternden Hindernissen gepflasterten Straße. Das ist der falsche »Weg«.

Schamanismus ist der »Weg mit dem Herzen« – der Pfad von Liebe und Harmonie. Nicht der Weg *des* Herzens, sondern der Weg *mit* dem Herzen. Denn das Herz sollte nicht den Verstand beherrschen. Vom Herzen bestimmte Menschen sind häufig Opfer ihrer Emotionen und leicht verwundbar. Wenn der Verstand das Herz lenkt, wird meist vor allem dem Ego und der Eitelkeit gedient. Auf dem »Weg mit dem Herzen« hingegen verbinden sich Geist und Herz zu einer harmonischen Einheit, um einen größeren schöpferischen Ausdruck hervorzubringen, der auch zugunsten anderer schwingt. Der Weg der Liebe und Harmonie ist ein Weg der Ausgewogenheit. Auf diesem Pfad liegt die Aufmerksamkeit nicht am Zielpunkt, sondern auf dem Weg selbst, nicht im Glauben, sondern im Tun und Sein. Der Pfad der Liebe und Harmonie ist der Weg, der Ihren Geist dahin lenkt, was Sie in Ihrem Herzen sein wollen – ein Ausdruck Ihrer wahren Essenz in den Alltäglichkeiten des gewöhnlichen Lebens –, und dadurch das Außergewöhnliche erfährt. Ein wesentliches Ziel unserer Existenz liegt darin, unsere spirituelle *Geist*essenz durch die Art, wie wir unser Leben leben, hindurchscheinen zu lassen.

Die Wahrheit darüber, wer Sie sind, was Sie sind und was Ihr wesentlicher spiritueller *Geist*energieausdruck ist, liegt in Ihnen – das gilt für uns alle. Wir wissen dies im Herzen, aber wir haben die »Verbindung dazu verloren«, oder es wird durch frühere Konditionierungen verdunkelt. Erst versteht das Herz dieses Wissen, ehe es das an den Geist weiterleitet. Nur durch die Verbindung mit den verschiedenen Aspekten unserer selbst in verschiedenen Dimensionen können wir dies erkennen und anerkennen. Nur so können wir erkennen, daß ebendas Ich in uns uns zum Gewahrsein unserer Identität befähigt. Nur so können wir anerkennen, daß ebendas »Ich« in uns nicht das-

251

selbe Gewahrsein wie das »Ich« in anderen Menschen ist, aber die gleiche »Lebendigkeit« teilt, weil dieselbe Lebenskraft in uns wie im Universum ist.

Sie sind das Universum, das sich als Ihr »Ich« erfährt – indem Sie es mit Ihren Augen – mit Ihren »Ichs« – betrachten. Und ich bin das Universum, das sich als mein »Ich« erfährt – durch »mich«, durch meine »Ichs«. Jeder von uns ist ein Wahrnehmungspunkt von Gewahrsein, wodurch das Universum das Gewahrsein seiner selbst ausdehnen kann.

Wir kommen in diese Dimensionen von Raum und Zeit, um Arten der Energieumwandlung zu erfahren, denn der menschliche Körper ist ein einzigartiges, sehr fein ausgearbeitetes Mittel für den Energieaustausch mit dem Körper des Universums. Ihr physischer Körper ist nicht vom Universum getrennt, sondern Teil davon. Diese Erkenntnis befreit uns von den einschränkenden Konditionierungen, die jeden von uns als getrenntes Wesen in einem unpersönlichen und feindlichen Universum betrachten, abhängig von irgendeiner wohltätigen Gottheit, die als ein von außen stammender Schöpfer der Natur, vergleichbar dem Erfinder einer Maschine, gesehen wird. Wir sind nicht einmal ein von der Quelle getrennter Teil der Schöpfung oder Teil der Erfahrung. Wir *sind* die Erfahrung. Wir sind nicht nur für unsere eigene Entwicklung bzw. deren Fehlen verantwortlich, sondern auch für die Mithilfe am Wachstum aller anderen Lebewesen zur Aufrechterhaltung der Harmonie des Ganzen.

Also müssen wir nicht länger über die Existenz Gottes philosophieren, weil wir selber existieren. Sie wissen von Ihrer Existenz, weil Sie selbst-gewahr sind. Und Sie sind selbst-gewahr, weil Sie ein spiritueller *Geist* sind und nur ein spiritueller *Geist* Gewahrsein erzeugen kann. Und *Geist* kann nicht aufhören zu existieren, weil er immateriell und weder an Zeit noch Raum gebunden ist. Sie – Ihr physisches Ich – haben unmittelbaren Zugang zu dieser wahren Wirklichkeit, weil sie in Ihnen ist. Das ist Ihre wahre Wirklichkeit.

In der Wirklichkeit dessen, was ist, kommen die Energien, die wir in Bewegung setzen, entweder gestärkt zu uns zurück, damit sie uns erneuern und für unsere weitere Entwicklung und Evolution stärken, oder sie ziehen uns auf einem abwärtsgerichteten Pfad der Devolution in Chaos und Verwirrung.

Die wahre Wirklichkeit ist weder in einem Gebäude noch in einem Buch enthalten. Keine Organisation kann sie »besitzen«, keine Individuen stehen ihr näher als andere. Was manche »Gott« nennen, ist eine Gegenwart, die man nur durch innere Suche finden kann und dann unmittelbar als die Quelle erfahren, aus der wir stammen, und als die Quelle dessen, was wir sind.

Die sogenannten primitiven Völker verstehen vielleicht die wahre Wirklichkeit besser als große Gelehrte mit ihren Konditionierungen. Den Aborigines-Sagen etwa zufolge entstanden Sonne, Mond und Sterne nach den Träumen und Taten schöpferischer Vorfahren – Wesen, die vor Zeitbeginn in der Traumzeit existieren. Die Erde und ihre Umgebung, die Meere und Kontinente, Seen, Flüsse und Berge, Bäume und Pflanzen, Tiere und Menschen wurden demzufolge in Übereinstimmung mit diesen Träumen jener Urwesen geschaffen und sind Manifestationen dieser Traumzeiten. Diese Urwesen wurden wiederum die Kräfte innerhalb dieser Manifestationen, damit sie für sich einen Teil der Schöpfung, bei deren Schaffung sie der schöpferischen Quelle geholfen hatten, erfahren konnten. Solche Sagen vermitteln ein Wissen, daß alles in der stofflichen Wirklichkeit eine Wahrnehmung des Bewußtseins der großen Quelle ist und jede Gestalt ein Abdruck, der eine Facette seiner selbst spiegelt. Alles wurde durch eine Kombination ursprünglicher universeller Energien, die in einzigartigen Mustern integriert sind, zur Manifestation gebracht.

Ähnliches taucht auch in den Mythen und mündlichen Überlieferungen anderer Kulturen auf, die auch auf Stammes- oder Völkererinnerungen eines früheren Wissens aufbauen. Auch sie sagen uns, daß wir alle unsere je eigene Identität in einem größeren Körper haben, ein gemeinsames Ziel in der Aufrechterhaltung dieses größeren Körpers und einen individuellen Auftrag in diesem größeren Körper verfolgen. Das gemeinsame Ziel besteht im Herausfinden, was und wer wir sind und wozu wir das sind, was wir sind, und über welche Ausdrucksmöglichkeiten wir verfügen. Unser individueller Auftrag besteht in der Entdeckung unserer Einzigartigkeit, der Entwicklung unserer Möglichkeiten, aber auch im Aufspüren von Wegen, unsere Möglichkeiten auf eine mit dem Ganzen harmonierende Weise auszudrücken.

Das Wunder im Kern eines jeden von uns besteht darin, daß wir nicht nur Teil einer immer noch fortschreitenden Schöpfung sind, sondern daß Schöpfung in und *mit* uns ist. Wir sind von und in ihr durchdrungen und somit erfüllt mit der Fähigkeit zum Mitschöpfertum. – Frei, Schönheit und Harmonie aus liebender Sorge zu schaffen. – Frei, aus Eigennützigkeit auch Häßliches und Verzweiflung zu erzeugen.

Die Welt um uns ist das Ergebnis dessen, was wir Menschen mit unseren mitschöpferischen Kräften getan haben. Jeder von uns hat dazu beigetragen – durch Worte und Taten, Lethargie und Unwissenheit. Diese Welt »draußen« haben wir geschaffen. Wo sind wir auf Abwege geraten? Wir haben die Erscheinung mit dem Wirklichen verwechselt, einen Ersatz für Realität gehalten. Was die meisten von uns für die reale Welt halten, ist bloß eine Ersatzwelt aus kulturellen und historischen Konditionierungen, die aus Denkprozessen und Glaubenssystemen geschaffen wurde, die unsere Kraft, das zu sein, was wir sind, leugnen und uns in ständigen Beschränkungen, in Unsicherheit und Angst, die uns in Abhängigkeit zu ihnen hält, fesseln.

Das *Wirkliche* ist die ursprüngliche Wirklichkeit des Universums. Es ist die Weise, wie das Universum von innen her funktioniert.

Wir müssen nicht mehr länger das Geheimnis unserer Identität zu entschlüsseln suchen. Es lag schon immer in uns. Wir haben es nur ganz woanders gesucht. Diese Erkenntnis wird seit Urzeiten Erleuchtung genannt.

Das alte chinesische Schriftzeichen für »Erleuchtung« kann man Wu Li aussprechen, was »Muster organischen Ursprungs« bedeutet oder aber in seiner zweiten Bedeutung »mein Weg« oder »mein Herz«. Dies ist aufschlußreich, denn die Indianer betrachteten das Leben als Tanz – als Ausdruck von Energiemustern. Der Gruß »Tanz in Schönheit« könnte als »Laß die Energiemuster, die durch deine Art, dein Leben zu leben, ausgedrückt werden, solche von Schönheit sein« interpretiert werden, dann würden andere von Schönheit berührt.

Erleuchtung ist die Erkenntnis, daß das Leben die Art, wie die Seele Sie Ihre Energiemuster bewegen lassen möchte, ausdrücken sollte – auf natürliche Art, so daß sie im Einklang mit Ihrem spirituellen *Geist* schwingen. Das ist der »Weg mit dem Herzen«. Ein Weg, der alle Ihre Lebensenergien in Harmonie mit dem spirituellen Geist in Ihnen bringt – der das, was das Ich in Ihnen ist, dazu bringt, das Leben durch Ihre Augen, Ohren, Ihre Berührung, Ihren Geschmacks- und Geruchssinn zu erfahren. Durch Ihren Geist, durch Ihre Seele, durch Ihr Herz!

Für die Kahuna-Schamanen bedeutete den Weg zu kennen, das Eine zu kennen, das in uns ist, und es ins Herz zu bringen. Dasselbe bedeutete der taoistische Weg der Tugend, der Weg der Regenbogenbrücke der alten nordischen Völker, der Traumzeitpfad der Aborigines, der friedvolle Weg.

Friedlich zu sein heißt mehr als nur Konfliktvermeidung in der physischen Welt. Es heißt, einem Weg zu folgen, der mit der Natur harmoniert und alle Lebensformen achtet. Frieden ist nicht nur eine Bedingung außerhalb unserer selbst, sondern kommt aus unserem Inneren und ist ein Zustand des Denkens und Handelns. Er beginnt im Herzen und erkennt ein göttliches Licht in uns. Dieses Licht kann uns jeden Aspekt unseres vieldimensionalen Seins enthüllen und nach draußen scheinen, damit wir die Schönheit in allem erkennen und den Platz eines jeden in dem Gesamtplan der Dinge anerkennen können.

Diese Essenz ehrt alle Lehren, alle Lehrer, alle Wege, alle Pfade, jegliche »Medizin«, die in Liebe übermittelt werden und auf Harmonie hinarbeiten, damit die sich abmühende Menschheit leichter das innere Licht in sich findet. Den Weg der Schönheit zu finden – den schönen Weg – den natürlichen Weg der Liebe und Harmonie. Den Weg mit dem Herzen. Den Weg mit dem Herzen, der uns näher zur Sonne führt. Näher zur Quelle. Dahin, wo die Adler fliegen.